취업에 강한

에듀윌
시사상식

MAY. 2023

05

eduwill

CONTENTS

2023. 05. 통권 제143호

발행일 │ 2023년 4월 25일(매월 발행)
편저 │ 에듀윌 상식연구소
내용문의 │ 02) 2650-3912
구독문의 │ 02) 397-0178
팩스 │ 02) 855-0008

※ 「학습자료」 및 「정오표」도 에듀윌 도서몰
 (book.eduwill.net) 도서자료실에서 함께
 확인하실 수 있습니다.

※ 이 책의 무단 인용·전재·복제를 금합니다.

Daum 백과 콘텐츠 제공 중 🔍

PART 02
분야별 최신상식

PART 03
취업상식 실전TEST

PART 04
상식을 넘은 상식

누적 판매량 66만 부 돌파
상식 베스트셀러 1위 1,076회 달성

수많은 취준생이 선택한
에듀윌 상식 교재 막강 라인업!

[월간] 취업에 강한 에듀윌 시사상식

多통하는 일반상식 통합대비서

공기업기출 일반상식

기출 금융경제 상식

언론사 기출 최신 일반상식

eduwill

하루아침에 완성되지 않는 상식, 에듀윌 시사상식 정기구독이 답!

정기구독 신청 시 10% 할인

매월 자동 결제
정가 ~~10,000원~~ 9,000원

6개월 한 번에 결제
정가 ~~60,000원~~ 54,000원

12개월 한 번에 결제
정가 ~~120,000원~~ 108,000원

도서정가 및 정기구독료 변경 안내

2023년 5월 25일부터 <에듀윌 시사상식> 정가 및 정기구독료가 아래와 같이 변경됩니다.

정가 변경(2023년 6월호부터) 정가 ~~10,000원~~ ▶ 12,000원
6개월 정기구독 정가 ~~60,000원~~ ▶ 72,000원
12개월 정기구독 정가 ~~120,000원~~ ▶ 144,000원

※ 정기구독 시 위 정가의 10% 할인 혜택은 유지됩니다.

더 나은 상식 콘텐츠로 보답하겠습니다.

정기구독 신청 방법

인터넷
에듀윌 도서몰(book.eduwill.net) 접속 ▶
시사상식 정기구독 신청 ▶
매월 자동 결제 or 6개월/12개월 한 번에 결제

전화
02-397-0178
(평일 09:30~18:00 / 토·일·공휴일 휴무)

입금계좌
국민은행 873201-04-208883 (예금주 : 에듀윌)

정기구독 신청·혜택
바로가기

· 정기구독 시 매달 배송비가 무료입니다.
· 구독 중 정가가 올라도 추가 부담 없이 이용하실 수 있습니다.
· '매월 자동 결제'는 매달 20일 카카오페이로 자동 결제되며, 6개월/12개월/무기한 기간 설정이 가능합니다.

Cover Story

이 달 의 가 장 중 요 한 이 슈

1.

美 '동맹국 감청' 일파만파

"대통령실 졸속 이전 탓"– "사실 규명 우선"

미국 정부가 한국을 포함해 동맹국을 염탐했다는 내용이 담긴
기밀 문건이 대거 유출되면서 파문이 커졌다.
미국의 동맹국 도청·감청 논란은 어제오늘 일이 아니다.
이는 적성국도 아닌 동맹국 외교안보 컨트롤타워를 첩보 대상으로
삼은 것이어서 한미 외교 관계에 미칠 파장이 불가피할 것으로 보인다.

기밀 문건 유출 파문...
염탐 방법까지 상세 기록

▲ 미국 메릴랜드주 포트미드에 위치한 국가안보국(NSA) 본부

미국 정부가 대한민국을 비롯한 동맹국을 염탐했다는 내용이 담긴 기밀 문건이 대거 유출되면서 파문이 일파만파로 커졌다. 4월 9일(이하 현지시간) 워싱턴포스트(WP)를 비롯한 주요 외신에 따르면 미 **국가안보국(NSA), 중앙정보국(CIA), 국방정보국(DIA), 국가정찰국(NRO)** 등 거의 모든 미 정보기관의 정보활동이 담긴 문건들이 트위터, 텔레그램 등 소셜미디어를 통해 유출됐다.

총 100여 쪽 분량으로 추정되는 기밀문서에 구체적인 정보 수집 내용은 물론 염탐 방법 등이 상세히 수록됐다. WP는 "일련의 상세한 브리핑과 요약본은 미국의 내밀한 스파이 활동을 들여다볼 수 있는 드문 창"이라며 "CIA가 세계 정상들의 비공개 대화를 엿듣기 위해 정보원을 모집한 장소 등 여러 비밀이 적혀 있다"고 전했다.

이 같은 비밀 중에는 우크라이나와 전쟁 중인 러시아군의 이동을 추적하기 위해 어떤 종류의 위성 이미지를 사용했는지, **러시아 용병 조직인 바그너 그룹**이 북대서양조약기구(NATO·나토) 회원국에서 무기를 사들이려 모의한 내용을 어떻게 도청했는지 등이 포함됐다.

미 정보 당국의 첨단 정보 역량이 노출되면서 관련 당국자들은 충격에 빠졌다. WP는 미 정부 관계자를 인용해 "미 국방부 수뇌부가 상당한 충격을 받고 공황 상태에 빠졌다"며 "관련국들도 이번 폭로에 따른 피해 평가를 하느라 분주하다"고 보도했다.

침묵하던 미 국방부는 4월 9일 성명을 통해 "소셜미디어에서 떠돌고 있는 문건 촬영본들은 민감한 극비 내용을 포함한 것으로 보인다"며 "문건 촬영본의 유효성을 살피며 평가 중"이라고 밝혔다.

미국의 동맹국 도청·감청 논란은 어제오늘 일이 아니다. 2013년 NSA 직원이었던 에드워드 스노든은 **미국이 민간인 사찰 프로그램인 '프리즘**(PRISM, Planning tool for Resource Integration, Synchronization and Management·자원통합 동기화 관리용 기획도구)'으로 동맹국까지 감시했다는 사실을 폭로했다. 당시 미국이 앙겔라 메르켈 독일 총리의 휴대전화를 2002년부터 10년 넘게 도청했다는 사실이 밝혀지며 미국과 유럽연합(EU) 간 갈등이 커졌다. 미 워싱턴의 한국 대사관도 도청 대상에 포함됐다고 알려졌다.

2021년 5월 덴마크는 NSA가 2012~2014년 덴마크를 지나가는 해저 통신케이블을 통해 유럽 정치인들의 통화와 인터넷 정보 등에 접근했다고 보도했다. 폭로전문 웹사이트인 위키리크스는 2016년 NSA가 2008년 반기문 당시 유엔 사무총장과 메르켈 총리의 대화 내용을 도청했다고 폭로했다.

2015년에는 월스트리트저널이 미국 정부가 이란

과의 핵 협상에 반기를 든 베냐민 네타냐후 총리 등 이스라엘 고위급 인사들을 도청했다는 의혹을 보도하기도 했다. 2017년에는 CIA가 삼성과 애플, 구글, 마이크로소프트(MS) 등 글로벌 IT기업의 제품을 도감청 도구로 활용했다는 내부 문서가 폭로됐다. 미국은 도·감청 파문 때마다 재발 방지를 약속하거나 사실 관계를 부인했지만 도·감청 사실이 계속 드러났다.

■ **국가안보국 (NSA, National Security Agency)**
국가안보국(NSA)은 미국 국방부 소속 정보수집 기관으로 암호의 작성과 관리, 정보수집 등을 주 임무로 하고 있다. 연간 예산이 중앙정보국(CIA)의 두 배에 이르는 거대 조직이며 보안이 철저해 정확한 활동은 공개되지 않는다. 하지만 최첨단 장비를 이용해 미국은 물론 전 세계를 대상으로 광범위한 감청과 사찰을 하고 있는 것으로 추정된다.

"韓, 우크라이나에 포탄 33만 발 전달 계획"...정부 인사 실명까지 거론

▲ 155mm 포탄

문건에 따르면 미 정부는 한국이 우크라이나에 포탄을 우회 지원할지와 관련해 김성한 전 대통령실 국가안보실장과 이문희 전 외교비서관의 기밀 대화를 감청했다. 이는 적성국도 아닌 **동맹국 외교안보 컨트롤타워를 첩보 대상으로 삼은 것이**

어서 **한미 외교 관계에 미칠 파장이 불가피**할 것으로 보인다.

문건에 기술된 시점은 작년 말 미국이 한국에 우크라이나를 군사적으로 지원하기 위해 포탄을 수출해달라고 요청한 때다. 이하 문건에 따르면 당시 이문희 외교비서관은 미국의 입장을 확인한 뒤 김성한 안보실장과의 통화에서 "한국이 미국의 요구에 응한다면 미국이 (포탄의) 최종 사용자가 되지 않을 것을 걱정해야 하는 난처한 상황에 처할 것"이라고 말했다. 한국은 우크라이나에 살상 무기를 직접 지원하지 않기로 했는데 미국의 포탄 지원 요구에 응하면 곤란하다는 점을 우려한 것이다.

이 비서관은 이어 "한국이 이 문제에 명확한 입장을 갖고 있지 않은 상태라 정상 간 통화를 할 준비가 되지 않았다"며 "임기훈 국가안보실 국방비서관이 3월 2일까지 최종 입장을 결정할 것을 약속했다"고 언급했다.

김성한 실장은 윤석열 대통령의 방미를 앞두고 우크라이나에 살상 무기를 지원할 수 없다는 원칙을 바꾸면 윤 대통령의 국빈 방문과 포탄 지원이 일종의 거래로 비칠 수 있다는 점을 우려해 국가안보실이 이 문제에 최종 입장을 결정하는 것을 거부했다.

김 실장은 대신 **155mm 포탄 33만 발을 폴란드에 우회해서 수출하는 방안**을 제안했으며 이에 이 전 비서관은 폴란드가 최종 사용자로 불리는 것에 동의하면 우크라이나에 탄약을 보낼 수 있겠지만 폴란드가 어떻게 대응할 것인지 검증할 필요가 있다고 한 것으로 알려졌다.

뉴욕타임스(NYT)는 이러한 문서 내용에 대해 "미국의 핵심 동맹국(한국)이 우크라이나에 탄약을 지원해 달라는 **미국의 압력과 전쟁 국가에 살상 무기를 공급하지 않는다는 공식적 정책 사이에서 갈등**하고 있음을 보여준다"고 설명했다.

NYT는 김 전 실장과 이 전 비서관의 대화 정보 출처가 CIA의 시긴트(신호정보)로 명시됐다고 전했다. 시긴트는 전자 장비로 취득한 정보를 뜻하는 말로서 미국 정보기관이 대통령실을 도·감청했다는 뜻이다.

▲ 대통령실

채 졸속으로 대통령 집무실을 용산으로 옮긴 것이 원인"이라고 비판했다. 대통령실은 "대통령실 청사는 군사시설로서 청와대보다 훨씬 강화된 도·감청 방지 시스템을 운용 중"이라고 반박했다.

박홍근 민주당 원내대표는 이날 최고위원회의에서 "윤석열 정부는 단호한 대응은커녕 '한미 신뢰는 굳건하다'는 말만 반복하며 '미국과 협의하겠다. 타국 사례를 검토해 대응하겠다'며 남의 다리 긁는 듯한 한가한 소리만 내뱉고 있다"고 비판했다. 이어 "미국 정부에 해당 보도의 진위와 기밀 문건에 대한 명확한 정보를 요구하고 파악해서 우리 국민께 한 점 숨김없이 명명백백히 밝히길 바란다"고 했다.

김기현 국민의힘 대표는 "어디까지가 사실인지 규명이 선행돼야 한다"며 "이 사안이 불거지게 되면 누가 이익이 되는지를 잘 살펴볼 필요가 있다. 제3국 개입 가능성을 배제할 수 없다"고 했다.

대통령실은 "미국 언론에서 보도된 내용은 확정된 사실이 아니므로 사실 관계 파악이 가장 우선"이라며 "보도된 자료 대부분이 러시아-우크라이나 전쟁과 관련된 내용으로서 **특정 세력이 의도를 갖고 자료 일부를 수정하거나 조작해서 유출했을 가능성**을 배제할 수 없다"고 밝혔다.

➕ 첩보 정보의 유형

첩보 정보의 대표적 유형으로 ▲휴민트(HUMINT, Human Intelligence·인적정보)는 공작원, 협조자 등 인적 네트워크를 통해 수집하는 인적정보를 뜻한다. 흔히 첩보 영화에 등장하는 스파이나 첩자가 여기에 속한다. ▲테킨트(TECHINT, Technical Intelligence·기술정보)는 첨단 기기나 과학기술을 사용해 수집한 정보이다. 테킨트는 인공위성, 정찰기, 이지스함 등 첨단 전자 장비를 통해 수집하는 신호정보인 ▲시긴트(SIGINT, Signal Intelligence·신호정보), 사진이나 인공위성으로 촬영한 영상 정보인 ▲이민트(IMINT, Image Intelligence·영상정보) 등으로 구분된다.

시긴트는 레이더 능력과 특성을 파악하는 ▲엘린트(ELINT, Electronic Intelligence·전자정보)와 통신의 내용을 파악하는 ▲코민트(COMINT, Communication Intelligence·통신정보) 등으로 분류된다.

야당 "대통령실 졸속 이전 탓" – 여권 "사실 규명이 우선"

더불어민주당은 4월 10일 CIA가 한국 대통령실을 도·감청했다는 NYT의 보도와 관련해 "**윤석열 정부가 도청 방지 시스템도 제대로 갖추지 않은**

대통령실은 또한 "양국의 상황 파악이 끝나면 우리는 필요할 경우 미국 측에 합당한 조치를 요청할 계획"이라며 "한미 정상회담을 앞둔 시점에서 이번 사건을 과장하거나, 혹은 왜곡해서 동맹관계를 흔들려는 세력이 있다면 많은 국민들로부터 저항을 받게 될 것"이라고 경고했다.

➕ 상상 초월 美 도·감청 기술

군사 전문가인 김종대 전 정의당 의원에 따르면 미국 중앙정보국(CIA)의 도·감청 기술은 건물 안에서 은밀한 대화를 나눌지라도 대화에 따른 음파가 창문을 미세하게 두드리는 것을 잡아낼 정도라고 한다. 심지어 콘크리트나 철로 된 벽도 음파가 도달할 경우 파장이 일어나기에 이를 포착해 음성 신호로 풀어낼 정도다. 유리창에 보안 조치가 안 돼 있을 경우 유리창의 미세한 떨림을 통해서도 실내 회의 내용을 식별할 수 있다는 것이다.

러시아 개입·조작설 제기됐지만
유출자 검거되며 힘 잃어

김태효 국가안보실 1차장은 4월 11일 "유출 문건 상당수가 위조됐다는 것에 한미 양국 견해가 일치했다"고 밝혔다. 이는 프랑스, 이스라엘 등 문건에 함께 거론된 국가들이 문건에 대해 '교란 정보' 내지 '역정보'라고 주장한 것과 같은 맥락이다.

4월 9일 외신에 따르면 베냐민 네타냐후 이스라엘 총리실은 성명을 내고 자국 대외 정보기관인 **▪모사드**가 정부 사법 개혁에 반대하면서, 모사드 관리와 시민들의 사법 개혁 반대 시위를 지지했다는 이번 문건 내용을 부인했다. 프랑스 또한 자국군이 포함된 소규모 파견대가 우크라이나에서 활동하고 있다는 내용의 문건이 사실이 아니라고

일축했다.

일각에선 **러시아가 이번 사건의 배후일 수 있다는 의혹이 제기**됐다. 미국이 동맹국 등 우방의 지도부를 감시한 내용들도 문건에 담긴 만큼 우크라이나 지원으로 뭉친 서방의 연대를 깨기 위한 상호 불신을 목표로 한 공작일 수 있다는 관측이다.

유출된 문건 중 상당수가 우크라이나 전황을 다룬 것도 러시아의 개입 가능성을 높였다. 일례로 지난 2월 말 미 국방부의 우크라이나 전황 평가를 다룬 문건엔 "우크라이나 방어를 위한 미사일 저장고가 고갈돼 방공망 전체가 무너지면 블라디미르 푸틴 러시아 대통령이 전쟁 판도를 바꿀 수 있다"는 내용이 적혀 있다.

그러나 미 연방수사국(FBI)이 4월 13일 기밀문건이 최초로 유출된 온라인 채팅 서비스 대화방 운영자를 체포하면서 감청 조작·배후설은 힘을 잃었다. 미 언론에 따르면 이날 FBI 요원들은 매사추세츠 방위공군 내 정보부 소속 21세 남성 잭 테세이라를 체포했다.

▪ 모사드 (Mossad)

모사드는 이스라엘의 정보기관으로서 정식 명칭은 '중앙공안 정보기관(Central Institute for Intelligence and Security)'이다. 모사드는 대내외적으로 해외 첩보·공작 활동과 정보수집에 관해서 타의 추종을 불허한다는 평가를 받고 있다. 모사드는 나치 친위대 중령 출신으로 600만 명에 달하는 유대인 학살한 카를 아돌프 아이히만을 끈질기게 추적해 1960년 체포하면서 명성을 떨쳤고 1972년 9월 뮌헨 올림픽 선수촌에 난입해 이스라엘 선수들을 살해한 '검은 9월단' 간부 13명을 7년 동안 추적해 전원 암살했다. 2000년대 들어서는 핵무기 제조 의심을 받고 있는 이란의 핵발전소 고장, 핵과학자 암살 등에 개입했을 것으로 추정된다.

2.

양곡관리법 논란

윤 대통령 "포퓰리즘 법안" 거부권 행사

양곡관리법 개정안이 정치권의 뜨거운 감자가 됐다. 더불어민주당은 쌀값 폭락으로 농가 생존이 위협받는다며 정부가 쌀 초과 생산량을 전량 매입하는 내용을 담은 양곡관리법 개정안을 발의해 국회에서 통과시켰다. 그러나 윤석열 대통령은 이 법이 농촌 발전에 전혀 도움이 되지 않는 포퓰리즘 법안이라며 대통령 거부권을 행사했고 재표결에서 법이 부결됐다.

양곡관리법, 쟁점은 무엇인가

과잉 생산된 쌀을 정부가 의무적으로 사들이도록 하는 양곡관리법 개정안이 정치권의 뜨거운 감자가 됐다. 야당인 더불어민주당 주도로 양곡관리법이 국회를 통과했다가 윤석열 대통령이 대통령 거부권을 행사하며 거센 논쟁이 일었다.

먼저 양곡관리법이 무엇이며 어떤 쟁점이 있는지 살펴보자. 양곡(糧穀)은 식량으로 쓰는 곡식이란 뜻으로 쌀이나 밀과 보리, 좁쌀, 수수, 옥수수 등을 일컫는다.

양곡관리법은 1950년 국가가 수급관리를 통해 쌀 가격을 안정적으로 조절함으로써 ▪**식량자급률**을 높이고 쌀농사를 짓는 농민들의 이익을 보호하기 위해 만들어졌다.

문제의 발단은 지난해 쌀값이 45년 만에 최대치로 폭락한 것이다. 재작년 수확기(10월~11월) 때에는 20kg 쌀 한 포대 도매가가 5만3000원대를 기록했는데 작년 9월에는 4만1000원대로 20% 넘게 하락했다.

공급 과잉과 소비 축소가 맞물린 결과다. 재작년 기상 여건이 좋아 쌀이 과잉 생산됐는데 식생활 변화 등으로 쌀 소비는 오히려 줄면서 쌀값 하락을 부추겼다. 여기에 농민들은 수입쌀이 매년 약 40만 톤 수입되는 것도 쌀값 하락에 영향을 주고 있다고 주장한다.

이에 더불어민주당은 53만여 벼 재배 농가의 생존이 위협받는다며 '**쌀 수요 대비 초과 생산량이 3%~5%이거나, 쌀값이 전년 대비 5%~8% 하락할 때 정부가 초과 생산량을 전량 매입**'하는 내용을 담아 법안을 발의했고, 지난 3월 23일 국회 본회의에서 처리했다. 정부가 남아도는 쌀을 의무적으로 매입해야한다는 내용이 양곡관리법의 최대 쟁점이다.

기존 양곡관리법 16조 4항은 '(정부가 가격 안정을 위한 양곡의 수급 관리를 위해) 미곡에 대한 수요량을 초과하는 생산량 또는 예상 생산량을 매입할 수 있다'였는데, 이번 개정안은 '매입하게 하여야 한다'로 바꾼 것이다. 의무화를 통해 벼 재배 농가의 경영안정을 도모하고 식량안보를 확립하기 위한 취지다.

그러나 정부와 여당은 의무 매입에 따른 정부의 부담, 쌀이 아닌 다른 작물을 재배하는 농민과의 형평성, 쌀 과잉생산의 고착화 등을 우려하며 개정 양곡관리법에 난색을 보였다.

▪ **식량자급률 (食糧自給率)**

식량자급률이란 한 나라의 식량소비량 중 어느 정도가 국내에서 생산·조달되는가를 나타내는 비율이다. 한국은 2020년 기준 식량자급률이 45.8% 정도이며 곡물자급은 20.2%로 경제협력개발기구(OECD) 국가 중 식량 해외 의존도가 가장 높은 국가 중 하나이다. 쌀은 과잉생산을 걱정할 정도로 남아돌고 있지만 밀, 옥수수, 대두, 보리 등 기타 주곡의 비율은 약 10%로 낮아 90%는 미국, 캐나다 등에서 수입한다. 특히 밀과 옥수수는 자급률이 1% 안팎에 불과하다.

윤 대통령 첫 거부권 행사…
"전형적인 포퓰리즘 법안"

▲ 4월 4일 윤석열 대통령이 양곡관리법 개정안에 거부권을 행사했다.

윤석열 대통령이 4월 4일 양곡관리법 개정안에 ▪**대통령 거부권**(법률안 재의 요구권)을 행사했다. 윤 대통령은 이날 용산 대통령실에서 국무회의를 열어 양곡관리법에 대한 재의요구권 심의·의결 절차를 진행하고 이를 재가했다. 윤 대통령은 국무회의 머리발언에서 "정부는 이번 법안의 부작용을 국회에 지속해서 설명해왔으나, 제대로 된 토론 없이 국회에서 일방적으로 통과시켜 매우 유감스럽게 생각한다"고 말했다.

이어 "이 법안은 **농업의 생산성을 높이고 농가 소득을 높이려는 정부의 농정 목표에 반하고 농업인과 농촌 발전에도 전혀 도움이 되지 않는 전형적인 포퓰리즘 법안**"이라며 "쌀 소비량과 관계없이 남는 쌀을 정부가 국민의 막대한 혈세를 들여서 모두 사들여야 한다는 '남는 쌀 강제 매수법'"이라고 덧붙였다. 이번 거부권 행사는 윤 대통령 취임 뒤 처음이자, 2016년 박근혜 대통령의 거부권 행사 뒤 약 7년 만이다.

윤 대통령이 양곡관리법 개정안에 대해 거부권을 행사하자 여당인 국민의힘은 "당연한 결정"이라고 옹호했고, 야당은 "이 정권은 끝났다"며 맹비난했다. 강민국 국민의힘 수석대변인은 논평에서 "양곡관리법 개정안은 목적과 절차에서 모두 실패한 악법"이라며 "양곡관리법이 그렇게 좋은 개정안이라면 민주당은 과반 의석을 차지하고도 왜 문재인 정권 때 통과시키지 않았는가"라며 "양곡관리법 개정안은 우리 농업의 미래를 파괴하는 오답"이라고 비판했다.

같은 당 김미애 원내대변인도 논평에서 "양곡관리법은 '악법 중의 악법'이다. 농민을 위한 법도, 국가와 국민을 위한 법도 아니다"라며 "문재인 정권의 농정 실패를 감추려는 민주당만을 위한 법"이라고 지적했다.

반면 박홍근 민주당 원내대표와 국회 농림축산식품해양수산위원회 위원들, 전국농어민위원회 소속 의원들은 이날 용산 대통령실 앞에서 기자회견을 열고 "'쌀값 정상화법'을 거부하여 국민의 뜻을 무시한 윤 대통령을 강력히 규탄한다"고 비판했다. 민주당은 "쌀값 정상화법은 정부가 적극적인 쌀 생산 조정을 통해 남는 쌀이 없게 하려는 '남는 쌀 방지법'이고, **쌀값 폭락 경우를 대비해 농민을 위한 최소한의 안전장치를 마련하기 위한 것**"이라고 밝혔다.

이어 "정황근 농림축산식품부 장관은 쌀 생산 조정의 효과를 축소해 여당 의원조차 의구심을 표명한 농촌경제연구원의 분석이 잘못됐다는 것을 알면서도 윤 대통령에게 왜곡보고를 했고 거부권 행사를 건의했다"며 정 장관의 사퇴를 촉구했다.

▪ **대통령 거부권 (大統領拒否權)**

대통령 거부권은 국회에서 이송된 법률안에 대통령이 이의를 달아 국회로 되돌려 보내 재의를 요구할 수 있는 헌법상 권한이다. 대통령은 법률안이 정부에 이송된 후 15일 이내 이의서를 붙여 국회로 환부해 재의를 요구할 수 있다. 거부된 법안에 대해 국회 재적의원 과반수 출석과 출석의원 3분의 2 이상의 찬성으로 의결하면 대통령의 공포 없이 법률로서 효력이 발생한다.

정부 양곡관리법 대안 제시... 쌀값 유지·직불금 5조 확대

대통령 거부권 행사로 국회에 환송된 양곡관리법 개정안은 4월 13일 재표결에서 국민의힘의 반대로 부결됐다. 앞서 정부는 양곡관리법 대안을 내놓았다. 농림축산식품부는 4월 6일 '쌀 수급 안정, 직불제 확대 및 농업·농촌 발전방안'을 발표했다.

정부는 올해 수확기 쌀값이 한 가마니(80㎏)당 20만원 수준이 되도록 수급 안정 대책을 적극 추진하기로 했다. 이는 지난해 수확기 쌀값(80㎏당 18만7268원)을 웃도는 수준이다. 이를 위해 정부는 논콩, ▪**가루쌀** 등 전략직불제(1만6000㏊), 농지은행사업, 지자체 자율감축 등 벼 재배면적을 줄여 적정 생산을 유도한다. 특히 **일반 벼처럼 재배할 수 있는 가루쌀 생산을 올해 2000㏊, 2024년 1만㏊ 이상 등으로 대폭 확대**해 과잉 생산 우려가 있는 밥쌀 생산을 줄일 예정이다.

쌀 소비 확대를 위해 가루쌀을 활용한 식품 개발 등 쌀 가공산업을 육성하고 '대학생 1000원의 아침밥' 사업도 대폭 확대한다. 올해 수확기에 벼 재배면적, 작황 등을 면밀히 살펴 쌀값 하락이 우려되는 경우 지난해처럼 과감하고 선제적인 시장 격리도 추진한다.

농가 소득·경영 안정을 위해 올해 2조8000억원 규모인 농업직불금(실제 농사를 짓는 사람들의 소득을 일정 수준 보장하기 위한 보조금) 예산을 내년에는 3조원 이상으로 늘리고, 2027년까지 5조원 수준으로 확대한다.

이밖에 농업인력 문제에 대응해 내외국인 인력 공급도 대폭 늘리고 청년농 육성, 스마트 농업 및 신산업 육성도 적극 추진한다. 2027년까지 그린바이오산업을 10조원 규모로 확대하고 ▪**푸드테크** 유니콘 기업을 30개 육성하는 등 첨단기술 융합형 신산업을 적극 육성해 농업의 외연을 확대하기로 했다.

한편, 조수진 국민의힘 최고위원은 4월 5일 양곡관리법 대안 차원에서 '**밥 한 공기 다 비우기' 운동을 거론했지만 여당 내에서도 '황당하다'는 비판**이 잇달았다.

■ 가루쌀

가루쌀(가루미)은 보통 벼와 수확 방식이나 형태는 같지만 성질이 밀과 비슷해 밀가루 공정 방식으로 면·빵·맥주 등을 만들기에 적합한 쌀이다. 물에 불려 분쇄하는 습식 제분을 하는 일반 쌀은 식감이 퍽퍽한데 이와 달리 가루쌀은 전분 구조가 둥글고 성글게 배열돼 있어 밀처럼 건식 제분을 해 반죽으로 만들 수 있고 식감도 촉촉하다. 윤석열 정부는 가루쌀 보급을 역점 농정사업으로 내걸고 있다.

■ 푸드테크 (food tech)

푸드테크는 음식 산업에 IT를 접목한 새로운 산업 분야를 뜻하는 용어다. 배달 애플리케이션을 비롯해 맛집 추천 및 검색, 식당 예약 서비스 등을 모두 포괄하는 개념으로 쓰인다. 최근 푸드테크 기업들은 빅데이터, 비콘(beacon : 스마트폰 근거리 통신 기술) 등 최신 기술을 활용해 더욱 정교하게 이용자의 욕구를 파악하고 맞춤형 정보를 제공하면서 인기를 얻고 있다.

PART
02

분야별
최신상식

9개 분야 최신이슈와 핵심 키워드

**분야별
최신상식**

정치
행정

4·5 재보선 여당 참패...
진보당 원내 입성

■ **재보궐 선거 (再補闕選擧)**

재보궐 선거는 재선거와 보궐선거를 함께 이르는 말이다. ▲재선거(再選擧)는 공직선거에서 당선되었는데 임기 만료 전에 선거 자체에 무효사유가 발생해 당선이 무효가 된 경우에 치르는 선거이다. ▲보궐선거(補闕選擧)는 당선자의 임기가 시작된 후 사직, 사망, 자격 상실 등의 이유로 그 직위를 상실한 경우에 치르는 선거를 말한다. 즉 재선거는 임기 개시 전의 사유 발생으로 인하여, 보궐선거는 임기 중의 사유 발생으로 인하여 실시하는 점에서 차이가 있다.

울산 남구에서 민주당 후보 당선 '이변'

4월 5일 열린 ■**재보궐 선거**에서 여당이 참패했다. 이번 재보선은 5개 시·도에서 치러진 미니 재보선이었지만 총선을 1년 앞둔 시점에서 민심을 가늠할 수 있는 무대로 여겨졌다. 여당인 국민의힘은 텃밭이라 할 수 있는 울산 교육감 선거와 기초의원 선거에서 완패하며 당혹해하는 기색이 역력했다.

먼저 고(故) 노옥희 전 교육감이 급작스럽게 사망(향년 64세)하며 열린 울산광역시교육감 선거는 진보 성향 천창수 후보가 득표율 61.94%(15만3140표)로 보수 성향 김주홍 후보를 5만9065표 차이로 누르고 승리했다.

경남 창녕군수 선거에서는 무소속 성낙인 후보가 득표율 24.21%(7229표)로 당선했다. 국민의힘은 "공직선거법 위반 등 당 귀책으로 재보궐선거가 발생한 경우, 해당 선거구의 후보자를 추천하지 않을 수 있도록 규정한 당헌·당규 정신을 존중한다"며 창녕군수 선거에 공천을 하지 않았다. 이에 무소속 후보가 6명 출마했다. 기호 1번 성기욱 더불어민주당 후보는 어부지리를 노리고 이재명 대표의 유세 지원까지 받았으나 득표율 10.77%(3217표)로 5위에 머물렀다.

광역의회의원 선거에서는 여당 우세 지역인 경북 구미에서 국민의힘 김일수 후보가, 경남 창녕군에서 국민의힘 이경재 후보가 당선됐다.

울산광역시 남구 기초의회의원 선거에서는 이번 선거 최대 이변이 나왔다. 여당 강세 지역에서 **최덕종 민주당 후보가 득표율 50.60%**(6450표)로 신상현 국민의힘 후보(49.39%·6297표)에게 신승(辛勝 : 간신히 이김)한 것이다.

주목도가 낮은 기초의회의원 보궐선거임에도 김기현 국민의힘 대표와 이재명 민주당 대표는 모두 이곳에 지원유세를 왔었는데 결과는 최 후보의 승리였다. 울산 남구을을 지역구로 둔 김기현 대표로서는 뼈아픈 패배다.

이밖에 전북 군산 기초의회의원 선거에서 우종삼 민주당 후보가, ■**스윙보터** 지역으로 꼽히는 충북 청주시 기초의회의원 선거에서는 국민의힘 이상조 후보가 당선됐다.

진보당 강성희 후보 당선

이번 재보선에서 유일한 국회의원 선거 지역구였던 전주을에서는 진보당 강성희 후보가 당선(39.07%·1만7382표)됐다. 이곳은 민주당 강세 지역이지만 민주당은 공직선거법 위반 혐의 등 귀책 사유를 고려해 공천하지 않았다.

진보당은 해산된 통합진보당의 후신인 민중당이 당명을 변경한 당이다. **통진당 계열이 원내 진입한 것은 2016년 20대 총선 이후 7년 만이다.** 강 후보는 현대자동차 전주공장에서 18년간 근무한 비정규직 노동자 출신으로서 비정규직 노조를 만들어 정규직화를 끌어낸 바 있다.

한편, 이곳에서 아무런 지역 기반 없이 윤석열 대통령·김건희 여사 심판 구호만 내걸었던 안해욱 후보는 10.14% 득표율로 3위를 기록해 눈길을 끌었다. 안 후보의 득표율은 5위에 그친 김경민 국민의힘 후보(8.0%)보다 높았다. 안 후보는 지난 대선 당시 김건희 여사가 접대부 '쥴리'란 의혹을 제기했다가 공직선거법·명예훼손 혐의로 고발당한 바 있다.

■ **스윙보터 (swing voter)**
스윙보터는 '마음이 흔들리는 투표자'라는 의미로, 선거 때마다 특정 정당이나 후보를 지지하기보다는 투표 당시의 이슈에 따라 지지 성향이 달라지는 '부동층 유권자'를 말한다.

POINT 세 줄 요약

❶ 여당이 4월 5일 열린 재보선에서 참패했다.

❷ 울산 남구 기초의회의원 선거에서 민주당 후보가 승리하며 이변을 연출했다.

❸ 통진당 계열 정당인 진보당 후보가 전주 국회의원 재보선에서 7년 만에 원내 진입했다.

'검수완박' 유효 결정 후폭풍

검찰의 직접 수사권을 대폭 줄인 일명 '검수완박(검찰 수사권 완전 박탈)' 법안에 대한 헌법재판소의 결정 이후 여야 간 갈등이 격화했다. 검찰 수사권을 다시 되돌리는 시행령 개정안의 위법성 여부를 놓고 더불어민주당은 법안의 효력이 인정된 만큼 시행령이 폐지되어야 한다고 주장했고, 국민의힘은 위반이 아니라며 시행령에는 문제가 없다고 밝혔다.

지난 3월 23일 헌법재판소는 검수완박법의 효력을 인정했다. 주요 쟁점에서 진보 성향 재판관 5명은 검수완박법이 검사의 권한을 침해하지 않으며 한동훈 법무부 장관이 권한쟁의를 청구할 자격도 없다고 판단했다. 반면 나머지 재판관 4명은 검사의 수사 소추권이 헌법으로 보장된 권리이며 민주당이 위장 탈당 등 꼼수를 써서 법안을 통과시킨 것도 헌법에 위반된다며 검수완박법의 위헌성을 지적했다.

김기현 국민의힘 대표는 3월 26일 자신의 SNS에서 헌법재판소의 '**검찰 수사권 축소법**'(개정 검찰청법·형사소송법) 유효 결정에 대해 "검수완박법에 대한 헌법재판소의 결정은 한마디로 '민우국(민주사회를위한변호사모임·우리법연구회·국제인권법연구회)' ■**카르텔**의 반헌법 궤변"이라며 "이번 결정은 (이들이) 자신을 출세시켜 준 민주당에 보은하겠다는 것으로 볼 수밖에 없고 헌법 파괴 만행"이라고 주장했다.

이에 민주당은 검수완박법에 대한 헌재의 결정이 나온 이후 한 장관의 사퇴를 공개적으로 촉구하고 나섰다. 박홍근 민주당 원내대표는 "한 장관의 무모한 정치 소송은 헌재로부터 각하 당했다"며 "권한쟁의심판을 청구해 놓고 그 판단이 나오기도 전에 입법 취지에 반하는 불법 시행령으로 검찰 수사 범위를 모조리 되돌린 상태"라고 질타했다.

한 장관의 탄핵을 거론하며 공세 수위를 높이는 민주당의 공세에도 불구하고 사실상 탄핵은 쉽지 않아 보인다. 국무위원의 탄핵이 이뤄지려면 직무 집행에 있어 헌법이나 법률을 위반했다는 사실이 있어야 한다. 국회 본회의에서 한 장관 탄핵안의 가결 여부도 미지수이고, 오히려 헌법재판소에서 탄핵안이 기각 또는 각하될 경우 민주당이 역풍을 맞을 것이란 관측이다.

한 장관은 민주당의 자신의 탄핵 추진에 대해서 "민주당은 지난해부터 제가 책무를 다하는 것을 막기 위해 입버릇처럼 저에 대한 탄핵을 말하는데, 탄핵이 발의되면 당당히 응할 것"이라고 정면 대응을 예고했다.

■ **카르텔 (cartel)**

카르텔은 같은 종류의 상품을 생산하는 기업이 서로 가격이나 생산량, 출하량 등을 협정해서 경쟁을 피하고 이윤을 확보하려는 행위이다. 이는 기업활동이나 주식의 소유지배를 수반하는 트러스트(trust)나 콘체른(konzern)과 구별된다. 동종 집단이나 이익 단체 간의 사익 추구 및 담합 구조를 통틀어

카르텔이라고 하기도 한다.

검수완박법 헌재 판단

심판 대상	결정	이유
국회 법사위원장의 가결 선포	권한침해확 인청구(5 : 4 인용)	법사위원장이 미리 가결 조건을 만들었고 토론 기회를 제공하지 않아 국회의원의 심의·표결권을 침해
	무효확인청 구(4 : 5 기각)	법사위원장의 가결 선포 행위에 헌법 및 국회법 위반은 없어 심의·표결권 침해로 볼 수 없음
국회의장 가결 선포 행위	권한침해확 인청구(4 : 5 기각)	국회의장의 가결 선포 행위에 헌법 및 국회법 위반은 없음. 법사위에서의 절차상 하자만으로 본회의에서 법률안 심의·표결권이 침해됐다고 보기 어려움
	무효확인청 구(4 : 5 기각)	
검사 수사권 축소	권한침해확 인청구(4 : 5 각하)	수사권·소추권을 직접 행사하지 않는 법무부 장관은 청구인 자격이 없음
	무효확인청 구(4 : 5 각하)	헌법이 수사권을 검사에게 부여한 것으로 해석하기 어려우므로 수사권 조정에 따른 검사들의 헌법상 권한 침해 가능성은 없음

尹, '주 69시간 근로제'
공식철회...이정식 장관 "송구"

이정식 고용노동부 장관이 근로시간제 개편안을 두고 혼선을 빚은 데 대해 국민에게 사과의 뜻을 밝혔다. 개편안 발표 15일 만이다. 이 장관은 3월 21일 국회 환경노동위원회(환노위) 전체회의에 출석해 전해철 위원장의 질의에 "많은 부족함이 있었고 송구하다"고 답했다. 이 장관이 개편안에 대해 공식 석상에서 사과한 것은 이번이 처음이다.

이날 환노위 소속 야당 의원들은 **근로시간 개편안 발표 이후 윤석열 대통령과 대통령실, 고용부의 입장이 달라 혼선을 빚은 데 대해 질타**를 이어갔다. 3월 6일 발표된 개편안은 특정주에 주 69시간 근로가 가능한 게 골자다. 하지만 윤 대통령은 같은 달 14일 개편안에 대한 재검토와 보완을 지시했다. 이틀 뒤 윤 대통령은 주 60시간 이상은 무리라는 입장으로 가이드라인을 제시했다. 이렇게 되면 개편안은 재설계가 불가피하다.

하지만 개편안을 두고 윤 대통령 입장 발표 이후에도 장시간 근로와 이에 따른 건강권 악화, 휴식권 부족 우려가 노동계를 중심으로 확산됐다. 동시에 주 60시간 미만 가이드라인에 따른 새로운 개편안의 실효성에 대한 우려가 경영계에서 형성됐다.

그러자 윤 대통령은 이날 국무회의에서 주 60시간 근로는 무리라며 기존 입장을 유지했다. 일련의 혼선 과정을 두고 야당에서는 '정책 컨트롤 타워가 없는 상황이다', '개편안은 폐지돼야 한다' 등 비난의 목소리를 냈다.

여당은 개편안의 취지가 특정주에 장기간 근로가 가능한 구조만 부각되면서 국민적인 오해를 일으켰다며 개편안에 힘을 실었다. 하지만 개편안이

오해를 빚은 원인으로 고용부의 소통 부족이 있다는 지적도 있었다. 노동계 역시 개편안이 충분한 의견 수렴이 이뤄지지 않았다고 지적했다.

➕ 주 52시간제

주 52시간제란 주당 법정 근로시간을 기존 68시간에서 52시간(법정근로 40시간+연장근로 12시간)으로 단축한 근로제도다. 2018년 7월 1일부터 우선 종업원 300인 이상의 사업장을 대상으로 시행됐나. 2020년 1월 1일부터 50~299인 사업장에 적용됐으며 2021년 7월 1일부터 5~49인 사업장에 적용됐다.

"전광훈, 우파 천하통일" 김재원 발언에 당 지도부도 비판 봇물

▲ 전광훈(왼쪽) 목사의 유튜브 방송에 출연한 김재원(오른쪽) 국민의힘 최고위원 (유튜브 너알아TV 캡처)

극우 성향의 전광훈 사랑제일교회 목사를 가리켜 "우파 진영을 전부 천하 통일했다"고 발언한 김재원 국민의힘 최고위원에 대해 당내 비판이 쏟아졌다. **3·8 전당대회 직후 전 목사가 주관하는 예배에 참석해 '5·18 정신을 헌법에 수록할 수 없다'는 취지로 발언**했다가 공개 사과하고 자중하기로 한 김 최고위원이 다시 논란이 될 만한 발언을

한 것을 두고 지도부에서는 물러나야 한다는 목소리까지 나왔다.

김기현 국민의힘 대표는 3월 28일 '1000원 아침밥 체험'을 위해 경희대 학생 식당을 찾은 자리에서 기자들과 만나 이에 대해 "전후 문맥을 모르는 상황에서 보도된 것만 봤는데 별로 그렇게 납득하기 어려운 자신의 주장인 것 같다"고 말했다.

유상범 국민의힘 수석 대변인은 MBC 라디오 인터뷰에서 "언어의 전략적 구사가 최근에 감이 떨어진 거 아닌가 싶다"고 말했다. 홍준표 대구시장은 김 최고위원을 아예 당에서 쫓아내야 한다고 주장했다. 홍 시장은 "실언이 일상화된 사람인데 그냥 제명하자"고 썼다.

김 최고위원은 앞서 3월 25일 미국 애틀랜타에서 열린 '북미자유수호연합' 초청 강연회에서 "전 목사께서 우파 진영을 전부 천하 통일을 해서 요즘은 그나마 광화문이, 우파 진영에도 민주노총에도 대항하는 활동 무대가 됐다"고 말했다.

4월 4일 김 최고위원은 올해 제주 4·3 사건 추모식에 윤석열 대통령이 참석하지 않은 것과 관련해 "4·3 기념일은 3·1절, 광복절보다 조금 격이 낮은 기념일 내지 추모일인데 대통령이 참석하지 않을 것을 공격해대는 자세는 맞지 않다"고 말했다가 또 부적절한 발언이란 지적을 받았다.

➕ 5·18 광주민주화운동

5·18 광주민주화운동은 1980년 5월 18일부터 27일 새벽까지 광주시민과 전남도민을 중심으로 계엄군의 진압에 맞서 일어난 민주화 운동이다. 당시 12·12 군사

반란을 일으킨 전두환 등 신군부는 정권 장악을 위해 계엄령을 선포했으며 광주에서는 이에 항의하는 시위가 일어났다. 신군부는 공수부대를 포함한 계엄군을 보내 시위대와 시민들을 폭력적으로 진압했으며 이 과정에서 수많은 시민이 희생되었다. 5·18 광주민주화운동은 이후 1987년 일어난 6월 항쟁에 이르기까지 군부 독재에 맞선 민주화 운동의 원동력이 되었다.

윤 대통령, 새 안보실장에 조태용 주미대사 내정

▲ 조태용 신임 국가안보실장

전격 사의를 발표한 **김성한 국가안보실장의 후임으로 조태용 주미대사가** 내정됐다. 김은혜 홍보수석은 3월 29일 오후 6시께 대통령실 브리핑에서 "윤 대통령이 김성한 실장의 사의를 고심 끝에 수용하기로 했다"고 밝혔다. 후임 국가안보실장으로는 주태용 주미대사를 내정했다.

조태용 안보실장 내정자는 대미·북핵 문제에 정통한 외교관 출신으로 2020년 미래한국당(국민의힘 전신 자유한국당의 위성정당) **비례대표**로 21대 국회의원을 지내다가 윤석열 정부 초대 주미대사를 맡았다. 현직 주미대사인 조 내정자는 일정 기간 인수인계 작업을 거친 뒤 '외교안보 컨트롤타워' 역할을 수행할 예정이다.

김성한 실장의 사의 공식화에 이어 윤석열 대통령의 사의 수용, 후임 안보실장 내정까지 불과 1시간 만에 속도감 있게 진행된 셈이다. 앞서 김 실장은 이날 오후 5시 3분께 본인 명의 언론 공지를 통해 "오늘부로 국가안보실장 직에서 물러나고자 한다"고 밝혔다.

김 실장은 "1년 전 대통령님으로부터 보직을 제안받았을 때 한미동맹을 복원하고 한일관계를 개선하며 한·미·일 안보협력을 강화하기 위한 토대를 마련한 후 다시 학교로 돌아가겠다고 말씀드린 바 있다"고 말했다.

그러면서 "그런 여건이 어느 정도 충족되었다고 생각한다"며 "미국 국빈 방문 준비도 잘 진행되고 있어 새로운 후임자가 오더라도 차질 없이 업무를 수행할 수 있다고 본다"고 덧붙였다. 김 실장은 "저로 인한 논란이 더 이상 외교와 국정운영에 부담이 되지 않았으면 한다"고 말했다.

한편, 4월 말 윤 대통령의 미국 국빈 방문을 한 달 남짓 앞두고 김 실장이 사퇴한 배경을 두고 추측이 무성했다. 일부 언론은 방미 준비 과정에서 조 바이든 미 대통령과 질 바이든 여사가 지난 1월 블랙핑크·레이디가가 등이 출연하는 특별 문화 프로그램을 제안했음에도 김 실장이 확답을 미루고 윤 대통령에게 보고도 하지 않은 게 문제가 됐다고 보도했다.

■ **비례대표 (比例代表)**

비례대표는 정당의 득표율에 비례하여 대표자를 선출하는 선거제도인 비례대표제를 통하여 당선된 의원들을 말한다. 비례대표는 각 당에서 비례대표 순서를 정하고, 비율에 따라 등록된 번호순으로 당선된다. 비례대표는 정당의 이름으로 의원직을 맡는 것이기 때문에 지역구 의원과는 달리 탈당 또는 정당해산 등으로 자신의 당을 잃게 되면 그와 동시에 의원직을 상실한다. 제20대 총선 기준 국회의원 의석수는 300석이며 그중 비례대표 수는 47석이다.

野 '한일회담 진상규명' 국조 요구...
與 "이재명 리스크 희석용"

▲ 더불어민주당 최고위원회의

더불어민주당 등 야당이 3월 29일 오후 '일제 강제동원 굴욕해법 및 굴종적 한일정상회담 진상규명을 위한 국정조사 요구서'를 국회에 제출했다. 국정조사 요구서에는 민주당 소속 의원들 외에도 기본소득당 용혜인 의원 등 82명이 이름을 올렸다. 정의당은 정상회담 관련 의혹 규명은 국정조사로 풀 사안이 아니라고 판단해 불참했다.

민주당 등 야당은 국정조사 범위로 ▲윤석열 정부의 '제3자 변제안'과 ▪구상권 포기가 위헌·위법·직무유기·배임·직권남용이라는 의혹 ▲정상회담에서 독도·위안부 관련 논의 여부 ▲기시다 후미오 일본 총리가 위안부와 독도 문제를 거론할 때 윤 대통령이 대통령으로서 마땅히 취해야 할 강력한 항의를 하지 않았다는 의혹 ▲정상회담 및 윤 대통령−한일의원연맹 만남에서 후쿠시

마 수산물 수입 제한 조치에 대한 해제 요구가 있었는지 여부 등을 제시했다.

이들 야당은 국정조사를 위해 교섭·비교섭단체 의석 비율에 따른 18명 규모의 특별위원회 구성을 요구했다. 민주당은 국정조사 요구서에서 "한일정상회담은 준비 과정에서부터 회담의 진행, 후속 조치에 이르기까지 **윤석열 정부의 역사의식 부재와 무능으로 인해 여러 분야에서 국격과 국익이 심대하게 훼손된 총체적인 참사**"라고 지적했다.

여당인 국민의힘은 **이번 국정조사 요구가 민주당 이재명 대표의 사법 리스크를 희석하려는 의도라며 반발**했다. 강민국 국민의힘 수석대변인은 논평에서 "누가 봐도 대장동 사건 등의 핵심 피의자인 당 대표의 사법 리스크에 쏠릴 국민 시선을 죽창가로 돌리려는 의도"라며 "조사의 목적부터 범위까지 '민주당식 아전인수(我田引水 : 자기에게만 이롭게 함)'"라고 비판했다.

이어 "민주당 주장과는 달리 강제징용 피해자에 대한 '제3자 변제안'은 대법원판결과 국내법에 반하지 않는다"고 강조했다. 강 수석대변인은 또 "이미 대통령실은 한일 정상회담에서 독도와 위안부에 대해 논의되지 않았음을 명확히 밝혔는데도 대통령 말보다 타국 일부 언론의 말을 믿는 민주당이야말로 어느 나라 정당이냐"고 쏘아붙였다.

▪ 구상권 (求償權)

구상권은 채무를 대신 변제해 준 사람이 채권자를 대신하여 채무당사자에게 반환을 청구할 수 있는 권리를 말한다. 국가소송에 있어서는 국가가 불법행위로 피해를 본 사람들에게 배상금을 먼저 지급한 뒤 실제 불법행위에 책임이 있는 공무원을 상대로 배상금을 청구하는 권리를 이르기도 한다.

이재명 "과로사 강요 정책에 국민 분노...주 4.5일제로 가야"

이재명 더불어민주당 대표는 29일 정부의 '주 최대 69시간' 근로시간 개편안을 비판하면서 "주 4.5일 제를 실현 가능한 목표로 잡겠다"고 밝혔다. 이 대표는 이날 국회 의원회관에서 열린 '주 4.5일 제 도입 방안 마련을 위한 긴급 토론회'에서 "주 60시간 또는 69시간으로 되돌아가자는 것은 '일 하다 죽자', 전 세계적으로 비난받는 '과로사회로 되돌아가자'는 주장이나 다를 바 없다"고 말했다.

그러면서 **"앞으로 경제협력개발기구(OECD) 평균 정도는 맞추려고 노력**해야 한다"며 "OECD 평균 보다 연간 노동시간이 300시간 더 많은 참담한 현실을 고쳐야지 현재 상태에서 제도를 퇴행시키 면 최장시간 노동이라고 하는 불명예가 더 심화· 악화될 것"이라고 비판했다. 그는 **포괄임금제**에 대해서도 "잘못된 제도"라며 "사실상 노동시간 연장을 꾀하고 공짜 근로를 강요하는 제도"라고 지적했다.

이에 민주당은 법안 발의 등 주 4.5일제를 도입 하기 위한 다양한 방안을 마련한다는 방침이다. 이 대표는 "주 4.5일제, 4일제라 하니 불가능한

일처럼 느껴지지만 과거 한 달에 한번 쉬자는 때 가 있었고, 일주일에 한 번은 쉬자고 주장하는 시 기도 있었다"며 "그러다 어느 날 주 5일제로 이틀 은 쉬자고 했지만 그때도 반론은 많았다. 그러나 주 5일제 이뤄내지 않았나"고 주장했다.

이어 "앞으로는 주 4.5일제를 실현 가능한 목표 로 잡고 우리 사회 노동·산업 환경을 고효율 노 동으로 대체하는 미래를 만들었으면 좋겠다"고 덧붙였다.

한편, 민주당 소속 김영주 국회 부의장은 4월 9일 주 4.5일제와 같은 근로시간 단축 제도를 실 시하는 기업에 대해 가족친화인증 기업 인센티브 를 주는 법안을 발의했다.

■ 포괄임금제 (包括賃金制)

포괄임금제는 근로계약 체결 시 연장, 야간, 휴일근로 등을 미 리 정하여 예정된 수당을 지급하는 방식을 말한다. 즉, 실제 근로시간을 따지지 않고 매월 일정액의 시간외근로수당을 지 급하거나 기본임금에 제수당(기본임금 이외에 지급되는 모든 종류의 수당)을 포함해 지급하는 임금산정방식으로 대법원 판 례에 의해 인정되기 시작했다.

➕ 주 52시간도 길다?...韓 근로시간 OECD 5위

2022년 12월 14일 경제협력개발기구(OECD)에 따르면 한국 노동자의 근로시간은 연간 1915시간으로 OECD 38개국 중 5위였다. 지난 10년간 근로 시간이 10% 넘 게 감소했지만 여전히 근로시간이 다른 나라보다 긴 편이다. 멕시코가 2128시간으로 가장 많았고 코스타리 카 2073시간, 콜롬비아 1964시간, 칠레 1916시간 등 으로 중남미 국가가 1~4위로 집계됐다. 반면 독일은 연간 1349시간으로 가장 적었다. 이어 덴마크 1363시 간, 룩셈부르크 1382시간, 네덜란드 1417시간, 노르웨 이 1427시간 등으로 유럽 국가들의 근로 시간이 상대 적으로 적은 것으로 나타났다. 미국은 1791시간으로 8 위, 일본은 1607시간으로 21위를 기록했다.

윤 대통령, 홍성 등 10곳 산불 특별재난지역 선포 지시

윤석열 대통령이 4월 5일 충남 홍성군 등 최근 동시다발적인 산불로 큰 피해를 입은 10개 지역에 대해 **■특별재난지역** 선포를 추진하라고 지시했다. 대통령실에 따르면 이날 윤 대통령이 특별재난지역 선포 검토를 지시한 곳은 **충남 홍성군·금산군·당진시·보령시·부여군, 대전 서구, 충북 옥천군, 전남 순천시·함평군, 경북 영주시** 등 10개 시·군·구다.

홍성군의 경우 4월 2일 산불이 발생해 약 53시간 동안 약 1454헥타르(㏊)의 산지를 불태웠다. 축구장 2000개 이상의 면적이다. 불길을 잡기 위해 사흘 동안 헬기 총 55대, 진화차 등 장비 753대, 산불진화대원 1만3034명이 투입됐다. 인명 피해는 확인되지 않았지만 주택과 창고 등 시설물 70여 곳이 불타고 주민 300여 명이 대피하는 피해가 발생했다.

윤 대통령은 전날 국무회의에서도 "전국적으로 수십 건의 산불이 동시다발적으로 발생하면서 소중한 산림이 파괴되고 주민들의 삶의 터전이 위협받고 있다"며 "관계부처와 지방자치단체는 대형산불이 조속히 진화될 수 있도록 총력 대응하고 산불 예방에 더욱 노력해달라"고 지시했다.

윤석열 대통령은 4월 12일 대형 산불로 큰 피해가 발생한 강원 강릉시도 특별재난지역으로 선포했다. 전날 강릉에서 대형 산불이 발생해 축구장 면적 530개에 이르는 산림 379ha가 잿더미가 됐다. 산불로 전소된 한 주택에서 사망자가 발견되는 등 인명 피해도 나왔다.

■ 특별재난지역 (特別災難地域)
특별재난지역은 재난·재해를 당한 지방자치단체와 주민들의 행정·재정적 부담을 덜어주기 위해 국가가 보조해주는 제도다. 1995년 삼풍백화점 붕괴 사고를 계기로 도입됐다. 도입 당시에는 대형사고 등 사회재난에 한해 특별재난지역을 선포할 수 있도록 했지만 2002년 태풍 '루사'를 계기로 자연재해 때도 선포할 수 있도록 대상을 확대했다.
특별재난지역은 '재난 및 안전관리기본법'에 따라 시·군·구별 피해액이 국고지원 기준(18억~42억원)의 2.5배를 초과할 경우 선포할 수 있다. 특별재난지역으로 선포되면 향후 피해 복구액 중 지자체 부담액의 일부를 국고로 추가 지원받을 수 있게 된다. 건강보험료 경감, 통신·전기·도시가스·지역난방 요금 감면, 병역의무 이행기일 연기, 동원훈련 면제 등 6개 항목의 간접 지원도 이뤄진다.

尹 "4·3 희생자 넋 보듬겠다는 약속, 변함없어"…'불참' 공방도

윤석열 대통령은 4월 3일 "정부는 4·3 희생자들과 유가족들의 명예 회복을 위해 최선을 다하고 생존 희생자들의 고통과 아픔을 잊지 않고 보듬어 나갈 것"이라고 밝혔다. 윤 대통령은 이날 제주 4·3 평화공원에서 열린 '제75주년 제주 4·3 희생자 추념식'에서 추념사를 통해 "무고한 4·3

▲ 제주 4·3 평화공원 (자료 : 제주 평화재단)

희생자들의 넋을 기리고, 그 유가족들의 아픔을 국민과 함께 어루만지는 일은 자유와 인권을 지향하는 자유민주주의 국가의 당연한 의무"라며 이같이 밝혔다.

이날 윤 대통령의 추념사는 한덕수 국무총리가 대독했다. 지난해 **당선인 신분으로 추념식에 참석했던 윤 대통령은 올해는 불참했다.** 윤 대통령은 "희생자와 유가족을 진정으로 예우하는 길은 자유와 인권이 꽃피는 대한민국을 만들고 이곳 제주가 보편적 가치, 자유민주주의 정신을 바탕으로 더 큰 번영을 이루는 것"이라며 "그 책임이 저와 정부, 그리고 우리 국민에게 있다"고 강조했다.

김재원 4·3 폄하 발언에 제주도 반발

한편, 김재원 국민의힘 최고위원이 '4·3 추념일은 3·1절·광복절보다 격이 낮다'고 말한 것을 두고 제주에서 반발이 일었다. 제주 4·3연구소는 4월 5일 보도자료를 통해 "국민의힘은 4·3 희생자를 모독한 김재원·태영호 최고위원을 즉각 제명하라"고 촉구했다.

연구소는 "태 최고위원의 망언(김일성 4·3 지시설)에 이은 이번 김 최고위원의 망언은 유족과 도민의 상처를 헤집고 국민적 분노를 불러일으킨다"며 "두 최고위원의 발언이야말로 정치인의 격

을 떨어뜨리고 있다"고 비판했다.

더불어민주당 제주도당도 이날 논평을 통해 "김 최고위원의 논리대로면 프로야구 시구와 서해수호의날 기념식은 4·3 추념식보다 격이 높아서 대통령이 참석한 것인가. 프로야구 시구가 4·3 희생자와 유족, 도민의 한을 풀어주는 것보다 격이 높은 일인가"라며 비판에 가세했다.

✚ 제주 4·3 사건

제주 4·3 사건은 1948년 4월 3일부터 1954년 9월 21일까지 제주도에서 민간인이 대량 학살된 사건이다. 제국주의 일본 패망 이후 남북한의 이념 갈등을 발단으로 남로당 무장대가 봉기하며 미군정·국군·경찰과 충돌했고 극우파 민간 무장단체들의 폭력사태를 이승만 정권과 미국 정부가 묵인하면서 민간 학살이 발생했다. 1만4028명이 희생됐고 2만8561명의 유족을 남겼으며 피해 규모와 진상 규명이 아직도 진행되고 있다.

국회 '부산엑스포 지원 결의안' 채택

국회가 4월 3일 '2030 부산 세계박람회(엑스포) 성공적 유치 및 개최를 위한 결의안'을 만장일치로 통과시켰다. 국회는 이날 본회의에서 '부산 엑스포 성공 결의안'을 놓고 표결한 결과 참석한 의원 239명 모두가 찬성해 만장일치로 가결됐다.

앞서 3월 15일 결의안은 '국회 2030 부산 엑스포 유치 지원 특별위원회(특위)'를 통과했다. 이후 국회는 엑스포의 부산 유치를 적극적으로 지지하고 부산이 엑스포 개최 역량을 충분히 갖췄다는

▲ 2030 부산 엑스포 조감도 (자료 : 기획재정부)

사실을 확인한 내용을 해당 결의안에 담았다.

국회는 결의안을 통해 부산 엑스포의 성공적 개최에 필요한 제반 사항에 대한 초당적인 협조와 지원도 약속했다. 이외에 ▲교통·환경 인프라 개선 ▲각종 시설 건축 및 사후 활용 방안 마련 ▲오는 11월 말 예정된 개최지 선정 전까지 의원 외교를 통한 대외 유치교섭 활동 동참 의지 등도 결의안에 담겼다.

국회는 이어 **"부산 엑스포 유치 확정 시 '2030 부산 엑스포 지원을 위한 특별법'을 즉각 제정**하고, 성공적인 엑스포 개최를 위해 요구되는 조직적·재정적·제도적 사항 등에 대한 지원에 최선을 다할 것을 명확히 밝힌다"고 덧붙였다.

김진표 국회의장은 이날 가결된 부산 엑스포 결의안을 국제박람회기구(BIE) 실사단에 전달했다. BIE 실사단도 국회 본회의장에서 결의안 채택 과정을 방청하면서, 결의안 채택이 된 순간 여야 의원들과 함께 박수를 치기도 했다.

김 의장은 "국회는 2030 부산엑스포 유치를 위해 완전히 여야 없이 한마음으로 똘똘 뭉쳐서 지원하고 있고 노력하고 있다"고 말했다.

이재명, '버스에서 내려와' 운동 동참…"통합이 승리의 길"

▲ 우원식 의원 등 더불어민주당 4선 의원들이 2월 24일 국회 소통관에서 '2023 버스에서 내려와' 운동을 제안하는 기자회견을 하고 있다.

더불어민주당 내에서 계파 간 갈등 심화를 막고자 중진 의원을 중심으로 이른바 '버스에서 내려와' 운동을 벌이는 가운데 이재명 대표도 4월 5일 해당 캠페인에 동참하겠다는 뜻을 밝혔다. 이 대표는 이날 페이스북에 올린 글에서 "우리를 하나로 만들 설득과 경청의 힘을 믿는다"며 "우리 당 4선 의원들께서 제안해 주신 '버스에서 내려와' 운동에 동참한다"고 말했다.

'버스에서 내려와'는 ■박근혜 정부 국정농단 비판 촛불집회에서 경찰 버스 지붕에 올라가 시위를 벌이던 일부에게 다수의 주변 참가자가 '버스에서 내려와'라고 외쳐 공권력 행사의 빌미를 차단한 운동을 말한다.

우원식, 안규백, 정성호 의원 등 민주당 4선 의원은 지난 3월 24일 국회 기자회견에서 "의원과 지지자 간 날 선 공격이 앞서 우려가 크다"며 이 운동을 제안한 바 있다. 회견 후 당내에서는 SNS를 통해 동참 의사를 밝히는 의원들이 늘어나고 있다.

이 대표가 '버스에서 내려와'에 함께하기로 한 것은 최근 '개딸'로 불리는 강성 성향의 지지자들이 비명(비이재명)계 의원들을 향해 공격적인 언사를 이어가자 이를 자제하라고 촉구한 것과 같은 맥락으로 풀이된다.

이 대표는 페이스북에서 "이재명의 동지라면, 민주당을 사랑하는 지지자라면 내부 공격과 갈등 대신 설득과 화합의 길에 앞장서 달라"며 "단결과 통합이야말로 승리로 가는 가장 빠른 길"이라고 강조했다. 당의 통합을 해치는 언사는 용납할 수 없다는 의지를 보인 것이다.

■ 박근혜 정부 국정농단

박근혜 정부 국정농단(박근혜–최순실 게이트)은 2016년 10월 박근혜 당시 대통령의 비선 실세인 최순실이 국정에 개입했다는 의혹이 제기되면서 시작돼 박 전 대통령의 탄핵과 구속으로 이어진 일련의 사건이다. 최순실은 박근혜 정부 국정 개입은 물론 미르재단·K스포츠재단 설립에 대기업의 출연을 강요했고 딸인 정유라의 이화여대 입학 특혜를 받았다. 한편, 최순실은 박 전 대통령의 멘토로 알려진 고(故) 최태민 목사의 딸로, 육영재단 일을 도우며 박 전 대통령과 친분을 쌓은 것으로 알려졌다.

민주당, 전당대회 돈봉투 의혹 파문

2021년 5월 전당대회 당시 더불어민주당에서 후보들이 돈봉투를 받았다는 의혹이 불거졌다. 검찰은 당시 **송영길 후보 캠프의 윤관석, 이성만 의원 등**이 한국수자원공사 상임감사위원이었던 강래구 씨로부터 돈을 받아 국회의원과 지역 상황실장 등 40명에게 50만원~300만원씩 모두 9400만원의 금품을 건넸다고 의심하고 있다.

이번 의혹은 개인 비리로 구속된 이정근 더불어민주당 전 사무부총장의 수사 과정에서 이 전 사무부총장이 강 씨로부터 돈을 전달받아 나눠준 정황이 휴대전화 녹음 파일로 드러나며 나왔다. 송 전 대표는 전당대회에서 35.60% 득표율로 35.01%를 얻은 홍영표 의원을 0.59%p 차로 근소하게 따돌리며 당선돼 돈봉투가 선거 결과에 영향을 미쳤을 가능성을 배제할 수 없다.

이재명 민주당 대표는 돈봉투 의혹에 대해 "국민 여러분께 심려를 끼친 점에 대해 당 대표로서 깊이 사과 드린다"고 4월 17일 밝혔다.

➕ 부패인식지수 (CPI, Corruption Perceptions Index)

부패인식지수는 세계은행(IBRD) 등 7개 독립기구가 실시한 국가별 공직자의 부패 정도에 관한 설문조사와 전 세계 기업인과 애널리스트 등의 견해를 반영해 분석·평가한다. 10점 만점에 가까울수록 부패 정도가 낮은 것으로 간주된다. 국제적인 부패감시 민간단체인 국제투명성기구(TI, Transparency International)가 1995년부터 매년 발표한다. 한국은 2022년 기준 100점 만점에 63점으로 조사대상국 180개 중 31위를 차지했다.

분야별
최신상식

경제
산업

美 IRA 전기차 세액 공제 시행 지침 발표

■ **인플레이션 감축법 (IRA, In-flation Reduction Act)**

인플레이션 감축법(IRA)은 조 바이든 미국 대통령의 역점 사 업인 '더 나은 재건 법안(BBB)' 을 축소·수정한 법안으로서 4400억달러의 정책 집행과 3000억달러 규모의 재정적자 감축으로 구성된 총 7400억달 러(약 910조원) 규모의 거대한 지출 계획이다. 2022년 8월 16 일(현지시간) 바이든 대통령이 법안에 서명했다.

한국 업체 보조금 대상 포함돼

미국 재무부는 3월 31일(현지시간) ■**인플레이션 감축법(IRA)**의 전기차 세액 공제 세부 지침 규정안을 발표하고, 해당 규정을 4월 18일부터 시행한다고 밝혔다. 규정안에 따르면 IRA의 전기차 보조금 지급과 관련, 배터리 관련 기준에서 양극판·음극판이 부품으로 포함되고 양극 활물질은 들어가지 않았다. 또 핵심광물의 경우 미국과 자유무역협정(FTA)을 체결하지 않은 국가에서 수입한 재료를 미국과 FTA를 맺은 한국에서 가공해도 보조금 지급 대상에 포함하기로 했다.

한국 업체는 구성 재료인 양극 활물질 등은 국내에서, 이후 양극판·음극판을 만드는 단계는 미국에서 진행하고 있는 것으로 알려졌다. 이대로라면 **한국 업체들은 현재 공정을 바꾸지 않아도 IRA상 보조금 지급 대상**이 된다. 핵심광물도 미국과 FTA를 체결하지 않은 국가에서 추출한 경우에도 FTA 체결국에서 가공해 세부 규정에서 요구하는 일정 비율 기준을 충족하면 보조금 대상으로 인정된다.

이 같은 내용은 그동안 한국 업체들이 요구해온 것이다. 미국 정부가 한국

업체들의 입장을 대체로 반영해 세부 규정을 마련했다는 평가가 나온다. 정부 관계자는 "한국 업체들의 현재 공정을 바꾸지 않아도 보조금 대상에 포함될 수 있게 됐기 때문에 유리하다고 판단된다"고 말했다.

한국 호재? 中 기업 우회 변수 남아

IRA 입법 당시 업계에서는 미국이 대중국 견제 노선을 공식화한 것이란 평가가 지배적이었다. 하지만 공개된 세부조항은 당시 평가에 비해선 한발 물러선 것으로 보인다. 국내기업으로서는 흑연, ■**리튬** 등 대중국의존도가 높은 핵심광물을 과거와 같이 조달받아도 가공 기준만 만족하면 돼 불확실성이 사라졌다.

문제는 이 같은 핵심광물 조달 조항이 중국 기업에도 마찬가지로 작용된다는 점이다. CATL과 비야디(BYD) 등 중국 기업들 역시 자국산 핵심광물을 사용하더라도 미국과 FTA를 체결한 국가에서 가공 과정을 거치면 세액공제 조항은 만족하게 된다. 특히 CATL은 이미 LFP(리튬·인산·철)

배터리를 무기로 북미 시장을 차츰 공략 중이다.

CATL이 테슬라와도 미국 텍사스에 배터리 공장 건설을 추진 중인 것으로 알려지면서 중국 기업에 북미 시장은 더 이상 접근 불가능한 땅은 아닌 상황이 됐다. CATL의 북미시장 점유율은 14%로 3위다. 북미 내 여타 완성차 기업들이 가격 경쟁력이 뛰어난 LFP 배터리 채택 비율을 점차 높혀가면서 CATL의 아성은 공고해진 분위기다.

물론 중국 기업들의 이런 행보가 의도대로 될지는 의문이다. 미 재무부가 발표할 예정인 '외국 우려 단체(foreign entity of concern)' 때문이다. 재무부는 IRA 세부조항을 통해 2025년부터는 '외국 우려 단체'에서 핵심광물을 조달받지 못하도록 했다.

■ 리튬 (Lithium)

리튬이란 은백색 광택의 알칼리 금속으로 기호는 Li이고 원자 번호는 3이다. 리튬은 1817년 스웨덴 화학자 요한 아르프베드손이 발견했다. 리튬은 가장 밀도가 낮은 고체 원소이자 반응성이 강한 금속 중 하나로, 오늘날 전기차 배터리, 반도체 등에 광범위하게 활용되어 '하얀 석유'라고 불리며 현대 사회에서 가장 중요한 광물 중 하나로 꼽힌다.

POINT 세 줄 요약

❶ 미국 재무부가 인플레이션감축법(IRA) 전기차 세액공제 세부 지침 규정안을 발표했다.

❷ 한국 업체들은 현재 공정을 바꾸지 않아도 보조금 대상에 포함될 수 있게 됐다.

❸ 이번 핵심광물 조달 조항이 중국 기업에도 마찬가지로 작용돼, 한국 기업 배터리 사업에 변수가 될 가능성이 있다.

탄소배출 목표치 하향했지만, 재계 "여전히 부담"

3월 21일 2050탄소중립녹색성장위원회(이하 탄녹위)가 공개한 제1차 국가 탄소중립·녹색성장 기본계획에서 2030년 산업 부문의 탄소 배출 목표치를 2억3070만톤으로 설정했다. 산업계가 2018년 배출한 탄소 총량은 2억6050만톤인데 2030년까지 11.4%(2980만톤) 줄여야 한다는 의미다.

2021년 문재인 정부는 산업계가 2030년까지 탄소 배출량을 2018년 대비 14.5%(3790만톤) 줄여야 한다는 목표치를 설정했는데, 이를 3.1%p 하향했다. 기업들로서는 810만톤의 여유가 생긴 셈이다.

산업계는 **그간 문재인 정부에서 설정한 목표치인 탄소배출량 14.5% 저감은 달성 불가능하다며 반발**해왔다. 탄소 배출이 많은 철강·석유화학·시멘트 같은 제조업 비중이 다른 나라보다 큰 국내 산업 현실을 고려하지 않은 목표치라는 것이다. 2021년 설정된 ■**국가온실가스감축목표(NDC)**를 두고 현실성 논란이 지속되면서 관련 주무부처 가운데 하나인 산업통상자원부는 지난해 9월 산

하 연구기관인 에너지경제연구원과 산업연구원에 각각 연구 용역을 의뢰했다.

연구 결과 2030년까지 달성 가능한 온실가스 감축 규모는 2018년 국내 온실가스 배출량(2억6050만톤)의 5%인 1300만톤에 그친다는 결론이 나왔다. 산업부는 지난해 12월 중순께 용역 보고서와 공식 의견서를 탄녹위와 환경부에 제출하고 온실가스 삼축 계획 조정에 대한 협의를 진행했다.

산업계 온실가스 감축 목표치를 두고 이전 정부가 설정한 14.5%와 산업계가 주장한 5% 미만이 맞선 끝에 11.4%라는 절충안이 도출된 것이다. 산업계 부담을 완화하는 대신 원전이나 태양광 등 석탄보다 탄소 배출이 적은 친환경 에너지로의 전환에 한층 속도를 내 온실가스 저감 총량을 채운다는 계획이다.

에너지 전환 부문의 2030년 탄소 배출 감축량은 이전 계획과 비교해 1.5%(400만톤) 상향했다. 정부는 2021년 기준 27.4%인 원전 비중을 2030년 32.4%까지 올릴 계획이다. 또 신재생에너지 발전 비중을 2021년 기준 7.5%에서 21.6%로 올린다는 목표를 세웠다.

■**공적개발원조(ODA)** 등 개발도상국에 탄소 감축 인프라스트럭처를 지어주고 그에 따른 감축량을 인정받는 국제감축량 목표치는 3350만톤에서 3750만톤으로 400만톤 늘렸다.

경제계는 일단 환영한다고 밝히면서도 정부의 추가 대책 마련을 요청했다. 한국경영자총협회는 "기존 14.5% 감축 목표는 기술 개발과 연료 공급의 불확실성, 경제성을 갖춘 감축 수단 부족 등을

반영하지 않은 무리한 수치였다"며 "현재 국내 탄소중립 핵심 기술 수준과 연구개발 진척도, 상용화 정도 등에 비해서는 14.5% 감축 역시 여전히 도전적인 목표치라고 판단된다"고 강조했다.

전국경제인연합회는 "국내 기업들이 고비용·고위험 탄소 감축 기술 개발과 상용화에 적극적으로 나설 수 있도록 정부가 세제 혜택 등을 마련해줄 것을 요청한다"고 강조했다.

■ **국가온실가스감축목표 (NDC, Nationally Determined Contributions)**
국가온실가스감축목표(NDC)는 2015년 파리기후변화협약(파리협약)의 결과물로서 국가들이 자체적으로 정한 2030년까지의 온실가스 감축 목표를 의미한다. 지구 온도 상승을 섭씨 1.5~2도로 제한하자고 합의한 파리협약에 따라 모든 국가가 NDC 목표를 제출했다. 자발적 온실가스 감축 목표치이므로 이행에 강제성은 없다. 한국은 파리협정 당시 NDC를 '온실가스 감축을 위해 아무런 노력도 안 했을 때 예상되는 2030년 온실가스 배출량(BAU, Business As Usual)'의 37%로 잡았으나 유엔과 선진국들의 권고에 따라 40%로 상향했다.

■ **공적개발원조 (ODA, Official Development Assistant)**
공적개발원조(ODA)는 선진국 정부나 공공기관이 개발도상국의 경제발전과 복지증진을 돕기 위한 목적으로 공여하는 증여나 차관을 말한다. 우리나라는 2009년 경제협력개발기구(OECD) 공여국 모임인 DAC(Development Assistance Committee) 가입이 결정되며 세계 역사상 유일하게 피원조국에서 공여국으로 도약한 국가가 되었다.

직장인 45%, "육아휴직 자유롭게 못 써"

2022년 합계출산율이 0.78명으로 역대 최저를 기록한 가운데, ■ **육아휴직**을 자유롭게 쓰지 못

하는 직장인이 절반 가까이 된다는 조사 결과가 3월 26일 나왔다.

시민단체 직장갑질119가 사무금융우분투재단과 여론조사 전문기관 엠브레인 퍼블릭에 의뢰해 남녀 직장인 1000명을 대상으로 설문한 결과, 응답자의 45.2%는 육아휴직을 자유롭게 쓰지 못한다고 답했다고 밝혔다. 출산휴가를 마음대로 쓰지 못한다고 응답한 직장인도 39.6%에 달했다. 가족돌봄휴가도 응답자의 53%가 자유롭게 쓰지 못하는 것으로 나타났다.

고용노동부에 따르면 출산휴가를 부여하지 않을 시에는 2년 이하의 징역 또는 2000만원 이하의 벌금형을 받게 된다. 육아휴직을 부여하지 않을 경우 500만원 이하의 벌금형을 받게 되고, 육아휴직을 이유로 불리한 처우를 하는 경우 3년 이하 징역 또는 3000만원 이하 벌금형을 받게 된다.

노동부 관계자는 "현행법에서 사업주가 ■ **모성보호**제도를 부여하지 않거나 육아휴직 사용을 이유로 불리한 처우를 하는 경우 엄중하게 조치하고 있다"며 "법을 위반하는 사업장이 발생하지 않도록 매년 근로감독을 실시하여 근로자의 권리 행사 보장을 지원하고 있다"고 했다.

■ 육아휴직 (育兒休職)

육아휴직은 임신 중인 여성 근로자나, 근로자가 8세 이하 또는 초등학교 2학년 이하의 자녀를 양육하기 위하여 신청, 사용하는 휴직을 말한다. 육아휴직은 '남녀고용평등과 일·가정 양립 지원에 관한 법률' 제19조에 규정되어 있으며 성별에 따른 제한을 두지 않아 남녀 모두 신청 가능하다. 육아휴직을 이유로 근로자를 해고하지 못한다. 이는 전통적으로 주된 양육자 역할을 맡아온 여성의 노동시장 참여를 촉진하고 경력 단절을 방지하는 제도인 동시에, 남성의 양육분담과 성평등 의식 향상의 의미도 있다.

■ 모성보호 (母性保護)

모성보호란 건강한 아이를 낳아 기르는 것은 여성 자신의 기본적 권리라는 인식에서 발생한 개념이다. 모성보호는 여성의 권리이자 태어나는 아이의 인간존엄에 부합되는 생존유지를 위한 기본적 조건이기도 하므로 모성보호 조치의 필요불가결성에 대해서는 널리 인정되고 있다. 제2차 세계대전 이후 각국은 모성보호 규정을 근로기준법 등으로 확립시켰는데, 구체적인 범위에 관해서는 각국에 따라 차이가 있다.

한국은 근로기준법과 남녀고용평등법으로 모성보호를 규정하고 있다. 근로기준법에는 여성의 특별보호를 위하여 ①위험유해 업무의 취업금지(65조) ②야간작업·휴일근로의 금지(70조) ③시간 외 근무의 제한(71조) ④갱내(坑內) 근로의 금지(72조) ⑤유급생리휴가(73조) ⑥산전·산후 휴가와 임신중 쉬운 업무로의 전환(74조) ⑦유급 수유시간(75조) 사항을 규정하고 있으며, 남녀고용평등법에는 근로기준법의 모성보호규정을 보강하기 위하여 육아휴직제(19조)와 육아시설설치(21조)를 규정하고 있다.

4.75~5.00%로 올린다고 밝혔다. 이로써 미 기준금리는 2007년 9월 이후 최고 수준을 기록하게 됐다.

이번 연준의 금리 인상 폭은 지난 2월 FOMC 결과와 같은 수준이자 시장에서 예상한 대로다. 당초 연준이 물가 상승 억제를 위해 다시금 **빅스텝**(0.5%p 인상)을 밟을 것으로 전망됐으나, 실리콘밸리은행(SVB) 파산 사태 등으로 금리 인상이 금융 시장 불안 요인으로 지목되자 **베이비스텝**(0.25%p 인상)에 나설 것이라는 전망이 우세했다.

연준은 지난해 3월부터 인플레이션 대응을 위해 공격적인 긴축 행보에 나섰으며 특히 지난해 6월, 7월, 9월, 11월에는 4차례 연속 **자이언트스텝**(0.75%p 인상)을 이어갔다. 이후 물가 상승률이 6%대로 다소 둔화되자 지난해 12월 0.50%p, 지난 2월 0.25%p로 금리 인상 폭을 낮추면서 속도 조절에 들어갔다.

이번에 연준은 올해 말 금리 상단 예상치가 5.1%라고 발표했다. 이는 2022년 12월 관측과 같은 수준으로, 앞으로 연준이 금리를 한 번 정도 더 올릴 것이라는 관측이 나온다. 미 연준이 더 이상의 금리인상을 멈추고 올 하반기 단계적 하락으로 전환하는 이른바 '■**피봇**'에 대한 기대감에 찬

美 연준 기준금리 0.25%p 인상, 한미 금리차 최대

미국 중앙은행인 연방준비제도(Fed·연준)가 3월 22일(현지시간) 기준금리를 0.25%p 인상했다. 연준은 이날 연방공개시장위원회(FOMC) 정례회의 결과 기준금리를 현재보다 0.25%p 높은

물을 끼얹은 것이다.

한편, 한국은행이 4월 11일 2연속으로 기준금리를 동결하면서 3.5%로 동결된 **한국과 미국의 금리 차는 기존 1.25%p에서 1.5%p로 확대됐다. 이는 22년여 만에 역대 최대치로 한국 내 자본 유출 우려가 커질 전망이다.**

■ 피봇 (pivot)
피봇의 사전적 의미는 '회전'이며 미국 연준의 전면적인 정책 전환을 일컫는 월가의 용어로 사용된다. 물가 억제를 위해 현재 강력한 통화긴축정책을 시행 중인 연준에 피봇이란 금리 인상 속도를 조절하거나 중단하고, 다시 금리 인하 정책으로 돌아갈 것이란 뜻이 된다. 피봇의 기미가 보이면 보통 증시는 강세를 보이고 채권 금리는 하락한다.

"최대 600억 투입" 내수 활성화 대책발표

▲ 추경호 기획재정부 장관

추경호 부총리 겸 기획재정부 장관은 3월 29일 "관광 활성화를 위해 최대 600억원의 재정 지원을 투입하겠다"고 밝혔다. 추 부총리는 이날 윤석열 대통령 주재로 열린 제15차 비상경제민생회의에서 이 같은 내용의 내수활성화 추진 방향을 발표했다.

정부가 마련한 내수 붐업(Boom-up) 패키지는 ▲릴레이 이벤트 ▲대대적 할인행사 ▲실속 정부지원 ▲지역축제 스케일업 등이다. 추 부총리는 "1인당 숙박비 3만원씩 총 100만 명, 유원시설 입장료 1만원씩 총 18만 명, 휴가비 10만원씩 최대 19만 명 등 총 153만 명에게 필수 여행비용 할인 혜택을 제공하겠다"고 했다. 이어 "전국 130개 이상 지역축제를 테마별로 연계해 확대 개최한다"며 "지자체별 소비 쿠폰을 지급하고 공공기관 숙박, 문화, 체육시설 및 주차장 무료 개방도 확대할 것"이라고 했다.

국내 소비 기반도 강화한다. 추 부총리는 "국민의 관광 및 소비 여건 개선을 위해 인센티브를 확대하고 여행 편의 제고 노력도 강화하겠다"며 "문화비와 전통시장 지출에 대한 소득공제율을 10%p씩 한시적으로 상향하고 기업의 문화, 업무추진비 인정 항목을 유원시설, 케이블카 등까지 확대한다"고 말했다. 아울러 숙박비 지원 등 민간 여행 친화형 근무제를 확산하겠다는 계획이다.

올해 방한 관광객 1000만 명 이상을 목표로 한 활성화 계획도 내놨다. 추 부총리는 "이동 편의 제고, K콘텐츠 확충 등을 적극 추진하겠다"며 "불법체류 우려가 낮은 22개국 대상 전자여행허가제를 한시적으로 면제하는 등 비자제도를 개선하겠다"고 했다. 또 "중국, 일본, 동남아 등 국제 항공편을 적극 증편해 코로나 이전의 80~90% 수준까지 회복될 수 있도록 뒷받침하겠다"고 했다.

골목상권, 소상공인까지 내수 활력의 온기가 확산될 수 있게끔 취약 부문 지원도 보강한다. 추 부총리는 "중소기업과 소상공인 중심의 동행 축제를 연 3회로 확대해 5월 중 조기 개최하고 결제 편의 제고, 전통시장 테마상품 및 내국인 투어 상품 등을 적극 지원하겠다"며 "온누리 상품권 구매 한도를 대폭 상향해 가계 부담도 지속적으로 덜겠다"고 약속했다.

윤 대통령은 이날 모두발언에서 "위기 상황 속 중요한 것은 민생 안정"이라며 "다양한 문화, 관광 상품과 골목상권, 지역시장의 생산품, 특산품에 대한 소비와 판매가 원활히 연계되도록 해 내수 진작을 통한 경제 활성화에 매진해야 될 것"이라고 했다. 그러면서 "많은 외국인 관광객의 방한에 대비해 비자 제도를 보다 편리하게 개선하고 항공편도 조속히 늘려나가야 할 것"이라고 강조했다.

생계지원	• 4월~6월 주요 농축수산물 품목에 대해 170억원 규모 할인 지원 • 온오프라인 마트 : 20% 할인 • 전통시장 : 20~30% 할인
소상공인 매출 확대	• 대한민국 동행축제 연2→3회로 확대 및 5월에 1차 축제 조기개최 • 온누리상품권 월 개인구매한도 상향 및 연중 지속

▌내수 활성화 대책 주요내용

구분		대상 (만 명)	혜택	재정지원 (억원)
여행비	숙박	100	숙박 예약 시 3만원 할인	300
	유원 시설	18	온라인으로 예약 시 할인 쿠폰 1만원 제공	18
	철도	14.5	지역관광결합형 KTX 등 최대 50% 할인, 내일로패스 1만원 할인	19.4
	항공	0.8	홈페이지 예약 시 지방공항 도착 항공권 최대 2만원 할인	1.0
	캠핑장 등	1.4	야영장 예약, 이용 시 1만원 포인트 지급	1.6
	휴가비	최대 19	국내 여행비 10만원 지원	최대 200
소비지원			4월~12월 문화·전통시장 지출에 대한 소득공제율 상향	

세계 전기차 판매 1위 中 비야디, 2022 순이익 3.1조

중국 전기차 제조업체 ▪비야디(BYD)가 2022년 호실적을 냈다. 3월 29일 블룸버그통신에 따르면 전날 비야디는 2022년 순이익이 전년 동기 보다 445.86% 늘어난 166억2200만위안(약 3조1800억만원)으로 집계됐다고 발표했다. 블룸버그가 집계한 전문가 예상치 159억8000만위안(약 3조원)을 웃돈다. 같은 기간 매출액은 4240억6000만위안(약 80조원)으로, 전년 동기와 비교해 96.20% 늘어났다.

비야디는 지난해 신에너지전기차(순수전기차·하이브리드·수소차)를 186만 대 판매해 중국 전체 신에너지 차량 판매의 약 30%를 차지한 데다 테슬라(131만 대)까지 제쳐 세계 1위 신에너지전기차 업체로 올라섰다.

블룸버그통신은 "최근 비야디가 예고한 고급형 전기차 출시는 추가적인 수익 성장 촉진에 도움이 될 것"이라면서도 "중국 내 테슬라 가격 인하 등 전기차 업체들이 중국 시장에서 벌이는 지속적인 가격 경쟁으로 마진 압박을 받을 가능성이 크다"고 짚었다.

중국 자동차유통협회에 따르면 지난 1월과 2월 중국의 전체 승용차 판매량은 전년 동기 대비 20% 가까이 줄어든 270만 대를 기록했다. 중국 경제의 회복 여부에 대한 불확실성으로 인해 소비자들이 고가 제품 소비를 기피하면서 판매량도 감소한 것이다.

특히 2022년 연말 전기차 보조금 정책이 중단된 점도 영향을 미쳤다. 결국 포드, 제너럴모터스(GM) 등 주요 자동차 제조업체들까지 중국에서 가격 인하 경쟁에 나섰다. 이에 비야디는 노르웨이, 덴마크, 영국 등 유럽 시장과 호주 등 해외 진출을 강화하는 추세다.

■ 비야디 (BYD, 比亚迪)

비야디(BYD)는 중국의 대표 전기자동차 업체로 2003년 1월 23일 모회사인 비야디가 친촨자동차를 인수하여 자동차사업에 진출하면서 설립하였다. 비야디의 설립자 왕촨무는 안후이성 우후시 출신으로 1995년 2월 사촌형으로부터 돈을 빌려 광동성 선전시에서 비야디실업을 창업하였다. 이 회사는 막 유행하던 휴대전화용 배터리를 만들면서 기술을 축적했고 2002년 매물로 나온 중국 시안에 본사를 둔 지방정부 소유 국영기업 친촨자동차를 인수함으로써 본격적으로 전기자동차 제조업에 뛰어들었다. 친촨자동차는 내연기관 자동차를 만드는 회사였는데, 배터리회사인 BYD가 인수한 것이다. 전기자동차의 특성상 배터리 기술이 중시되기 때문에 이러한

인수는 시너지 효과를 냈다.

서정진, 셀트리온 공식 복귀 "경험 많은 선장 나설 때"

▲ 서정진 셀트리온 그룹 회장 (자료 : 셀트리온)

주주총회를 통해 공식적으로 경영에 복귀한 서정진 셀트리온그룹 회장이 3월 29일 온라인 기자간담회를 열고 글로벌 톱티어 제약·바이오기업 도약을 위한 준비를 본격화한다고 밝혔다. 특히 올해를 글로벌 영토 확장을 위한 중요한 시기로 판단하고 위기를 기회로 삼는다는 취지다.

3월 28일 열린 정기 주주총회에서 서 회장은 사내이사 겸 이사회 공동의장으로 공식 선임됐다. 임기는 2년이다. 경영 일선에 복귀한 서 회장은 셀트리온그룹 주요 사업을 진두지휘할 계획이다. 그는 스스로를 '선장'이라고 칭했다. 위기를 극복한 후에는 다시 물러날 것이라고 했다. 임기를 2년으로 짧게 설정한 이유라고 한다.

이날 온라인으로 진행된 기자간담회에서 서 회장은 사업 경쟁력을 키우고 시너지를 낼 수 있도록 거시적 관점에서 글로벌 기업 인수·합병(M&A)

을 추진할 계획이라고 밝혔다. 특히 향후 사업 방향과 시너지를 낼 수 있는 우량 기업을 엄격하게 선별하고 월등한 미래가치를 창출할 수 있는 M&A를 위해 신속하고 정확한 의사결정을 기반으로 딜 전반을 직접 챙길 것이라고 했다.

주요 사업의 경우 **셀트리온그룹은 올해 미국에서 전이성 직결장암 치료제 '베그젤마**(CT-P16)**'와 자가면역질환 치료제 '유플라이마**(CT-P17)**' 등 후속 바이오시밀러 제품을 선보일 계획**이다.

차세대 ▪**블록버스터 신약**으로 기대하고 있는 '램시마SC'는 올해 미국 식품의약국(FDA)의 신약 승인이 예상된다. 특히 셀트리온헬스케어는 주요 제품을 신속하게 시장에 선보이고 점유율을 확대하기 위해 미국을 비롯한 글로벌 주요 시장에서 직판 체계를 본격적으로 가동할 예정이다. 이와 함께 창립 이래 최대 ▪**바이오시밀러** 허가 신청을 추진해 향후 빠르게 성장할 수 있는 기반을 마련한다는 방침이다.

올해 실적은 매출과 영업이익을 전년 대비 20~30% 끌어올린다는 목표다. 매출 구성은 오는 2030년 바이오시밀러 60%, 오리지널의약품(신약 포함) 40% 비중을 구상하고 있다. 2030년 기준 파이프라인은 21개를 확보한다는 계획이다.

항체 신약 파이프라인과 신규 제형 확보로 신약 개발 회사로 도약하기 위한 노력에도 박차를 가한다. 셀트리온은 ADC 항암제와 이중항체, 마이크로바이옴, 경구형 항체치료제 등 다양한 분야에서 국내외 기업과 개방형혁신(오픈이노베이션)을 적극적으로 추진하고 자체 연구를 통해 플랫폼 기술과 항체신약 파이프라인 확보에도 집중한

다는 방침이다.

셀트리온과 셀트리온헬스케어, 셀트리온제약 등 3사 합병에 대한 방향성도 공유했다. 서 회장은 주주와 해외 투자자들의 의견을 수렴해 3사 합병 준비를 구체화하고 있다고 전했다. 현재 합병과 관련된 법적 절차와 실행을 위한 내부 실무 검토를 마무리했고 국내외 주간사 선정을 준비하고 있다고 한다.

▪ **블록버스터 신약 (blockbuster 新藥)**
블록버스터 신약이란 제약바이오업계에서 막대한 수익을 창출한 제품을 의미한다. 국내에서는 연 매출 100억원이 넘는 제품을 말한다. '글로벌 블록버스터'는 규모가 더 크다. 연간 1조원(약 100억달러)의 매출을 기록한 제품을 의미한다.

▪ **바이오시밀러 (biosimilar)**
바이오시밀러는 특허가 만료된 바이오(생물)의약품에 대한 복제약을 말한다. 바이오복제약, 바이오제네릭, 동등생물의약품, FOB(Follow-On Biologics)라고도 불린다. 일반 의약품은 화학식을 알면 동일한 성분을 합성하는 것이 가능하다. 이처럼 화학적으로 복제한 약품은 복제약(generic·제네릭)이라고 한다. 그러나 바이오의약품은 동물세포나 효모, 대장균 등을 이용해 고분자의 단백질 제품을 만드는 과정을 거치므로 완벽히 동일한 제품을 복제할 수가 없고 유사한(similar·시밀러) 약을 만들 수 있을 뿐이다.

삼성, OLED 생산에 4.1조 투자

삼성디스플레이가 세계 최초 8.6세대 정보기술(IT) 기기용 유기발광다이오드(▪**OLED**) 생산에 4조1000억원을 투자한다. 충남 아산 공장에서 2026년부터 양산하는 게 목표다. 정부는 4월 4일 삼성디스플레이 아산 제2캠퍼스에서 열린 '삼성디스플레이 신규 투자 협약식'에서 이같이 발

프리미엄 태블릿, 노트북 등 IT 기기용 OLED 시장은 글로벌 TV 수요가 침체돼 있는 상황에서 새로운 시장으로 떠오르고 있다. 이번 투자로 삼성디스플레이는 지난해 아산 공장에서 철수한 LCD 생산 라인의 빈자리에 태블릿, 노트북 등 IT 기기 수요를 겨냥한 8.6세대 OLED 생산 라인을 확보하게 된다. TV가 아닌 IT 기기용으로는 세계 최초, 최대 면적 공정이다.

표했다. 앞서 **삼성전자가 경기 용인에 20년간 300조원을 투자해 반도체 클러스터를 조성한다는 계획을 발표한 데 이어 삼성디스플레이도 지역 거점 투자 계획**을 내놓은 것이다.

이날 협약식에는 윤석열 대통령과 이재용 삼성전자 회장, 김태흠 충남도지사, 박경귀 아산시장을 비롯해 소재·부품·장비 사업 주요 협력 업체, 충남지역 4개 대학 총장과 산학협력 10개 대학 교수 등 250여 명이 참석했다.

이 회장은 "아산에서 아무도 가보지 못한 디스플레이 산업의 새로운 미래를 개척해 나가겠다"며 "충남 지역경제는 물론이고 협력업체, 중소기업, 대학을 포함한 디스플레이 산업 생태계에 성장을 이끄는 마중물이 되기를 기대한다"고 말했다.

글로벌 디스플레이 시장은 전통 강자였던 일본이 쇠락하며 한국과 중국의 2파전으로 치닫고 있다. 지난 3월 말에는 세계 첫 OLED TV 회사이자 일본에 남은 마지막 OLED 업체인 JOLED가 파산 절차에 들어갔다. 액정표시장치(LCD) 시장의 경우 이미 중국에 추월당했고, OLED 시장은 한국 업체들이 선두에 서 있지만 중국의 추격에서 안심할 수 없는 상황이다.

삼성은 2007년 세계 최초로 스마트폰용 OLED 양산에 성공한 이후 6세대 OLED를 양산하며 OLED 스마트폰 시장을 주도해 왔다. 이번 8.6세대 공정 투자로 IT용 OLED 시장에서도 첨단 기술력을 선보이게 됐다. 양산이 시작되는 2026년부터 아산 공장에서는 IT용 OLED가 연간 1000만 대 생산될 것으로 보인다. IT용 OLED 매출은 삼성디스플레이 전체 매출의 20%로, 지금에 비해 5배 증가하게 된다.

삼성디스플레이의 이번 투자는 서울 경기 등 수도권이 아닌 지방 경기 활성화에도 기여할 것으로 보인다. 충남 천안 아산 지역에는 삼성디스플레이뿐만 아니라 소재 업체인 삼성코닝정밀소재 공장을 비롯해 디스플레이 협력사들이 밀집해 있다. 삼성의 이번 투자는 약 2조8000억원 규모의 국내 설비·건설업체의 매출 증가로 이어질 것으로 보인다. 약 2만6000명 규모의 고용 창출 효과도 기대되고 있다.

■ **OLED (Organic Light Emitting Diode)**
OLED(올레드)는 유기화합물을 이용하여 자체 발광시키는 차세대 디스플레이로 유기발광다이오드의 줄임말이다. OLED는 기존 액정표시장치(LCD)의 액정과 달리 화면을 구성하는 픽셀 하나하나가 스스로 빛을 내고 반응속도도 1000배 이상 빨라 화질이 뛰어난 데다 광원(백라이트)이 필요 없어 두께가

얇고 전력효율이 좋다. 따라서 LCD의 대체용으로 각광받고 있으며 소형 가전제품의 디스플레이에 적합하다. 1950년 프랑스 베르나노즈 연구팀이 OLED 현상을 처음으로 발견했다.

OPEC+ 기습 감산에 국제유가 급등

사우디아라비아를 비롯한 석유수출국기구(■OPEC) 산유국들이 기습적으로 하루 116만 배럴 원유 감산을 결정했다. '깜짝 감산'에 국제유가는 4월 3일(현지시간) 장중 한때 8% 이상 급등했다. 유가 상승은 인플레이션과 전쟁을 벌이는 조 바이든 미국 행정부의 발목을 잡으며 가뜩이나 글로벌 은행 위기로 침체된 세계경제에도 악영향을 끼칠 것으로 우려된다.

특히 **한국의 경우 국제유가가 가파르게 상승할 경우 빨간불이 켜진 경상수지 적자 폭이 더 커지고, 소비자물가를 자극해 긴축 속도 조절에도 영향을** 미칠 수 있다는 전망이 나온다. 4월 2일 OPEC 회원국과 러시아 등 비(非)OPEC 산유국들의 협의체인 OPEC+는 5월부터 자발적 추가 감산에 돌입할 것이라고 밝혔다. OPEC은 지난해 10월에도 미국의 증산 요청을 묵살하고 하루 200만 배럴 감산을 강행하며 서방의 강한 반발을 불러일으켰다.

사우디 국영 SPA통신은 5월부터 사우디의 원유 생산량이 하루 50만 배럴 감소할 것이라고 이날 보도했다. 사우디 에너지부는 "연말까지 이어질 예정인 감산은 국제 원유 시장의 안정을 위해 예방적으로 단행됐다"며 "이번 자발적 감산은 지난해 10월 OPEC+ 회의에서 결정된 대규모 감산 정책과 별도로 실행되는 추가적인 조치"라고 설명했다.

바이든 행정부는 즉각 반발했다. 존 커비 백악관 국가안전보장회의(NSC) 대변인은 "시장의 불확실성을 고려할 때 감산이 바람직하지 않다고 생각한다"며 강한 유감을 표명했다.

아랍에미리트(UAE)도 이날 5월부터 연말까지 하루 14만4000배럴 감산에 돌입한다고 발표했다. 이라크(21만1000배럴), 쿠웨이트(12만8000배럴), 오만(4만 배럴), 알제리(4만8000배럴)도 감산에 동참했다. 앞서 러시아는 지난 2월 하루 50만 배럴 감산을 발표했다. 로이터통신에 따르면 작년 10월 이후 산유국들의 감산 분은 하루 366만 배럴에 이른다. 전 세계 원유 수요량의 3.7%에 해당하는 수치다.

안정세를 찾아가던 국제유가는 감산 소식이 전해지며 수직 상승했다. 서부텍사스산원유(WTI) 5월물은 4월 3일 거래가 시작하자마자 전 거래일보다 8% 뛴 배럴당 81.69달러에 거래됐다. 골드만삭스는 이날 "OPEC+의 가격 결정력이 과거에 비해 훨씬 커졌다"며 연말 브렌트유 전망치를 종전 90달러에서 95달러로 상향 조정했다.

■ **OPEC (Organization of Petroleum Exporting Countries)**

OPEC은 이란·이라크·사우디아라비아·쿠웨이트·베네수엘라 등의 산유국이 모여 1960년 국제 석유 자본에 대항하기 위하여 설립한 기구다. 원유가격의 조정과 산유국 간의 동맹을 위해 결성됐다. 석유파동을 겪으면서 원유가격의 변동을 주도·조절하고 있다.

회원국은 아프리카의 알제리·앙골라·콩고·적도 기니·가봉·리비아·나이지리아와 중동의 이란·이라크·쿠웨이트·사우디아라비아·아랍에미리트·남아메리카의 베네수엘라로 총 13개국이다.

노동계, 내년 최저임금 시급 1만2000원 요구

노동계가 가파른 물가인상 및 실질임금 하락을 이유로 2024년 최저임금 요구안을 올해 시급 9620원보다 24.7% 증가한 **시급 1만2000원**으로 4월 4일 제시했다. 월 209시간 환산액으로는 250만8000원이다. 민주노총과 한국노총 등 ■**최저임금위원회**(최임위) 근로자위원들은 이날 서울 정동 프란치스코 교육회관에서 기자회견을 열고 이 같은 내용을 골자로 한 '2024년 적용 최저임금 노동계 요구안'을 발표했다.

양대노총은 "2022년 공식 물가상승률은 5.1%이지만, 2023년 적용 최저임금 인상률은 5%이다. 가스, 전기, 교통 요금이 줄줄이 인상되면서 서민들이 경험하는 체감 물가 인상은 물가 폭탄이 돼 노동자 서민의 생계를 위협하고 있다"며 "**최악의 물가 폭등 시기에 실질임금 하락을 극복하고 심화하는 양극화와 불평등체제 완화를 위해 대폭적인 최저임금 인상**을 강력히 요구한다"고 밝혔다.

양대노총을 중심으로 한 노동계는 이날 최저임금 요구안과 함께 ▲최저임금 결정기준에 가구생계비 반영 ▲사업의 종류별 구분적용 삭제 ▲도급인 책임 강화 ▲최저임금 차액에 대한 정부 지급 ▲플랫폼 노동자 등 최저임금 미적용 노동자에 대한 적용 확대 방안 수립 ▲산입범위 원상회복 및 통상임금 간주 ▲장애인 등 최저임금 적용제외 폐지 등 7개 요구사항도 내놨다.

최임위 첫 전원회의는 오는 4월 18일로 예정돼 있다. 통상 양대노총은 최임위 회의가 본궤도에 오르는 6월쯤 노동계 최저임금 요구안을 발표해왔다. 올해는 고물가에 따른 실질임금 하락 등 최저임금 대폭 인상을 관철하기 위해 최임위 본격 논의에 앞서 노동계 요구안을 이른 시점에 발표했다.

기업과 중소기업·소상공인 업계를 대변하는 최임위 사용자위원은 **경기둔화, 수출감소세 등 어려운 경제 상황을 내세워 최저임금 동결**을 주장할 것으로 예상된다. 향후 최임위 심의 과정에서 상당한 진통이 불가피할 전망이다.

현실적으로 노동계 측의 요구안과 사용자 측 요구안의 절충이 이뤄지는 점을 감안하면 내년도 최저임금은 동결과 1만2000원 요구안 사이에서 결정될 것으로 보인다. 특히 '1만원 돌파' 상징성을 가진 380원 이상 최저임금 인상 여부를 놓고 치열한 샅바싸움이 전망된다.

■ 최저임금위원회 (最低賃金委員會)
최저임금위원회는 최저임금을 심의·의결하는 사회적 대화 기구로서 고용노동부 소속 기관이다. 공익위원 9명, 노동자위원 9명, 사용자위원 9명 총 27명으로 구성돼 있다. 최저임금법상 의결 정족수를 충족하려면 재적 위원 과반수가 출석하고 근로자 위원과 사용자 위원 각각 3분의 1 이상이 자리에 있어야 한다. 최저임금은 최저임금위원회 재적 위원 과반수 참석과 출석위원 과반수의 찬성으로 결정된다.

머스크 "트위터 파랑새를 시바견으로"
...도지코인 한때 30% 상승

▲ 파란색 새 대신 시바견을 트위터 로고로 바꾼 뒤 일론 머스크가 올린 트윗

일론 머스크 테슬라 최고경영자(CEO)가 자신이 인수한 SNS '트위터'의 로고를 기존 파랑새에서 가상자산(암호화폐) '**도지코인**'의 상징인 '시바견'으로 바꾸자 도지코인 가격이 급등했다. 트위터 이용자들은 갑작스러운 변화에 "**트위터가 머스크 놀이터냐**"며 황당하다는 반응을 보였다.

4월 4일 PC로 트위터에 접속하면, 화면 왼쪽 상단에 있던 파랑새 로고가 시바견으로 바뀌어 있다. 머스크는 4월 3일(이하 현지시간) 자신의 트위터 계정에 차에 타고 있는 시바견이 파랑새 사진을 바라보는 경찰을 향해 '그건 옛날 사진이야'라고 말하는 그림을 올렸다. 이어 1년 전 '트위터를 사서 로고를 도지(시바견의 이름)로 바꾸라'는 트위터 이용자와의 대화를 갈무리한 사진을 올리고 "약속한 대로"(As promised)라고 쓰기도 했다.

트위터 로고가 바뀌었다는 소식이 알려진 뒤 4월 3일(현지시각) 오후 6시 기준 도지코인의 가격은 24시간 전보다 17.9% 급등한 0.093달러(122원)을 기록했다. 장 중 한때 30% 이상 올라 0.10달러(130원)를 넘기도 했다. 머스크의 돌출 행동 이후 3일 만에 트위터 로고는 시바견이 사라지고 다시 파랑새로 바뀌었다.

그동안 도지코인의 가격은 머스크의 언행에 출렁였다. 2021년 전까지 10원 이하를 유지하던 도지코인 가격은 머스크가 트위터에서 도지코인을 언급하기 시작하면서 2021년 1월1일 5원에서 27일 약 300원으로 60배가 오르기도 했다.

하지만 이후 머스크의 종잡을 수 없는 행태로 도지코인 가격은 춤을 추기 시작했다. 머스크는 2021년 4월 28일 미국의 인기 코미디쇼 'SNL'의 호스트로 출연한다는 내용을 트위터로 홍보하면서 본인을 '도지의 아버지'라고 소개했다. 머스크가 도지코인을 재차 언급한 것만으로도 시장은 술렁였다.

하지만 이후 5월 8일 쇼에 출연해서는 "도지코인은 사기"라고 발언해 가격폭락을 불렀다. 사흘 뒤인 11일 트위터에 '테슬라가 도지코인을 결제수단으로 받아야 할지'를 묻는 설문을 진행했다가 이튿날에는 "가상화폐 투자는 신중히 해야 한다"고 트윗을 하기도 했다. 그때마다 도지코인 그래프는 곤두박질을 쳤다.

국가부채 2300조 돌파...'사상 최대'

우리나라 국가부채가 지난해 130조원 이상 급증해 사상 처음 2300조원을 넘어섰다. ■국가부채는 지급시기와 금액이 확정되지 않은 비확정부채까지 포함한 개념이다. 나랏빚(■국가채무)과는 의미가 다르다. 비확정부채의 대부분은 미래에 지급해야 할 연금충당부채를 말한다.

지난해 사상 최대 재정적자로 국가채무는 1년 사이에 97조원 늘어나며 처음으로 1000조원을 넘었고, 공무원 수와 급여액 증가 등으로 미래에 지급해야 할 공무원·군인연금의 현재 가치액인 연금충당부채도 43조원 늘어났다.

이처럼 재정과 연금 적자가 눈덩이처럼 늘어나며 누적될 경우 우리나라도 재정위기를 피하기 어려울 것으로 보인다. 전문가들은 국회에 계류돼 있는 재정준칙을 신속히 심의해 제정하는 등 재정 건전화 조치를 강화하고, 한 걸음도 떼지 못하고 있는 국민연금 등 연금개혁에 속도를 가해야 한다고 지적한다.

정부는 4월 4일 윤석열 대통령 주재로 열린 국무회의에서 이러한 내용을 담은 '2022회계연도 국가결산 보고서'를 심의·의결했다. 이번에 의결된 결산보고서는 감사원 감사를 거쳐 5월 말 국회에 제출된다.

보고서를 보면 지난해 총수입(617조8000억원)에서 총지출(682조4000억원)을 차감한 통합재정수지는 64조6000억원 적자를, 통합재정수진에서 국민연금 등 사회보장성 기금수지를 제외해 실질적 재정상태를 보여주는 관리재정수지는 117조원 적자를 기록했다. 이러한 **관리재정수지 적자는 코로나19 사태로 정부지출이 급증했던 2020년**(112조원 적자)**을 넘어서는 것으로 사상 최대 규모다.**

사회
환경

전두환 손자, 연희동 비밀금고 폭로...
전두환 비자금 추징 가능성

■ **최창용 (崔昌鎔, 1898~
1980)**

최창용은 독립유공자. 공훈록에 따르면 최 선생은 1919년 부산 동래군 기장면 독립만세시위에 적극적으로 참여해 활동하다 체포돼 징역 1년 6월형을 선고받고 옥고를 치렀다. 1980년 작고한 최 선생은 1990년 건국훈장 애족장(1982년 대통령표창)이 추서됐고, 1994년 국립대전현충원 독립유공자 묘역에 안장됐다. 전두환 전 대통령의 손자 전우원 씨의 외증조부다.

비밀금고에 돈 봉투 가득

고(故) 전두환 전 대통령의 손자 전우원(사진) 씨가 "돈 봉투가 가득 담긴 가방들이 많았다"며 폭로했던 전 전 대통령의 연희동 자택 내부를 최초 공개했다. 전 씨는 4월 7일 밤 SBS와의 인터뷰에서 자신이 지난 2019년 8월 직접 촬영한 연희동 자택 내부 사진을 공개했다. 사진에는 자택의 한 공간에서 실내 스크린 골프를 즐기는 전 전 대통령 부인 이순자 씨의 모습과 응접실 벽에 배치된 커다란 책꽂이의 모습이 담겼다.

전 씨는 "벽이 회전하면서 그 뒤에 커다란 금고가 있었고 문제는 여기에 비밀 공간이 있는 것으로 알고 있다"고 했다. 전 씨는 지난 4월 4일 오후 KBS1 TV '더 라이브'에 출연해 "침실 벽에 돈 봉투가 가득 담긴 가방들이 항상 많았다"며 "액수는 100만원에서 1000만원 단위로 준 거로 안다"고 일가의 비자금을 폭로한 바 있다.

이어 이날 인터뷰에선 전 씨의 모친 최 모 씨와의 전화통화 연결을 통해 007 영화에 버금갈만한 '지하로 통하는 비밀의 문'에 대한 주장이 나오기도 했다. 최 씨는 "양쪽에 할머니 옷장이 쭉 길게 있고 제일 끝 옷장에 뭔가 있

는데 거기를 밀면"이라며 이순자 씨 옷장이 지하 비밀 금고로 가는 출입구임을 암시했다. 한편, 전 씨 모친 최 씨는 독립유공자 ▪**최창용** 선생의 손녀다.

전두환 55억 추가 추징 가능성

전 씨가 최근 가족들의 비자금 의혹을 폭로하면서 전 전 대통령의 '미납추징금'이 재주목되고 있는 가운데, **미납추징금 55억원을 국가가 환수할 수 있다는 법원 판결**이 나왔다.

서울행정법원 행정6부는 4월 7일 교보자산신탁이 한국자산관리공사를 상대로 낸 공매대금 배분처분 취소소송에서 원고 패소로 판결했다. 이번 소송의 쟁점은 전씨 일가가 교보자산신탁에 맡긴 경기도 오산시 임야의 5필지 가운데 3필지의 매각 대금인 55억원을 전 씨의 미납추징금 명목으로 검찰이 추징할 수 있는지다.

교보자산신탁은 오산시 부동산이 불법재산에 해당한다는 정황을 알면서 부동산을 취득한 것이

아니기 때문에 추징대상에 해당되지 않는다고 주장했지만 재판부는 받아들이지 않았다. 이번 판결이 확정되면 검찰은 추가로 55억원을 환수할 수 있게 된다.

한편, 전 씨가 마약 정밀 감정에서 양성 반응을 보인 것으로 확인됐다. 서울경찰청 마약범죄수사대는 최근 국립과학수사연구원(국과수)으로부터 전 씨의 마약 정밀 감정 결과를 통보받았다고 4월 14일 밝혔다.

앞서 경찰은 3월 28일 미국에서 입국한 전 씨를 마약류 관리법 위반 혐의로 체포했으나 전 씨가 혐의를 인정하고 자진 귀국한 점 등을 고려해 불구속 수사하기로 했다.

➕ **전두환 대신 사죄한 손자**

고(故) 전두환 전 대통령의 손자 전우원 씨가 5·18 유가족과 피해자를 만나 사죄했다. 5·18 단체 관계자 등에 따르면 전 씨는 3월 30일부터 3일간 광주에 머물며 공식·비공식으로 5·18 관계자들과 만난 후 4월 1일 밤 상경했다.

3월 28일 미국에서 인천국제공항으로 입국한 전 씨는 마약류 투약 혐의로 경찰에 체포된 후 38시간 만에 석방됐다. 이후 곧바로 광주로 이동한 후 하루 휴식을 취하고 5·18 관련 공식 일정을 시작했다. 우원 씨는 3월 31일 5·18 기념재단과 5·18 3단체(유족회·부상자회·공로자회) 관계자들과 만난 자리에서 "할아버지가 5·18 학살의 주범"이라며 무릎을 꿇고 사죄했다.

POINT 세 줄 요약

❶ 고(故) 전두환 전 대통령의 손자 전우원 씨가 전 전 대통령의 연희동 자택 내부를 최초 공개했다.

❷ 전 씨는 앞서 전두환 일가의 비자금을 폭로한 바 있다.

❸ 전 전 대통령의 미납추징금 55억을 국가가 환수할 수 있다는 법원 판결이 나왔다.

세계은행 "남아시아 매년 200만 명, 대기오염으로 조기사망"

약 20억 명이 살고 있는 남아시아에서 매년 200만 명이 심각한 대기오염으로 조기사망하고 있다는 분석이 나왔다. EFE통신 등 외신은 3월 28일 세계은행(WB)의 보고서를 인용, 이런 추정치를 담은 연구 결과를 보도했다.

보고서는 "남아시아 인구의 거의 60%가 **초미세먼지**(PM 2.5) 연평균 농도 $35\mu g/m^3$ 이상 지역에 살고 있다"고 밝혔다. **세계보건기구**(WHO)가 정한 PM2.5 농도 안전 기준은 연평균 $5\mu g/m^3$ 이하다. 보고서는 "인구가 밀집한 인도-갠지스 평원 지역의 경우 대기오염 수준이 WHO 기준보다 20배 이상 높다"고 지적했다.

이어 방글라데시 조기사망의 20%는 심각한 대기오염 때문이라며 네팔(18%), 파키스탄(17%), 인도(15%) 등에서도 고농도의 PM 2.5로 인한 조기사망자가 많이 발생하고 있다고 설명했다.

보고서에 따르면 대기오염은 호흡기 감염, 만성질환 등 주민 건강에 악영향을 미치고 있으며 보건 비용 상승, 생산력 저하 등 경제에도 타격을

주고 있다. 보고서는 특히 오염물질은 바람을 타고 수백km 떨어진 곳까지 날아가는 등 대기오염 피해는 지역구분을 넘어서는 실정이라고 강조했다.

이어 "대기오염은 도시, 주(州)에 국한되지 않으며 국경을 넘나든다"며 남아시아 국가들이 총력을 다해 조직적으로 대응해 PM 2.5 농도를 $30\mu g/m^3$로 낮춘다면 대기오염으로 인한 조기사망을 절반 이상 줄일 수 있다고 말했다.

남아시아의 대기오염이 이처럼 심각한 데는 추수 잔여물 소각, 난방·취사용 폐자재 소각으로 인한 독성 물질 확산, 저감 장치 없는 발전소·공장, 노후 차량 매연 등 여러 이유가 복합적으로 작용하는 것으로 분석된다.

특히 인도 북부에 자리 잡은 수도 뉴델리를 비롯해 파키스탄 라호르, 방글라데시 다카 등은 남아시아에서도 대기오염이 가장 심각한 도시로 꼽힌다. 지난해 11월 뉴델리 일부 지역의 PM 2.5 농도는 $750\mu g/m^3$에 육박하기도 했다.

■ 초미세먼지

초미세먼지는 지름이 2.5㎛(PM 2.5) 이하인 먼지를 말한다. 여기서 ㎛는 '마이크로미터'라고 읽는데 그 크기가 1mm의 1/1000에 해당한다. 먼지의 지름이 10㎛ 이하일 때 미세먼지, 2.5㎛ 이하일 때 초미세먼지라고 하는데, 사실상 눈에 보이지 않은 매우 작은 먼지라고 할 수 있다. 초미세먼지는 그 크기가 매우 작기 때문에 사람이 호흡할 때 기도에서 걸러지지 않으며, 폐까지 깊숙이 침투하게 된다. 이런 경우, 각종 호흡기 질환을 일으키는 직접적인 원인이 되기도 하기 때문에 각별한 주의가 요구된다. 초미세먼지는 미세먼지와 마찬가지로 유해물질로 이루어져 있는데, 주로 자동차 배기가스에서 발생하는 것으로 알려져 있다.

용산 2km 일대
가스밸브 잠근 범인 체포

서울 용산구 일대를 주택가를 돌아다니며 도시가스 밸브를 잠근 여성이 경찰에 붙잡혔다. 용산경찰서는 3월 26일 오전 7시 50분 서울역 주변에서 가스·전기 등 공급 방해 및 도시가스사업법 위반 혐의를 받는 여성을 붙잡아 조사 중이라고 밝혔다.

이 여성은 전날 용산동에서 갈월동까지 2km에 달하는 거리를 돌며 200여 가구의 도시가스 공급을 차단한 혐의를 받는다. 이로 인해 해당 지역 일부 식당은 가스가 나오지 않아 오전 장사를 하지 못하기도 했던 것으로 알려졌다.

형법상 가스·전기 등의 사용을 방해한 사람은 1년 이상 10년 이하의 징역에 처할 수 있다. 도시가스사업법 역시 공급자 승낙 없이 **▪가스공급시설**을 조작해 공급을 방해하는 것을 금지하고 있다. 경찰 관계자는 "정확한 범행 이유 등을 조사할 예정이다. 향후 피해자들이 재물손괴를 주장하면 혐의가 추가될 수 있다"고 했다.

▪ **가스공급시설**

가스공급시설이란 도시가스사업법에 따라 도시가스를 제조하거나 공급하기 위한 시설로서 가스제조시설, 가스배관시설, 가스충전시설, 나프타부생가스·바이오가스제조시설 및 합성천연가스제조시설을 포함한다.

건축법에 따른 용도별 건축물의 종류로 가스공급시설 중 가스배관시설은 제1종 근린생활시설에 해당하고, 가스제조시설 및 가스충전시설은 위험물 저장 및 처리시설에 해당한다. 한편, 국토의 계획 및 이용에 관한 법률은 가스공급시설을 기반시설 가운데 유통·공급시설로 분류하고 있으며, 도시·군계획시설의 결정·구조 및 설치기준에 관한 규칙에서는 가스공급시설을 도시·군관리계획시설로 설치하고자 하는 경우에는 전용공업지역, 일반공업지역, 준공업지역, 자연녹지지역 및 계획관리지역에 한하여 설치하여야 한다. 다만, 배관 및 정압기와 이에 부수되는 시설은 다른 지역에도 설치할 수 있도록 규정하고 있다.

헌재, '외국인 무기한 구금'
헌법불합치

강제퇴거 명령을 받은 외국인을 보호시설에 무기한 수용할 수 있게 한 현행 출입국관리법은 위헌이라는 헌법재판소의 판단이 나왔다. 헌재는 출입국관리법 63조 1항에 위헌 소지가 있다는 수원지법·서울행정법원의 심판 요청 사건을 심리한 뒤 재판관 6대 3 의견으로 헌법불합치 결정을 내렸다고 3월 24일 밝혔다.

헌법불합치는 해당 법 조항이 위헌이라고 인정하되 이를 즉각 무효로 했을 때 초래할 혼선을 막고 국회가 대체 입법을 할 수 있도록 시한을 정해 유지하는 결정이다. 헌재가 정한 입법 개선 시한은 2025년 5월 31일이다.

강제퇴거 명령 및 보호 명령을 받은 A 씨 등은 보호명령 취소 소송을 제기하고 소송 중 출입국관리법 제63조 1항에 대해 위헌법률심판제청을 신청했다. 이 사건을 심리하던 수원지법과 서울행정법원은 이를 받아들여 헌재에 **■위헌법률심판제청**했다.

출입국관리법 63조 1항은 '지방출입국·외국인관서의 장은 강제퇴거명령을 받은 사람을 여권 미소지 또는 교통편 미확보 등 사유로 즉시 대한민국 밖으로 송환할 수 없으면 송환할 수 있을 때까지 보호시설에 보호할 수 있다'고 규정한다.

헌재는 "외국인의 출입국과 체류를 적절하게 통제하고 조정해 국가의 안전과 질서를 도모하는 해당 조항의 입법목적과 수단의 적합성은 인정된다"면서도 "보호기간의 상한을 두지 않고 강제퇴거 대상자를 무기한 보호하는 것을 가능하게 하는 것은 보호의 일시적·잠정적 강제조치로서의 한계를 벗어나는 것"이라고 판단했다.

이어 "단지 **강제퇴거명령의 효율적 집행이라는 행정 목적 때문에 기간에 제한 없이 보호를 가능하게 한 것은 행정 편의성과 획일성만을 강조한 것**"이라며 "피보호자 신체의 자유를 과도하게 제한한다"고 봤다.

반대 의견을 낸 이은애·이종석·이영진 재판관은 "헌재는 2018년 2월 같은 조항을 합헌이라고 결정한 바 있다"면서 "해당 조항에 따른 평균 보호기간이 열흘 안팎으로 감소하는 추세"라고 짚었다. 이들 재판관은 "선례를 변경하려면 선례 판단에 법리상 잘못이 있다거나 사정변경이 있어야 하는데 출국거부자 강제퇴거명령 집행의 어려움

은 판단을 변경할 만한 다른 사정변경이 있다고 보기도 어렵다"고 덧붙였다.

■ 위헌법률심판제청 (違憲法律審判提請)

위헌법률심판제청은 법원에서 재판 중인 구체적인 소송사건에서, 그 사건에 적용될 법률이 헌법에 위반되는지 여부가 재판의 전제가 된 경우에 법원이 직권으로 또는 소송당사자의 신청을 받아들여 헌법재판소에 법률의 위헌 여부를 심판하여 줄 것을 제청하는 것을 말한다.

위헌제청 결정이 내려지면 헌법재판소의 최종 결정이 날 때까지 재판은 중단된다. 헌법재판소에서 위헌 결정과 동시에 해당 법률은 그 효력을 상실하고, 소송 당사자는 위헌법률의 적용을 받지 않게 된다. 위헌 결정은 원칙적으로 결정 이후부터 효력이 있지만 형벌에 관한 위헌 결정만큼은 소급해서 적용된다.

탈출 얼룩말 '세로'... "동물 전시 없어져야" 비판의 목소리

3월 23일 어린이대공원에서 사육하던 얼룩말 한 마리가 우리 밖으로 탈출해 한동안 거리를 활보했다. SNS에서는 '세로'라는 이름을 가진 이 얼룩말의 사연이 화제가 됐다. SNS의 "부모 잃고 반항 시작", "캥거루와 싸우고 가출" 등 반응에서 보듯 이 소동은 언론에서 한 얼룩말의 '유쾌한 일

탈' 내지 '귀여운 촌극'으로 다뤄졌다.

그러나 동물원의 안전불감증이 단적으로 드러난 사례라며 시설을 철저히 점검해야 한다는 지적도 적지 않다. 얼룩말은 동물원에서 사육하기 적절치 않기에 개체 수를 줄여야 한다는 말도 나온다.

이형주 동물복지문제연구소 어웨어 대표는 3월 26일 "동물원에서도 현재의 동물들을 감당할 수 있는 시설을 갖추고 있는지 점검하는 계기로 삼아야 한다"고 했다.

지난해 11월 국회를 통과한 '동물원수족관법'은 동물원 등록제를 허가제로 바꾸는 내용을 담고 있다. 등록제에선 일정 규모만 충족하면 동물원을 운영할 수 있었지만 허가제에선 보유동물 종별 서식환경 요건 등을 갖춰야 한다. 이미 등록된 동물원은 6년 이내에 허가 기준을 갖춰야 한다.

코로나19 거리 두기 완전 해제로 동물원을 찾는 발길이 급증하면서 동물들의 스트레스 관리가 까다로워졌다는 분석도 나온다. 서울 어린이대공원의 입장객 수는 코로나19 이전인 2019년 639만 2836명에서 코로나19 이후인 2020년 539만 3378명으로 줄었다.

그러다가 2021년 627만2853명, 2022년 662만 6479명으로 이전 방문객 수를 넘어섰다. 어린이대공원 관계자는 "코로나19 회복세가 빨라지고 마스크 착용 의무도 해제되면서 코로나19 이전 방문객 수를 뛰어넘고 있다"고 했다.

이 대표는 "얼룩말 세로의 탈출에 영향을 미쳤는지 정확히 알기는 힘들지만, 관람객들이 늘어나면서 동물원에 있는 동물들의 스트레스도 늘어나는 건 당연한 일"이라며 "아무리 사육사에 의해 길들었다고 하더라도 야생 동물의 진화적 특성상 '관람 스트레스'는 어쩔 수 없다"고 했다.

어린이대공원 측은 세로가 외롭지 않도록 2024년 중 암컷 얼룩말을 데려오겠다고 했는데, 이 역시 부적절하다는 의견도 있다. **동물원이 한반도 기후에 맞지 많은 야생 동물 개체 수를 점점 줄이는 추세**라는 것이다.

2020년 8월 얼룩말 '하니'가 울타리 밖으로 나왔던 청주동물원은 얼룩말의 숫자를 늘리지 않으면서 고립함을 해소하는 방법을 찾았다.

김정호 청주동물원 수의사는 "당시 하니도 갑자기 혼자가 되면서 스트레스를 느끼던 상황이었지만 해외 야생동물 개체를 늘리지 않기 위해 추가로 말을 데려오진 않았다. 종은 다르지만 미니말과 합사시키는 방법을 택했다"고 설명했다.

➕ **동물권 (動物權, animal rights)**

동물권은 인간과 같이 비인간동물 역시 인권에 비견되는 생명권을 지니며 고통을 피하고 학대당하지 않을 권리 등을 지니고 있다는 개념이다. 동물권은 크게 계층주의 동물권과 단일주의 동물권으로 나뉜다. 단일주의 동물권은 동물이 하나의 돈의 가치로서, 음식으로서, 옷의 재료로서, 실험 도구로서, 오락을 위한 수단으로서 쓰여서는 안 되며, 동시에 인간처럼 지구상에 존재하는 하나의 개체로서 받아들여져야 한다는 견해이다. 단일주의 동물권 옹호론자들은 채식주의를 선택할 수밖에 없다.

반면 계층주의 동물권에서는 도축이 허용된다. 동물권 옹호론은 동물 자체의 권익을 주장한다는 점에서 동물 보호, 자연 보호와는 다른 개념으로 보기도 한다.

대학가 '천원의 아침밥' 지원 인원 대폭 확대

고물가 시대에 학생들의 식비 부담이 커지자 '**천원의 아침밥**' 사업 인기가 커지고 있다. 정부가 예산을 두 배로 늘리기로 하면서 천원의 아침밥 지원 인원도 69만 명에서 150만 명으로 확대된다. 전국 대학교를 대상으로 사업이 확장되면서 쌀 소비를 늘리는 데 힘을 보탤 것이라는 기대가 나온다.

4월 3일 농림축산식품부에 따르면 2017년부터 진행 중인 천원의 아침밥 사업을 통한 쌀 소비량 누계 추정치는 약 324톤으로 집계됐다. 1인당 쌀 100g을 섭취한다고 가정할 경우 추산한 양인만큼 실제 쌀 소비량은 더 많을 수 있다.

2023년 천원의 아침밥 지원 사업 예산은 7억 7800만원에서 15억 8800만원으로 확대 편성됐다. 이에 따라 2023년 지원 인원도 69만 명에서 150만 명으로 확대했다. 150만 명이 1인당 쌀 100g을 섭취할 경우 쌀 150톤을 소비하는 효과가 있다.

농촌경제연구원에 따르면 매년 20만톤 안팎의 쌀이 소비량보다 초과 생산돼 남아돈다. 한 해 동안 아침밥 지원 사업으로 쓰는 쌀의 양은 초과 생산되는 쌀의 약 0.07% 수준에 그치지만, 밥 대신 빵을 찾는 서구화된 식습관에 변화를 줄 수 있어 쌀 소비가 확대되는 데 긍정적인 영향을 줄 전망이다.

정부가 쌀 소비에 힘을 쏟는 이유는 매년 소비량이 감소하고 있기 때문이다. **1990년대 말 연간 100kg 안팎에 달했던 1인당 쌀 소비량은 식습관 변화로 인해 해마다 줄어들고 있다.** 농촌경제연구원에 따르면 2022년 54.4kg였던 1인당 쌀 소비량은 2030년 47.1kg으로 줄어들 전망이다.

한편, 농식품부가 2022년 천원의 아침밥 사업에 참여한 28개교 5437명을 대상으로 설문조사를 진행한 결과 응답자 98.7%가 '천원의 아침밥 사업이 계속됐으면 좋겠다'고 응답했다. 해당 사업을 통해 '아침밥의 중요성을 느꼈다'는 의견도 91.8%에 달했다.

이에 농식품부는 신규 지원 대학을 선정하기 위한 추가 공모를 했다. 올해 사업 참여대학은 서울·경기·인천 11개교, 강원 4개교, 대전·충청 6개교, 대구·부산·울산·경상 12개교, 광주·전라 8개교 등 총 41곳이다. 현재 선정된 41개 대학에서 학교가 희망할 경우 지원 학생 수를 확대한다. 천원의 아침밥 사업을 진행하는 각 학교는 홈페이지를 통해 미리 식단표를 제공한다.

■ 천원의 아침밥
천원의 아침밥은 아침식사 결식률이 높은 대학생에게 양질의 아침밥을 1000원에 제공하는 사업이다. 학생이 1000원을 내면 정부가 1000원을 지원하고 나머지는 대학 자체 예산으로 충당하는 방식으로 운영된다. 고물가에 경제적 부담이 커진

학생들이 단돈 1000원에 끼니를 해결할 수 있게 되자 호응도 상당했다.

➕ 국내 쌀 소비량 지속 감소...소비 불확실성 해소 필요

우리나라의 쌀 소비량이 지속적으로 줄고 있는 것으로 분석됐다. 통계청이 공개한 '1인당 연간 양곡 소비량'에 따르면 1980년 132.4kg이었지만 1985년 128.1kg, 1990년 119.6kg, 1995년 106.5kg, 2000년 93.6kg, 2010년 72.8kg, 2018년 61kg으로 계속 하락해 왔다. 반면 육류 위주의 식단 비중이 커졌으며 빵, 쿠키 등 밀 소비량이 계속 증가해 왔다.

이에 정부는 쌀 소비를 늘리기 위한 정책을 추진하고 있다. 농림축산식품부는 2022년 6월 8일 밀을 대신해 쌀가루를 사용할 수 있도록 하는 '가루쌀을 활용한 쌀가공산업 활성화' 정책을 발표했다. 이를 통해 오는 2027년까지 연간 밀가루 수요 약 200만톤 중에서 10%를 가루쌀로 대체한다는 목표. 가루쌀 재배면적 확대, 분질미 산업 거버넌스 구축, 제품개발과 소비자 평가 등 가루쌀 신제품 개발 지원, 쌀가루 프리미엄 시장 개발, 쌀가공식품에 특화된 식품인증 홍보 및 활성화 등이 핵심내용이다.

쌀 생산과 소비의 불균형에 따른 경제적 손실을 막기 위해서 무엇보다 예측 가능한 정책이 선행돼야한다. 그래야 불확실성을 해소할 수 있다. 기존 쌀 생산 및 소비에 대한 불확실성을 해소할 수 있는 강력한 정책 마련이 요구된다는 지적이다.

5월 코로나 격리기간 '7→5일' 단축

이르면 오는 5월초부터 **코로나19 확진자의 격리 의무가 7일에서 5일로 준다.** 7월쯤엔 격리 및 마스크 착용 의무가 모두 해제되고 개인의 검사·입원비 부담은 늘어날 것으로 보인다. 중앙재난안전대책본부(중대본)는 3월 29일 코로나19 위기단

계 조정 로드맵을 확정해 발표했다. 3단계에 걸쳐 완전한 일상회복(엔데믹·감염병의 풍토병화)으로 가는 경로가 구체적으로 나왔다.

방역 당국은 4월 말~5월 초 세계보건기구(WHO)가 국제보건규칙 긴급회의를 열고 코로나19의 국제적 공중보건 비상사태 유지 여부를 결정하면 이를 토대로 위기평가회의를 열어 1단계 전환을 결정한다.

감염병 위기경보단계가 '심각'에서 '경계'로 하향하면 정부는 중대본을 해체하고 보건부처 중심으로 코로나19 대응을 해나간다. 확진자의 격리 의무 기간은 7일에서 5일로 단축하고, 입국 후 3일 차 유전자증폭(PCR) 검사 권고가 사라진다. 현재 18곳인 임시선별검사소 운영도 중단한다. 매일 집계하는 확진자 발생 통계는 주간 단위로 바뀐다.

2단계 조정은 1단계 조정 후 유행상황 평가와 현장 준비 등을 거쳐 이뤄진다. 지영미 질병관리청장은 이날 브리핑에서 "1단계 시행 이후 두세 달 정도 살펴볼 필요가 있어 5월초 정도에 1단계 조정을 하면 (2단계는) 7월 정도로 예상한다"고 밝혔다.

이 단계에선 코로나19의 감염병 등급이 현재 2급

에서 인플루엔자(독감)와 같은 4급으로 전환된다. 확진자의 격리 의무와 의료기관 등에 남아있는 마스크 착용 의무가 모두 권고로 바뀐다. 요양병원 등의 외출·외박도 전면 허용되고, 입국 시 건강 상태 질문서는 유증상자만 제출한다. 격리 의무가 사라지므로 재택치료자 관리가 종료되고, 생활지원비(현재 중위소득 100% 이하 가구)나 유급휴가비(종사자 수 30인 미만 기업) 지원도 종료된다.

2단계에서 코로나19가 일반의료체계로 편입된다. 지정 병상이 없어지고 보건소는 선별진료소 문을 닫고 본래 업무를 강화한다. 코로나19 검사나 입원치료비의 본인 부담금이 올라간다. PCR 검사는 보건소가 아닌 의료기관에서 유료로 받을 수 있는데 먹는 치료제 대상 등 고위험군에는 건강보험 급여를 적용한다. 건보 적용 시 개인 부담 PCR 검사비는 1만~4만원으로 예상되며, 비급여일 경우는 개인이 모두 부담한다. 2단계 이후에도 먹는 치료제나 연 1회 백신 접종은 계속 무료다.

마지막 3단계에서는 코로나19가 독감처럼 '**엔데믹**'으로 전환된다. 코로나19가 종식되는 것이 아니라, 해마다 유행하는 독감처럼 상시적인 감염병으로 여기고 관리한다는 것이다. 이 단계에선 코로나19 백신을 국가필수예방접종으로 전환한다. 필수접종 대상만 무료로 백신을 맞는다. 중증 환자에 한해 유지되던 입원치료비 지원도 종료되며, 치료제도 무상 공급이 끝나고 건강보험이 적용돼 환자의 본인 부담비가 생긴다. 3단계에는 내년쯤 도달할 것으로 예상된다. 당국은 치료제 건보 적용 시점을 내년 상반기로 전망했다.

코로나19는 최근 한 달간 하루 평균 1만 명 내외로 발생하고 있다. 2022년 여름철 재유행 이전인 6월과 유사한 수준이다. 당국은 오미크론 변이 대유행 이후 세 차례의 유행기가 있었고 유행 규모가 지속해 감소했다며 향후 소규모 산발적 유행과 등락이 반복돼도 안정적으로 관리가 될 것으로 예상했다.

■ 엔데믹 (endemic)
엔데믹이란 종식되지 않고 주기적으로 발생하거나 풍토병으로 고착화된 감염병을 말한다. 이에 해당하는 질병으로 말라리아, 뎅기열 등이 있다. 백신이나 치료약 등이 나와 질병에 대한 다양한 대책이 마련되면 발병 예상이 가능하고 발병지역이 좁은 엔데믹이 된다.
한편, 전 세계적으로 감염병이 크게 유행하는 것은 팬데믹(pandemic)이라고 한다. 동일 권역에서 팬데믹으로 접어드는 상태로서 팬데믹 전 단계는 에피데믹(epidemic)이라고 한다. 팬데믹은 세계보건기구(WHO)에서 정의한 신종 인플루엔자 경보 단계 중 최상위 단계다. 역사적으로 WHO가 팬데믹을 선언한 것은 ▲1968년 홍콩독감 ▲2009년 신종플루 ▲2020년 코로나19가 있다. 코로나19에 대한 백신과 치료제가 나왔지만 엔데믹 시대를 준비해야 할 가능성이 크다는 전망이 나오고 있다.

세계 명소 소등...'어스아워' 동참

3월 25일 오후 8시 30분, 서울 남산타워가 칠흑처럼 깜깜해졌다. **■어스아워** 캠페인에 동참한 것이다. 어스아워 캠페인은 **세계자연기금**(WWF, World Wide Fund For Nature)이 지구를 보전하는 취지에서 제안한 행사다. 1961년 설립된 WWF는 세계적 환경보전기관 NGO로 2009년부터 어스 아워운동을 전개하고 있다.

전 세계 190여 개국이 동참하는 행사로 프랑스 에펠탑, 남산 서울타워, 호주 오페라 하우스 등 주요 명소의 불이 1시간 동안 꺼진다. 이 소등은 약 112만7000그루의 어린 소나무를 심는 효과를 낸다고 한다.

올해는 토요일인 3월 25일 오후 8시 30분부터 1시간 동안 진행됐다. 국내에서는 국회의사당과 숭례문 등 서울 시내의 주요 랜드마크를 비롯해 현대차, 파크 하얏트 등 호텔을 비롯하여 어스아워에 동참했다.

한편, 이마트는 매월 셋째 주 일요일을 '어스데이'로 지정하고 오후 8시 30분부터 1시간 동안 전국 점포의 옥외 사인을 소등하는 캠페인을 진행한다고 3월 27일 밝혔다.

이마트는 **ESG**(환경·사회·지배구조) **경영의 일환으로 자원 절감에 앞장서기 위해 3월 25일에도 어스아워 캠페인에 동참**했다고 밝혔다.

■ 어스아워 (Earth Hour)
어스아워란 지구를 뜻하는 어스(Earth)와 시간을 의미하는 아워(Hour)가 합쳐진 말로, 2007년 호주에서 시작한 세계 최대의 자연보전 캠페인이다. 매년 3월 마지막 주 토요일 오후 8시 30분부터 1시간 동안 불필요한 조명 등을 소등해 전 세계의 시민들이 참여해 자연보전을 향한 연대와 의지를 보여준다.

이경우·황대한·연지호 '강남 납치·살인' 3인조 신상공개

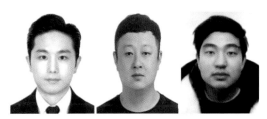

▲ 강남 납치 살인 3인조 이경우(왼쪽부터)·황대한·연지호 (자료 : 서울경찰청)

경찰은 서울 강남에서 40대 여성을 납치·살해하고 시신을 유기한 혐의로 구속한 이경우(36)·황대한(36)·연지호(30)의 신상정보를 4월 5일 공개했다. 서울경찰청은 이날 오후 내외부 위원 7명이 참여하는 신상공개위원회를 열고 이들의 이름과 나이·얼굴을 공개하기로 했다.

위원회는 "수개월 전부터 치밀하게 범행을 준비해 공개된 장소에서 피해자를 납치 후 살해해 범죄의 중대성과 잔인성이 인정된다"며 "3명 모두 구속영장이 발부되는 등 충분한 증거가 존재한다"고 밝혔다. 이어 "유사 범행에 대한 예방효과 등 공공의 이익이 있다고 판단된다"고 덧붙였다.

특정강력범죄의 처벌에 관한 특례법은 범행 수단이 잔인하고 중대한 피해가 발생한 특정강력범죄 피의자가 죄를 저질렀다고 믿을 만한 증거가 충분할 때 신상정보를 공개할 수 있도록 했다.

이들은 지난 3월 29일 오후 11시 46분께 서울 강남구 역삼동 한 아파트 앞에서 A(48) 씨를 차량으로 납치한 뒤 이튿날 오전 살해하고 대전 대청댐 인근 야산에 암매장한 혐의(강도살인·사체유기)를 받는다. 피해자를 직접 납치·살해한 황 씨와 연 씨는 경찰에서 혐의를 대부분 인정했다. 그러나 피해자를 지목해 범행을 제안한 이 씨는 혐의를 부인하고 있다.

경찰은 4월 13일 이번 사건의 배후로 지목된 부부 유상원(51)·황은희(49) 씨를 서울중앙지검에 송치했다. 경찰은 가상화폐로 피해자와 갈등을 겪던 이들이 이경우와 공동으로 납치·살인을 꾸몄다고 보고 강도살인 혐의를 적용했다.

> **➕ 피의자 신상공개 (被疑者身上公開)**
> 피의자 신상공개란 특정강력범죄의 처벌에 관한 특례법 8조의 2(피의자의 얼굴 등 공개)에 따라 해당 기준 충족 시 피의자의 얼굴 등 신상을 공개하는 것을 말한다. 2009년 강호순 연쇄살인사건 이후 흉악범의 얼굴을 공개해야 한다는 여론이 높아지면서 2010년 4월 해당 규정이 신설됐다. 신상정보 공개의 타당성 여부는 총 7명으로 구성된 신상정보 공개 심의위원회의 판단에 따라 결정된다. 위원회의 4명 이상은 각 경찰청·경찰서 소속 의사, 교수, 변호사 등 외부 전문가로 위촉된다.

맥심 모카골드 커피믹스 자발적 회수

맥심 모카골드 커피믹스 일부 제품에 실리콘 이물질이 섞여 제조사인 동서식품이 회수에 나섰다. 4월 4일 동서식품과 식품의약품안전처에 따르면 맥심 모카골드 커피믹스 600g을 포함한 8종 가운데 특정 유통기한이 표시된 제품에서 이물 혼입 가능성이 제기됐다.

□ **이물 관련 자료**

| 제품 (맥심모카골드마일드커피믹스) | 실리콘 패킹 (높이 25mm × 지름 135mm) | 실리콘 조각 (약 3mm × 4mm) |

▲ 맥심 모카골드 이물질 관련 자료 (자료 : 식약처)

이에 동서식품은 해당 제품을 자발적으로 ▪**리콜**하기로 했고, 자율 회수 사실을 보고 받은 경남 창원시와 식약처가 합동 현장조사를 벌여 커피믹스에 이물이 혼입된 것을 확인했다.

해당 이물은 창원공장의 커피 원료 제품 생산설비에 있던 실리콘 패킹으로, 설비에서 떨어져 나온 뒤 분쇄돼 커피 원료에 섞여 들어갔다. 실리콘 조각이 섞인 이 커피 원료를 사용해 동서식품 창원·인천 공장에서 총 27만3276kg의 '맥심 모카골드 마일드 커피믹스' 제품을 생산했으며, 일부를 유통·판매한 것으로 확인됐다.

이물이 가루 형태로 커피믹스에 섞여 들어간 것은 아니기 때문에, 만일 혼입됐다면 맨눈으로 확인할 수 있다는 것이 동서식품의 설명이다. 식약처는 "유럽연합(EU) 기준에 따르면 실리콘 수지와 같은 고분자 물질은 일반적으로 체내에 소화·흡수되지 않고 체외로 배출되므로, 실리콘 수지로 인한 잠재적 건강 위해는 매우 미미한 것으로 알려져 있다"고 전했다.

식약처는 동서식품에 대해 관할 관청에 행정처분을 요청하고 재발 방지 대책 마련을 요구했다고 밝혔다. **행정처분 기준은 1차 위반 시 시정명령, 2차 품목제조정지 5일, 3차 품목제조정지 10일**로, 동서식품은 1차 위반에 해당한다고 식약처는 설명했다.

■ 리콜 (recall)

리콜은 회사 측이 제품의 결함을 발견하여 보상해 주는 소비자보호제도다. 상품에 결함이 있는 경우 생산 기업에서 해당 상품을 회수해 무상으로 점검·교환·수리 조치함으로써 결함 제품으로 인한 피해를 방지하는 소비자보호제도를 말한다. 리콜은 '결함 보상', '소환 수리'라고도 불린다. 리콜을 실시하는 기업은 반드시 공개적으로 리콜 사실을 공표해야 하고, 소비자에게 안내문인 DM(Direct Mail)을 발송해야 한다. 리콜 제도는 특히 자동차나 비행기 등 소비자의 생명과 신체 및 재산상의 문제와 직결되는 제품의 경우 많은 나라에서 법제화되어 있다.

이른 '벚꽃 엔딩' 이유 있었네...
3월 평균기온 역대 최고 기록

올 3월 전국 평균기온은 9.4℃로 전국적으로 기상 관측망을 대폭 확대한 1973년 이래 최고를 기록했다. **3월 평균 최고기온 또한 16.5℃로 역대 가장 높았다.** 이에 따라 부산 등 일부 지역에서 벚나무 개화가 가장 빠른 것으로 나타났다. 강수일수는 3.6일로 역대 최저로 집계되며 호남지역에 극심한 가뭄을 부르는 등 메마른 날씨가 이어졌다.

4월 5일 기상청이 발표한 3월 기후특성 자료를 보면, 3월 평균기온은 평년(6.1℃±0.5)보다 3.3℃ 높은 것으로 나타나며 역대 가장 높은 평균기온을 기록했다. 기상청은 한반도가 **■이동성고기압**의 영향을 받아 기온이 평년보다 최고 7~9도 높은 상태가 유지됐다고 설명했다. 올해 3월 일조시간은 237.7시간으로 평년 대비 34.6시간 많은 역대 5위, 일교차는 13.9℃로 평년 대비 2.2℃ 높은 역대 1위를 기록했다.

평년보다 따뜻한 3월 날씨로 인해 부산 등 일부 지역에서는 관측 이래 벚꽃이 가장 빨리 피었다. 부산은 3월 19일 벚나무가 개화하며 1921년 최초 관측연도 이후 1위, 대전은 3월 22일 벚나무가 개화해 1973년 최초 관측연도 이후 1위를 기록했다. 서울은 3월 25일에 벚꽃이 피면서, 가장 빨랐던 2021년 3월 24일 다음으로 빨리 개화한 것으로 나타났다.

비 내리는 날은 적었다. 3월 강수일수는 3.6일로 평년 대비 4.3일 적어 역대 하위 1위, 상대습도(기온에 따른 습하고 건조한 정도를 백분율로 나타낸 것)는 55%로 평년 대비 5%p 적은 역대 하위 7위로 나타났다. 3월 전국 강수량은 28.7mm로 평년(56.5mm)보다 적어 역대 하위 8위를 기록했다.

■ 이동성고기압 (移動性高氣壓)

이동성고기압이란 중심권이 일정한 위치에 있지 않고 이동하는 고기압을 말한다. 비교적 규모가 작은 고기압으로 등압선의 모양은 타원형에 가깝다. 우리나라의 경우, 겨울철 시베리아기단이 기온 변화에 따라 주기적으로 확장 및 후퇴를 하는 과정에서 분리되어 형성되는 고기압들이 있는데, 중위도권의 편서풍에 의해 서쪽에서 동쪽으로 이동하는 경향을 가진다. 주로 봄과 가을에 잘 나타나며 이러한 이동성고기압이 지날 때는 날씨가 맑고 화창하다.

분야별 최신상식

국제 외교

佛 '연금 대수술' 강행...
정년 64세로 연장

➕ 피로스의 승리 (Pyr-rhic Victory)

피로스의 승리는 이겨도 결코 득이 되지 않는 승리를 말한다. 고대 그리스 에페이로스의 왕 피로스 1세가 벌인 전쟁에서 비롯한 말이다. 로이터통신은 마크롱 대통령 연금개혁안에 대해 의회를 통과한 것의 대가가 클 것이라며 피로스의 승리라고 평가했다.

연금개혁 가까스로 통과

프랑스에서 정년을 62세에서 64세로 늦추는 에마뉘엘 마크롱 대통령의 연금개혁이 3월 20일(이하 현지시간) 의회 문턱을 넘으며 마무리 단계에 접어들었다. 야당이 제출한 엘리자베트 보른 총리 불신임안이 전체 의석수인 573명의 과반(287)에 못 미쳐 부결되면서 이 같은 연금개혁 법안이 의회를 통과한 것과 같은 효력을 갖게 됐다.

이번에 통과된 **연금개혁안은 정년을 올해 9월부터 해마다 3개월씩 점진적으로 연장해 2030년에는 64세가 되도록 하는 법안**이다. 또 연금을 100% 수령하기 위해 보험료를 납부하는 기간을 기존 42년에서 43년으로 1년 늘리고, 그 시점을 2035년에서 2027년으로 앞당기기로 했다.

'의회 패싱' 논란을 빚으면서까지 연금개혁 법안 처리를 강행한 마크롱 대통령은 내각 총사퇴라는 최악의 결말은 피했지만 향후 국정 운영에 적지 않은 부담을 짊어질 것으로 예상된다. 프랑스 야권은 즉각 "위헌소송과 국민투표 등 모든 수단을 동원해 저지하겠다"며 총력전을 예고했다. 연금개혁에 반대하며 시위를 주도해왔던 노조도 무한 투쟁을 선포했다.

시의 쓰레기통과 은행에서 화재가 발생했다.

여론조사에 따르면 응답자 5명 중 1명은 시위대의 뜻을 전달하기 위해 폭력을 사용하는 것에 찬성한다고 답했다. 톨루나 해리스 인터액티브가 전날 실시한 여론조사 결과 응답자의 18%는 폭력에 찬성한다고 답했고, 시위를 지지한다고 답한 이들에 한정 지었을 때 그 비율은 25%로 늘었다.

마크롱 대통령은 3월 22일 오후 TF1, 프랑스 2 방송이 생중계로 진행한 인터뷰에서 "올해 말에는 (연금개혁을) 시행할 수 있기를 희망한다"며 "더 오래 기다릴수록 (연금 제도 적자가) 악화한다"며 다른 대안이 없다고 강조했다.

연금개혁 반대 시위 격화

마크롱 대통령의 연금개혁안에 반대하는 10차 시위에 74만 명이 운집했다. 전주 100만 명 이상이 모인 것보다는 다소 줄어든 규모지만, 도심 곳곳에서는 경찰과 시위대가 충돌하며 대치 상태가 이어졌다.

파리의 지하철과 교외 열차는 모두 운행이 중단되는 등 대중교통 운영에 차질이 생겼다. 시위대는 파리 루브르 박물관을 막아섰고, 시위와 함께 파업도 동반되며 유명 관광지인 에펠탑과 베르사유 궁전도 문을 닫았다. 지난 9차 시위에서 일부 시위대가 불을 지르고, 파리 맥도날드 매장을 약탈하는 등 시위가 폭력으로 번진 것과 마찬가지로 이번 시위도 폭력으로 얼룩졌다.

프랑스 정부는 선제 조처로 전국에 1만3000명 규모의 경찰을 배치했으나, 폭력 사태는 멈출 기미가 보이질 않았다. 프랑스 서부 낭트에서는 시위대가 최루탄을 발사한 보안군에게 맞대응하는 차원에서 정체를 알 수 없는 발사체를 던졌고, 도

➕ 노란 조끼 시위

노란 조끼 시위는 2018년 11월 마크롱 프랑스 대통령이 발표한 유류세 인상에 반대하면서 시작됐다가, 점차 반정부 시위로 번져나간 시위이다. 운전자가 사고를 대비해 의무적으로 차에 비치해야 하는 형광 노란 조끼를 시위 참가자들이 입고 나온 것에서 이와 같은 명칭이 붙었다. 프랑스 정부가 2018년 12월 유류세 인상 계획을 중단한다고 발표해 시위는 잦아들었으나, 이후 몇년간 노란 조끼 시위대가 프랑스 전역에서 정치 엘리트와 기득권에 불만을 표하는 크고 작은 시위를 벌여 정부를 긴장케 했다.

POINT 세 줄 요약

❶ 정년을 62세에서 64세로 늦추는 에마뉘엘 마크롱 프랑스 대통령의 연금개혁이 3월 20일 통과됐다.

❷ 도심 곳곳에서 연금개혁안에 반대하는 시위가 벌어지며 경찰과 충돌했다.

❸ 마크롱 대통령은 인터뷰에서 연금개혁 외 다른 대안이 없다고 강조했다.

중러 정상회담...'반미 연대' 과시

시진핑 중국 국가주석이 집권 3기 첫 해외 순방지인 러시아를 국빈 방문해 블라디미르 푸틴 대통령과 정상회담을 하며 중국이 미국에 맞서 세계 주도권을 다툴 국가라는 점을 전 세계에 부각시켰다. 3월 22일(현지시간) 중국 외교부 등에 따르면 양국 정상은 전날 크렘린궁에서 정상회담을 진행한 후 '중러 신시대 포괄적 전략 협력 동반자 관계 심화에 관한 공동성명'과 '2030년 중러 경제 협력 중점 방향 발전 계획에 관한 공동성명' 등 두 건의 문서에 서명했다.

우크라이나 사태의 해법에 대해서는 기존 입장만 반복했을 뿐 새로운 해법이 제시되지 않았다. 공동성명에서 "위기를 '통제할 수 없는 단계'로 밀어붙일 수 있는 모든 조처를 중단하라"고 밝혔지만 휴전 중재 의지를 보였다고 하기에는 모호했다. 오히려 양국 정상은 공동성명에서 "미국은 세계의 전략적 안정을 해치는 행위를 중단해야 한다"고 주장했다.

양국은 미국 등 서방 국가를 정면 겨냥하며 미국 중심의 국제 질서가 유지되면 안 된다는 입장을 강조했다. ■**오커스**(AUKUS) 구축 및 핵잠수함 협력 프로그램이 지역의 전략적 안정에 미치는 결과와 위험에 대해 심각한 우려를 나타내며 지역 평화와 안정을 유지하라고 주장하기도 했다. 북대서양조약기구(NATO·나토)를 향해서도 "다른 국가의 평화적 발전을 바라볼 것을 촉구한다"며 아시아태평양 국가들과의 군사 안보 관계 강화를 지적했다.

중국과 러시아는 두 나라가 전면 협력하고 각국의 핵심 이익을 지켜나가겠다는 의지를 재확인했다. 외부 세력의 내정 간섭을 반대한다면서 "러시아는 '하나의 중국' 원칙을 준수하고 어떤 형태의 대만 독립에도 반대하며 주권과 영토의 완전성을 수호하려는 중국의 조치를 확고히 지지한다"고 밝혔다. 러시아는 중국식 현대화를 지지하고 중국도 러시아가 2030년 이전에 국가 발전 목표를 실현하는 것에 찬성한다는 의사를 나타냈다.

양국 정상은 다양한 분야에서의 경제적 협력 강화 의지를 강조했다. 푸틴 대통령은 "양국 간 에너지 협력이 구체적으로 논의됐다"며 "러시아는 중국에 대한 석유 공급을 늘릴 준비가 됐다"고 밝혔다. **양국을 잇는 '시베리아의힘2' 가스관도 합의에 도달해 중국에 대한 액화천연가스(LNG) 공급이 늘어날 것임을 예고했다.**

■ **오커스 (AUKUS, Astralia United Kingdom United States)**

오커스(AUKUS)는 ▲호주(A) ▲영국(UK) ▲미국(US) 세 국가가 2021년 9월 15일 공식 출범한 삼각동맹을 말한다. 미국의 대중국 포위망 강화와 영국의 브렉시트 전략에 따른 아시아·태평양 지역에서의 역할 증대. 그리고 중국 팽창에 대비해 국방력 증가를 추진하고 있는 호주의 이해관계가 맞아 떨어져 탄생했다. 영미 양국은 오커스를 통해 호주에 고농축 우라늄을 원료로 하는 핵 추진 잠수함 기술을 지원하기로 했으며 호주는 8척의 핵 추진 잠수함을 건조하기로 했다.

"개방·포용으로 발전하자"... '중국판 다보스' 보아오포럼 개막

'중국판 다보스포럼'으로 불리는 ▪보아오포럼이 3월 28일 중국 하이난성 보아오에서 개막했다. '불확실한 세계: 단결과 협력으로 도전을 맞이하고, 개방과 포용으로 발전을 촉진하자'를 주제로 열리는 이번 포럼은 3월 25∼27일 베이징에서 열린 중국발전고위급포럼(발전포럼)에 이어 중국이 위드 코로나 원년인 올해 개최한 또 하나의 대규모 국제회의다.

발전포럼의 주빈이 글로벌 대기업 최고경영자(CEO)들인 반면 **보아오포럼은 정상을 포함한 각국 정·관계 고위 인사를 다수 초청**한다. 보아오포럼은 코로나19 사태로 2020년에는 취소됐고 2021년과 지난해에는 온라인을 중심으로 오프라인을 결합하는 방식으로 진행돼 정상적으로 열리는 것은 4년 만이다.

보아오포럼은 형식적으로는 비정부 기구인 보아오포럼 사무국이 주최하는 행사지만, 실질적으로는 후원자인 중국 정부가 자국 주도의 국제 여론 형성의 장으로 활용하고 있다.

중국은 올해 '5% 안팎'으로 제시한 경제 성장 목표에 대한 자신감을 피력하고, 대외 개방 의지를 강조한 것으로 보인다. 또 첨단 반도체 등 핵심 산업 영역에서 미국이 주도하고 있는 대중국 디커플링에 참여해서는 안 된다는 메시지를 발신하는 데도 역점을 뒀다고 알려졌다.

마오닝 중국 외교부 대변인은 전날 정례 브리핑에서 "이번 포럼의 주제는 평화를 추구하고 협력을 도모하며 발전을 촉진하려는 국제사회의 마음을 반영했다"며 "각국 대표가 보아오포럼이라는 국제 교류 플랫폼을 통해 평화·발전·협력·상생의 계획을 함께 논의하고 글로벌 거버넌스 개선과 세계 각국 국민의 복지 증진에 기여하기를 바란다"고 말했다.

▪ 보아오포럼 (Boao Forum for Asia)

보아오포럼은 매년 4월 중국 하이난성 충하이시의 휴양지인 보아오(博鰲)에서 열리는 아시아 지역 경제 협력과 교류 모임이다. 매년 1∼2월 스위스의 고급 휴양지 다보스에서 세계의 지도자들이 모여 토론을 펼치는 다보스포럼[세계경제포럼(WEF, World Economic Forum)]과 비슷한 성격으로서 '아시아판 다보스포럼'이라고 불린다.

보아오포럼은 1998년 당시 필리핀, 일본, 호주 등이 아시아 국가의 경제협력을 제안하여 최초 논의가 시작됐고 이듬해 중국이 적극적으로 후원 의사를 밝힘에 따라 본격 추진되었다. 출범 초기에는 다자포럼 성격이 강했지만, 후원국인 중국의 국제적 위상이 커짐에 따라 사실상 중국이 정치, 경제, 사회 등 주요 과제를 대내외에 설명하는 자리로 변질됐다.

마잉주 방중 vs 차이잉원 방미... '미중 대리전' 양상

친중 성향인 대만 야당 국민당 소속 마잉주 전 총통이 3월 27일부터 4월 7일까지 중국을 방문했

▲ 방중한 마잉주 전 대만 총통이 3월 28일 장쑤성 난징에 위치한 쑨원의 묘인 중산릉을 방문해 '평화를 위해 노력하고, 중화를 부흥시키자'라고 쓰인 문구를 들고 있다.

다. 1949년 장제스 초대 총통이 **■국공내전**에서 중국공산당에 밀려 대만으로 패퇴한 후 전현직 총통을 통틀어 본토를 방문한 사람은 그가 처음이다.

집권 민진당의 차이잉원 총통은 4월 초 미국을 방문했다. 집권 내내 반중 노선을 견지해 온 차이 총통이 마 전 총통의 방중 시기에 맞춰 방미하며 대만 내 친중 세력과 반중 세력의 대결이 본격화했다는 분석이 나온다. **대만을 둘러싼 미국과 중국의 대리전 구도 또한 한층 격화할 것으로 보인다.**

전·현 총통의 행보는 내년 1월 총통 선거에도 상당한 영향을 미칠 가능성이 높다. 민진당에서는 라이칭더 부총통이 대선 후보로 사실상 확정됐다. 국민당에서는 궈타이밍 폭스콘 창업자, 지난해 11월 지방선거를 승리로 이끈 주리룬 주석, 허우유이 신베이 시장, 장 초대 총통의 증손자 장완안 타이베이 시장 등이 거론된다.

전·현직 총통의 중국, 미국 방문이 내년 1월 총통 선거를 8개월 앞둔 시점에 이뤄졌다는 점도 주목할 만하다. 민진당은 지난해 11월 지방선거에서 참패했다. 선거 3개월 전 낸시 펠로시 당시 미 하원의장이 대만을 방문하자 중국이 연일 대만에 군사 위협을 가한 게 영향을 끼쳤다.

차이 총통의 반중 노선으로 인한 최대 교역국 중국과의 교역 감소, 코로나19 등에 따른 경제난 또한 민진당의 패배 요인으로 작용했다. 이 여파로 차이 총통이 당 주석직에서 물러났고 내년 총통 선거의 전망 또한 밝지 않다.

중국시보 등 대만 언론에 따르면 4월 2일 공개된 여론 조사에서 대만인의 61.1%가 "미국, 중국 모두와 잘 지내야 한다"고 답했다. 22.8%만 "미국과 친하게 지내야 한다"고 했다. 민진당 지지 여론이 예전 같지 않음을 보여준 셈이다.

이런 미묘한 시점에 마 전 총통이 중국을 찾는 것을 두고 내년 총통 선거에 사실상 개입해 친중 성향의 국민당 후보를 당선시키겠다는 중국의 의중을 보여준다는 평가가 나온다. '중국 친화적인 후보가 집권해야 대만에 이롭다'는 여론을 확산시키려 한다는 것이다.

■ **국공내전 (國共內戰)**

국공내전이란 중국에서 항일전쟁이 끝난 후 중국 재건을 둘러싸고 국민당과 공산당 사이에 벌어진 국내전쟁을 말한다. 1946년 7월, 미국의 지원을 받은 국민당의 장제스는 공산당을 공격했다. 초기에 미군의 군사지원으로 국민당이 우세했지만 장제스 정부의 독재와 횡포로 국민의 지지를 얻지는 못했다. 반면 공산당의 마오쩌둥은 토지개혁을 통해 농민의 지지를 얻게 되고, 공산당군은 인민을 위해 싸운다하여 인민해방군으로 불렸다.

1948년 말 인민군이 우세해지며 1949년 1월에는 텐진과 베이징에 입성하였다. 그 해 4월에는 국민정부의 수도 난징을 점령했으며. 연말에는 거의 대부분의 본토 지역을 점령하였다. 1949년 10월 1일, 마오쩌둥은 중화인민공화국을 선포하고, 장제스는 타이완으로 쫓겨났다.

일본, 초등 교과서에 '독도는 일본 고유 영토'...외교부 "수용 못해"

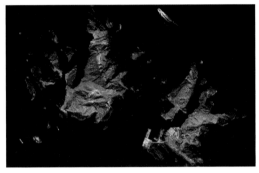

▲ 독도

외교부는 3월 28일 일본에서 독도와 강제동원 관련해 역사 왜곡이 담긴 초등학교 교과서가 검정 통과된 데 대해 "우리 정부는 (일본이) 지난 수십 년 동안 이어온 무리한 주장을 그대로 답습한 초등학교 교과서를 검정 통과시킨 데 대해 깊은 유감을 표명한다"고 밝혔다.

일본 문부과학성은 이날 교과서 검정심의회를 열어 초등학교에서 2024년도부터 쓰일 교과서 149종이 심사를 통과했다고 발표했다. **통과한 교과서 일부는 일제강점기 조선인 징병에 관한 서술에서 강제성을 덜어내고, 독도에 대해 '일본 고유의 영토'·'한국이 불법 점거'라는 내용을 추가했다.**

징용령에 따른 징용 뿐 아니라 모집과 관 알선도

형식만 다를 뿐 사실상 강제 동원의 형태를 띠었다는 역사적 사실, 역사·지리·국제법적으로 독도는 우리 고유의 영토라는 우리 정부 입장과 완전히 상반되는 내용이다.

외교부는 대변인 명의 성명을 내 "독도에 대한 부당한 주장이 담긴 교과서를 일본 정부가 또다시 검정 통과시킨 데 대해 강력히 항의한다"며 "독도에 대한 일본의 어떠한 주장도 수용할 수 없음을 분명히 밝힌다"고 강조했다.

이어 "우리 정부는 강제동원 관련 표현과 서술이 강제성을 희석하는 방향으로 변경된 것에 강한 유감을 표명한다"고 밝혔다.

또한 외교부는 "일본 정부가 스스로 밝혀온 과거사 관련 사죄와 반성의 정신을 진정성있게 실천해 나가기를 촉구한다"고 말했다. 외교부는 아이보시 고이치 주한 일본대사를 ▪**초치**해 강한 항의의 뜻을 표명하기로 했다.

외교부는 "한일 양국 간 건설적이고 미래지향적인 관계 구축을 위해서는 미래를 짊어져 나갈 세대의 올바른 역사인식이 기초가 되어야 한다"며 "일본 정부는 역사를 직시하는 가운데 미래 세대의 교육에 있어 보다 책임있는 행동을 보여 주어야 할 것"이라고 주문했다.

▪ **초치 (招致)**

초치는 사전적 의미로 '불러들인다'는 뜻이지만 외교적 용어로 상대국의 행동 때문에 문제가 발생하거나 그에 대한 설명이 필요한 경우 상대국 외교관을 외교 당국 사무실로 부르는 것을 의미한다. 이는 사실상 강한 항의의 표시가 담긴 것으로 받아들여진다.

中, 전기차 핵심 부품
'희토류 자석' 수출 금지

미국이 중국을 겨냥해 반도체·배터리 규제를 한층 강화하자 중국이 '■**희토류** 무기화' 카드를 꺼내 들었다. 전기자동차·풍력발전 등 첨단산업에 필수인 희토류 관련 기술 수출을 금지해 미국·유럽·일본 등의 규제 그물망에 '■**팃포탯**'으로 맞대응하겠다는 전략이다. 향후 중국이 기술에 이어 광물 자체에 대해서도 규제하면 우리 기업들에 적지 않은 영향을 미칠 수 있다.

4월 5일 요미우리신문에 따르면 중국 정부는 지난해 12월 발표한 '중국 수출 금지, 수출 제한 기술 목록' 개정안을 연내 시행한다. **개정안에는 희토류의 추출·분리 및 금속재 생산 기술에 대한 수출 금지 조치**가 새롭게 담겼다. 특히 전기차·풍력발전용 모터 등의 핵심 부품인 고성능 희토류 자석 제조 기술도 수출 금지 대상에 포함됐다. 중국은 해당 개정안에 대한 의견 수렴을 올해 1월 완료했다.

중국의 이번 개정안에는 희토류 기술을 무기화해 국제 사회의 대(對)중국 의존도를 높이고 미국 중심으로 재편되는 공급망을 뒤흔들겠다는 큰 그림이 담긴 것으로 분석된다. 중국은 현재 **고성능 희**

토류 자석인 '네오디뮴'과 '사마륨코발트' 시장에서 각각 84%, 90%에 달하는 압도적 점유율을 차지하고 있다.

중국 희토류 자석 의존도가 90%에 달하는 한국 산업계도 긴장한 가운데 사태를 예의 주시하고 있다. 특히 전기차와 하이브리드차의 엔진 역할을 하는 모터에 해당 희토류 자석을 사용하는 완성차 업계의 긴장감이 높아지고 있다.

희토류 자석은 모터의 성능을 좌우하는 핵심 부품이다. 전기차 외에도 풍력발전기, 항공기, 로봇, 휴대전화, 에어컨 등 다양한 기기에 폭넓게 사용된다. 네오디뮴 자석의 세계 점유율은 중국이 84%, 일본이 15%이고, 사마륨코발트 자석의 점유율은 중국이 90% 이상, 일본은 10% 이하다. 중국이 사실상 세계 시장을 장악하고 있는 것이다.

국내 수출업계는 규제가 기술에 집중된 측면에서 희토류 문제를 장기적인 이슈로 규정하고 있다. 지레짐작하며 지나치게 우려할 필요가 없다는 뜻이다. 한국무역협회도 국내 희토류 관련 수입은 기술이 아닌 '영구자석 수입 후 가공'에 집중돼 이번 규제와 관련이 적다는 의견이다.

한국무역협회 관계자는 "중국에서 이번에 발표한 개정안은 (희토류) 제련이나 가공하는 기술에 대한 수출 금지"라며 "단기로 봤을 때 특정 분야에 직접적인 영향이 있다고 보기는 힘들다"고 평가했다. 그러면서도 "희토류 영구자석은 첨단산업에 굉장히 중요한 원자재로 가치사슬 내재화 움직임이 많다"며 "(희토류) 기술 수출 금지로 가치사슬 내재화가 지연될 수 있는 만큼 정부 차원에서 투자나 지원에 힘써줘야 한다"고 강조했다.

■ 희토류 (稀土類)

희토류는 말 그대로 '희귀한 흙'을 가리킨다. 학술적 측면에서는 화학 원소번호 57~71번에 속하는 란탄 계열 15개 원소(원자번호 57~71번)와 스칸듐, 이트륨을 합친 17개 원소를 뜻한다. 이들 원소는 화학적으로 매우 안정적이고 건조한 공기에서도 상태에 변화가 없으며 열을 잘 전달하는 특징이 있다. 또 소량으로도 기기의 성능을 극대화할 수 있어 관련 업계에서는 '첨단산업의 비타민', '녹색산업의 필수품'이라 불린다.

■ 팃포탯 (tit for tat)

팃포탯은 직역하면 '상대가 치면, 나도 가볍게 친다'는 뜻으로 '눈에는 눈 이에는 이'와 같은 맞대응 전략을 이를 때 사용한다. 경제학 게임이론 중 죄수의 딜레마(prisoner's dilemma)에서 상호 협력을 끌어내는 강력한 전략으로 꼽히기도 한다. 팃포탯은 국가 간 외교상으로는 상대가 어떠한 입장을 갖고 있는지에 따라 맞대응하는 전략으로 활용된다. 트럼프 행정부의 미국과 중국 간 무역분쟁에서 미국이 대중 관세 조치를 발표하면, 중국이 똑같은 방식과 규모의 보복 조치를 발표하며 관세 보복과 재보복이 이어지는 팃포탯 전략이 연출됐다. 2020년 7월엔 미국이 텍사스주 휴스턴 주재 중국 총영사관을 폐쇄 조치하자 중국이 쓰촨성 청두 주재 미국 총영사관을 35년 만에 폐쇄할 것을 요구하며 팃포탯으로 맞불을 놓았다.

▲ 도널드 트럼프 전 대통령

美 역대 대통령 첫 기소 트럼프, 법원서 34개 혐의 모두 부인

'성추문 입막음 의혹'과 관련해 형사기소된 도널드 트럼프 전 미국 대통령이 4월 4일(현지시간) 법원에서 무죄를 주장했다. **미국 역대 대통령 가운데 처음으로 형사기소된 트럼프 전 대통령**은 이날 오후 뉴욕 맨해튼 형사법원에서 열린 기소인부 절차에 출석해 34건의 혐의를 전면 부정했다고 미국 언론들이 보도했다.

이날 공개된 공소장에서 확인된 트럼프 전 대통령의 혐의는 모두 34건으로, 모두 기업 문서 조작과 관련됐다. 특히 전직 포르노 배우인 스토미 대니얼스 외에도 성인잡지 플레이보이 모델 캐런 맥두걸에 대한 입막음 돈 지급과 관련해 기업 문서를 조작한 혐의도 포함된 것으로 알려졌다.

검찰에 따르면 트럼프 전 대통령은 대니얼스와 맥두걸 이외에도 또 다른 인물에게 입막음용 돈을 지불했다. 앨빈 브래그 맨해튼 지검 검사장은 기소인부 절차 종료 후 성명을 통해 트럼프 전 대통령의 혐의와 관련, "불리한 정보와 불법 행위를 유권자들에게 숨기기 위해 기업 정보를 조작한 것"이라고 설명했다.

한편 기소인부절차를 진행한 후안 머천 판사는 이날 심리에서 트럼프 전 대통령에게 SNS를 통해 대중을 선동하지 않도록 주의하라고 경고했다. 앞서 맨해튼 검찰은 재판부에 트럼프 전 대통령이 SNS에 올린 '죽음과 파괴' 등의 메시지를 제출했다.

머천 판사는 오는 12월 4일 법원에서 다시 검찰과 변호팀의 의견을 듣겠다고 밝혔다. 이날 검찰은 재판 개시 시점을 내년 1월로 잡아달라고 재판부에 요구했고, 트럼프 전 대통령 변호팀은 내년 봄 이후를 주장했다.

핀란드, 나토 31번째 회원국 합류

■ **북대서양조약기구**(NATO·나토) 창설 74주년 되는 날 핀란드가 31번째 회원국으로 합류했다. CNN, 로이터 통신 등에 따르면 4월 4일(현지시간) 벨기에 브뤼셀에서 열린 나토 외무장관 회의에서 **핀란드의 가입을 마지막에 비준한 튀르키예가 토니 블링컨 미국 국무장관에게 핀란드의 나토 가입을 명시한 공식 문서를 전달하면서 핀란드의 회원국 합류가 확정**됐다.

튀르키예 의회는 지난 3월 30일 핀란드의 나토 가입 비준안을 마지막으로 가결했고, 핀란드는 이날 서방 군사동맹인 나토 가입 절차를 마쳤다. 메블뤼트 차우쇼을루 튀르키예 외무장관은 이날 브뤼셀에서 블링컨 장관과 함께 연설하면서 "핀란드를 새 동맹국으로 환영하고 싶다"며 "핀란드와 우리 동맹은 훨씬 더 강력해졌다"라고 밝혔다.

지난해 2월 러시아가 우크라이나를 침공한 이후 중립국을 유지해온 핀란드와 스웨덴은 비동맹 노선을 포기하고 나토 가입을 신청했다. 다만 나토 동시 가입을 추진했던 스웨덴은 튀르키예와 헝가리가 비준하지 않아 가입에 차질을 빚고 있다.

앞서 튀르키예는 자신들이 테러리스트 단체로 간주하는 쿠르드노동자당(PKK)을 스웨덴이 지지하고 있다면서 공개적으로 반대 입장을 표명해왔다. 여기에 지난 1월 스웨덴 주재 튀르키예 대사관 앞에서 반이슬람 단체가 쿠란을 소각하는 행위를 연출하며 두 나라 간 감정이 크게 악화됐다.

러시아는 핀란드의 나토 합류에 대해 반발했다. 드미트리 페스코프 크렘린궁 대변인은 이날 "핀란드의 나토 가입은 러시아 안보와 국익에 대한 침해"라며 "러시아는 안보 보장을 위해 전략적이고 전술적인 대응책을 세울 수밖에 없다"고 말했다.

한편, 4월 2일 폴리티코 등에 따르면 이날 핀란드 총선 개표가 99% 진행된 가운데 중도우파 성향의 국민연합이 승리를 거두면서 산나 마린 총리는 실각했다. 핀란드 역시 유럽 전역을 휩쓸고 있는 극우 물결에 합류하면서 마린 총리가 소속된 사회민주당은 극우 성향인 핀란드인당에도 밀려 3위에 그쳤다.

마린 총리는 2019년 총리직에 오를 당시 세계 최연소 선출직 지도자로 코로나19 사태 해소와 핀란드의 나토 가입을 이끌며 MZ세대들의 롤모델로 여겨졌다. 그러나 지난 8월 정치인·연예인 등과 함께 한 파티 영상이 유출되면서 마약 복용 의혹까지 제기되는 등 논란이 일었고 국가 부채 비율이 급증하는 등 비판이 커지며 결국 실각했다.

■ **북대서양조약기구 (NATO, North Atlantic Treaty Organization)**

북대서양조약기구(NATO·나토)는 미국과 유럽 국가 간 국제 군사 기구로 1949년 4월 4일 체결된 북대서양조약에 의해 창설되었다. 이 기구는 회원국이 어떤 비가입국의 공격에 대응하여 상호 방어하는 집단 군사 동맹 체계로 운영되고 있다. 나토 유럽 연합군 최고사령부는 벨기에의 브뤼셀에 본부를 두고 있으며 최고사령관 또한 이곳에서 거주하고 있다. 나토 회원국의 군사 지출비는 세계 전체 군사 지출비의 70%를 차지한다.

기시다에 폭탄 투척...
아베 피살 9개월 만에 또 테러

▲ 기시다 총리에게 폭발물을 투척한 뒤 체포된 용의자

일본에서 선거 유세를 하던 기시다 후미오 총리에게 20대 남성이 사제 폭발물을 투척하는 사건이 발생했다. 기시다 총리는 다치지 않았지만 **아베 신조 전 일본 총리가 유세 도중 사제 총에 맞아 숨진 지 9개월 만에 비슷한 일이 발생**하면서 열도는 충격에 빠졌다.

4월 16일 일본 언론에 따르면 전날 오사카 남부 와카야마현 와카야마시의 사이카자키 어항(漁港 : 어선용 항구)에서 기시다 총리가 선거 유세를 하기 직전 군중 속 한 남성이 은색 쇠파이프 형태의 물체를 던졌다.

경호원은 곧바로 물체를 밀쳐낸 뒤 방탄 커버를 들어 총리를 감쌌다. 폭발물이 땅에 떨어치고 52초 뒤 폭발음이 났지만 기시다 총리가 피신한 뒤였다. 용의자는 주변 시민들에게 진압된 뒤 체포됐다. 일본 경찰은 체포된 용의자가 효고현에 거주하는 24세 남성 기무라 류지라고 확인했다.

기무라는 조사 과정에서 묵비권을 행사하고 있어 수사 당국이 범죄 동기를 파악하는 데 어려움을 겪고 있다. 가택 수사 결과 기무라의 집에서도 폭발물이 발견되어 경찰이 수거했다. 일본 언론은 이번 사건이 조직적 테러이거나 배후가 있을 가능성은 낮으며 아베 전 총리 피살 사건처럼 ▪**외로운 늑대** 유형의 범죄일 개연성이 크다고 전했다.

■ **외로운 늑대 (lone wolf)**

외로운 늑대란 특정 테러 조직이나 이념이 아니라 정부나 사회에 대한 개인적인 반감을 이유로 테러를 자행하는 자생적 테러리스트를 일컫는다. 외로운 늑대에 의한 테러는 테러 시점이나 방식에 대한 정보를 수집하기 어려워 예방이 거의 불가능하다는 점에서 전문 테러 조직에 의한 테러보다 큰 위협으로 받아들여지고 있다.

PART 2

분야별
최신상식

북한
안보

"북한 지령문 13차례 받아 이행"...
검찰, 제주 간첩단 3명 기소

■ **스테가노그래피 (steganog-raphy)**

스테가노그래피란 데이터 은폐 기술 중 하나로 데이터를 다른 데이터에 삽입하는 기술을 말한다. 전달하려는 기밀 정보를 파일, 메시지, 이미지 안에 숨기는 심층 암호 기술이다. 특정 프로그램으로만 비밀 문구를 복원할 수 있다. 크립토그래피(cryptography)가 암호화 알고리즘으로 메시지의 내용을 읽을 수 없게 하는 반면, 스테가노그라피는 정상적으로 보이는 객체 안에 메시지를 숨긴다는 차이가 있다.

북한 문화교류국 공작원과 접선

북한으로부터 지령문을 13차례 받고 보고서를 발송한 제주지역 진보 정당 전현직 간부 등이 재판에 넘겨졌다. 제주지검은 4월 5일 제주지역 진보정당 전직 간부 A 씨를 불구속기소, 현직 간부 B 씨와 농민단체 간부 C 씨를 구속기소했다고 밝혔다. 이들은 북한 지령에 따라 간첩 활동을 한 혐의를 받는다.

검찰이 밝힌 공소사실에 따르면 제주 이적단체 총책인 A 씨는 2017년 7월 캄보디아에서 북한 노동당 대남 공작 부서인 문화교류국 소속 공작원과 접선해 통신교육 등을 받고 지령 수행을 위해 입국했다. A 씨는 2017년 10월부터 2022년 11월까지 ■**스테가노그래피** 프로그램으로 암호화한 문서를 외국계 클라우드에 올려 공유하는 '**사이버 드보크**(cyber dvoke) **방식**'(외국 이메일 계정을 통해 교신하는 방식)으로 북한으로부터 지령문 13회를 수신, 북한에 14회 보고서를 발송한 것으로 조사됐다.

이후 A 씨는 B·C 씨와 공모해 2018년 12월부터 **제주 이적단체 'ㅎㄱㅎ'** 결성을 준비한 데 이어 2022년 8월 조직결성 지침과 조직 강령·규약을 하달

다고 밝혔다.

D 씨 등은 2017년부터 지난해까지 중국 캄보디아, 베트남 등에서 북한 노동당 산하 대남 공작기구 소속 공작원을 접촉한 혐의를 받는다. 방첩 당국은 지난 1월 압수수색을 통해 이들이 외국 계정 이메일 등을 통해 대북 보고문, 대남 지령문 등을 주고받은 내용을 확인했다.

한편, 윤석열 대통령은 4월 5일 청와대 영빈관에서 주재한 국정과제점검회의에서 북한 통일전선부의 대남 간첩 지시와 관련해 "우리 국민이 거기에 넘어가지 않도록 대응심리전같은 것들을 잘 준비해둘 필요가 있다"고 통일부에 지시했다.

받고 이적단체를 구성한 것으로 조사됐다. 'ㅎㄱㅎ'은 보안을 위한 약정음어로 파악됐다.

검찰은 A 씨 등이 2014년 12월 위헌 정당 결정으로 해산된 옛 통합진보당과 그 후신 격인 민중당 출신으로, **옛 통합진보당 출신이 북한에 포섭돼 이적단체를 결성·활동하다 검거된 최초 사례라고 밝혔다.** 옛 통합진보당은 당 소속 의원 등이 국가보안법 위반 사건에 잇따라 연루되면서 헌정사상 최초로 헌법재판소에 정당해산심판이 청구됐다. 국가정보원은 지난 2017년 8월께 내사를 거쳐 이들이 북한 공작원과 접선한 정황을 채증했고 자택 압수수색 후 이들을 체포해 법원으로부터 구속영장을 발부받아 집행했다.

민주노총 간부 4명도 간첩 혐의 구속

지난 3월 28일에는 민주노총 소속 전·현직 간부 4명이 북한 공작원을 접촉한 혐의(국가보안법 위반)로 구속됐다. 국가정보원은 수원지법이 국가보안법 위반 혐의로 구속영장이 청구된 민주노총 조직쟁의국장 D 씨 등 4명에 대한 영장을 발부했

➕ **헌정사상 최초, 통합진보당 해산**

2014년 12월 헌법재판소가 헌정사상 최초로 통합진보당 해산 결정을 내렸다. 이로서 향후 유사한 강령과 기조를 하는 정당의 창당이 금지되는 것은 물론 통합진보당이라는 명칭도 영구적으로 사용할 수 없게 됐다. 2011년 12월 탄생한 통합진보당은 2012년 4월 치러진 총선에서 민주통합당과의 야권연대를 통해 진보정당 역사상 최다 의석인 13석을 얻으며 야권 돌풍을 일으켰다. 그러나 이후 2013년 8월 이석기 의원이 내란음모 혐의로 체포됐고, 정부는 그해 11월 국무회의에서 통합진보당의 위헌정당 해산심판 청구안을 통과시켰다.

POINT 세 줄 요약

❶ 북한으로부터 지령문을 받고 보고서를 발송한 진보 정당 간부들이 재판에 넘겨졌다.

❷ 민주노총 소속 간부 4명도 북한 공작원을 접촉한 혐의로 구속됐다.

❸ 윤석열 대통령은 대북 대응심리전을 준비해야 한다고 지시했다.

푸틴, 나토와 국경 맞댄 벨라루스에 핵무기 전진배치

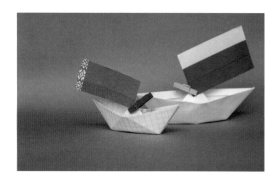

블라디미르 푸틴 러시아 대통령이 동맹국 벨라루스에 **전술핵**을 배치하겠다고 밝혔다. 러시아의 핵무기가 국외 영토에 이전되는 것은 소련 붕괴 뒤인 1996년 이후 27년 만이다. 우크라이나를 지원하는 서방을 겨냥해 2월 21일(현지시간) **뉴스타트**(New START·신전략무기감축협정) 참여 중단을 전격 선언한 지 한 달 만에 핵위협 수위를 높였다는 평가다.

푸틴 대통령은 3월 25일 러시아 국영방송 인터뷰에서 "오는 7월 1일까지 벨라루스에 전술핵무기 저장고 건설을 완료할 것"이라며 "핵탄두를 장착할 수 있는 단거리 이스칸데르 미사일과 발사대를 이미 벨라루스에 이전한 상태"라고 말했다.

푸틴 대통령은 "벨라루스에 핵무기 통제권을 넘겨주는 것은 아니다"라며 "북대서양조약기구(NATO·나토)에 핵무기를 배치한 미국과 똑같이 하겠다는 것"이라고 주장했다. 미국은 핵무기 공유 협정을 맺고 있는 **독일·이탈리아·네덜란드·벨기에·튀르키예** 등 나토 5개국에 전술핵무기를 배치 중이다.

푸틴 대통령은 이를 근거로 "우리 행동은 핵확산금지조약(NPT) 위반에 해당하지 않는다"고 주장했다. NPT는 유엔 안전보장이사회(안보리) 상임이사국 5개국 외의 핵무기 개발 또는 보유를 금지하지만, 미국이 자국 통제하의 핵무기를 나토 동맹국에 배치한 것은 NPT 위반이 아니라는 견해가 지배적이다.

미 공영 라디오 NPR은 "1990년대 중반 이후 시도한 적 없던 국외 전술핵무기 배치 추진은 벨라루스와 국경을 마주한 우크라이나는 물론 폴란드, 리투아니아 등의 안보에도 심각한 위협"이라고 평가했다.

러시아가 폴란드·리투아니아 등 북대서양조약기구(NATO·나토) 회원국들과 국경을 맞댄 벨라루스에 전술핵무기를 배치하기로 한 결정의 명분으로 내세운 것은 3월 중순 영국의 우크라이나 열화우라늄탄 지원이다. 열화우라늄탄은 핵무기를 제조하기 위해 우라늄을 농축하는 과정에서 남은 우라늄 폐기물(열화우라늄)을 탄두로 만든 포탄이다. 영국뿐 아니라 미국과 러시아 등 여러 나라가 열화우라늄탄을 보유하고 있다.

벨라루스에 러시아 전술핵무기가 실제 배치되면 러시아는 27년 만에 해외 영토에, 그것도 나토 턱밑에 핵무기를 두게 된다. 1991년 소련 붕괴 후 러시아, 우크라이나, 벨라루스, 카자흐스탄 4개국에 분산 배치됐던 소련 핵무기는 러시아가 수거에 나서고 핵무기의 안전하고 책임 있는 관리를 원하는 미국과 영국이 이를 도우면서 1996년 모두 러시아로 이전됐었다.

우크라이나 전쟁 이후 벨라루스와 러시아의 군사

공조는 긴밀해지고 있다. 지난 1월에는 연합 군사훈련을 강화했고, 지난해에는 러시아가 우크라이나에 군대를 보내기 위한 기지로 벨라루스 영토를 사용했다.

■ **전술핵 (戰術核)**

전술핵은 야포와 단거리 미사일로 발사할 수 있는 핵탄두, 핵지뢰, 핵기뢰 등 효율성과 경제성이 높은 핵무기를 포함하는 개념이다. 근접전 목적으로 계획되었기 때문에 장거리 탄도미사일 등 전략핵무기(strategic nuclear weapon)보다 사정거리가 짧다. 과거 주한미군은 전투기에서 투하하는 핵폭탄, 155mm와 8인치 포에서 발사되는 핵폭탄(AFAP), 랜스 지대지 미사일용 핵탄두, 핵배낭, 핵지뢰 등 151~249발의 전술핵을 배치했다가 철수시킨 적이 있다.

■ **뉴스타트 (New START, New Strategic Arms Reduction Treaty)**

뉴스타트(신전략무기감축협정)는 2010년 4월 8일 체코 프라하에서 서명된 미국과 러시아 간 핵무기 감축 협정이다. 양국의 비준을 거쳐, 2011년 2월 5일 발효됐다. 뉴스타트는 미국과 러시아 양국이 실전 배치 핵탄두 수를 1550개 이하로, 이를 운반하는 대륙간탄도미사일(ICBM)·잠수함발사탄도미사일(SLBM)·전략폭격기 등의 운반체를 700기 이하로 각각 줄이는 것을 골자로 한다. 10년 기한의 뉴스타트 협정은 2021년 2월 5일 만료될 예정이었으나 2021년 2월 푸틴 대통령과 바이든 대통령이 5년 연장하기로 합의해 2026년 2월 5일까지 효력이 지속된다.

북, 22년 만에 기자동맹대회...
공세적인 사상전 촉구

북한이 22년 만에 ■**조선기자동맹** 대회를 열어 공세적인 언론전으로 사회주의 건설의 부흥을 이뤄야 한다고 촉구했다. 북한 관영매체 조선중앙통신은 4월 3일부터 이틀 동안 평양에서 조선 기자동맹 제9차 대회가 열렸다고 4월 5일 보도했다.

기자동맹 대회가 열린 것은 2001년 11월 이후 약 22년 만이며, 김정은 국무위원장 집권 이후로는 처음이다. 외부 문화 유입이 계속되고 있는 상황에서 식량난까지 겹치자 선전전 강화를 통해 내부 결속을 꾀하려는 의도로 분석된다.

이번 대회에는 '북한의 입'으로 불린 조선중앙방송위원회 책임방송원 리춘히를 비롯해 노동당 기관지 노동신문 논설위원인 동태관 등 북한 언론계 주요 인사들과 리일환 당 중앙위원회 비서 등이 참석했다.

박동석 기자동맹중앙위원회 위원장은 "기자, 언론인들이 당중앙의 충실한 대변자, 당정책의 적극적인 선전자, 대중의 친근한 교양자가 되어 공세적인 언론전으로 사회주의 건설의 전면적부흥 발전을 힘있게 선도해나갈 것"을 호소했다.

이번 대회에서는 '조선기자동맹 규약' 개정안이 전원 찬성으로 채택됐다. 중앙통신은 이번 대회가 "우리 당의 주체적 출판보도 사상과 이론을 확고한 지침으로 삼고 출판보도 사업을 획기적으로 개선하기 위한 중요한 계기"가 됐다고 평가했다.

■ **조선기자동맹 (朝鮮記者同盟)**

조선기자동맹은 1946년 결성된 북한의 출판·보도 분야의 기자들로 조직된 단체다. 북한의 기자들은 모두 의무적으로 가입하게 되어 있다. 표면적으로 신문혁명·보도혁명·방송혁명·출판혁명을 내세우며 출판보도사업을 끊임없이 혁신하고 대중과 교감이 되는 출판보도물을 편집·발행한다고 하나 결과적으로 당의 유일사상체계를 철저히 세우고 있다.

북한 보유 핵탄두 추정치 10기 가량 늘어난 30기 이상

최근 미국과학자연맹(FAS)이 갱신한 세계 핵군사력 지위 지수 보고서에 따르면 북한이 현재 30개 이상의 핵탄두를 보유한 것으로 추정된다고 4월 4일(현지시간) 미 자유아시아방송(RFA)이 보도했다. FAS는 미군 발표 자료, 각종 연구소 연구 결과, 위성사진 등을 종합해 각국의 핵탄두 보유량을 추정한다.

지난 9월 FAS는 북한 보유 핵탄두가 20~30기라고 추정했고 스웨덴의 스톡홀름 국제평화연구소(SIPRI)는 지난해 6월 북한 보유 핵탄두를 최대 20기로 추정한 바 있다. FAS 핵 정보 프로젝트 책임자에 따르면 북한이 탄두 30여 기에 더해 핵 분열 물질을 더 생산하는 것으로 보인다.

김정은 북한 노동당 총비서는 지난해 12월 말 노동당 중앙위원회 제8기 6차 전원회의에서 '2023년도 핵무력 및 국방발전의 변혁적 전략'을 천명하면서 **"핵탄두 보유량을 기하급수적으로 늘릴 것"**이라는 방침을 밝힌 바 있다.

새로 갱신된 세계 핵군사력지위 지수에서 가장 많은 핵탄두를 보유한 나라는 러시아로 5889기이며 다음은 미국으로 5244기다. 그 뒤로 중국 410기, 프랑스 290기, 영국 225기, 파키스탄 170기, 인도 164기, 이스라엘 90기, 북한 30기 순이었다.

> **➕ 화산-31**
>
> 화산-31은 북한이 최초로 이름을 공개한 핵탄두로, 지난 3월 27일 김정은 국무위원장이 등장한 동영상에서 최초로 공개됐다. 또한 공개된 사진 속 벽면의 액자에서 '화산-31 장착 핵탄두들'이라는 제목과 함께 총 8종의 전술핵탄두가 포착됐다. 화산-31 핵탄두의 직경은 500mm로 추정된다.

남북연락채널 엿새째 불통... 권영세 '유감 표명'

북한이 남북 공동연락사무소와 군 통신선 정기 통화에 엿새째 응답하지 않으면서 의도적인 답신 거부에 무게가 실리고 있다.

북한은 지난 4월 7일부터 두 연락채널에 일제히 답하지 않았다. 주말에 운영되지 않는 연락사무소는 이틀째, 군 통신선은 주말을 포함해 나흘째 불통이다. 북한은 4월 12일 오전 9시 우리 측의 남북공동연락사무소 및 동·서해 지구 군 통신선 업무 개시 통화 시도에 답하지 않았다.

남북은 평소 공동연락사무소 채널로 매일 오전 9시 개시통화, 오후 5시 마감통화를 정기적으로 진행하고 있다. 군 당국은 군 통신선으로 매일 오전 9시 개시통화, 오후 4시 마감통화를 진행한다.

권영세 통일부 장관이 4월 6일 성명을 통해 북한의 무응답과 관련, "일방적이고 무책임한 태도에 대해 강한 유감을 표명한다"고 밝혔으나 북한은 반응을 보이지 않았다.

북한이 통화에 답하지 않는 이유는 확인되지 않았지만, 최근 진행된 한미 연합연습이나 ▪**북한인권보고서** 공개 발간 등에 대한 반발의 뜻으로 추정된다.

▪ **북한인권보고서 (北韓人權報告書)**

북한인권보고서는 북한의 전반적인 인권상황을 일반 국민들이 널리 알 수 있도록 지난 3월에 발간한 정부의 첫 공개 보고서다. 이번 보고서의 발간은 2016년 제정된 북한인권법에 따라 발간하는 정부의 첫 공개 보고서로서 북한인권 상황을 국내외로 알리고 실질적인 해법을 찾는 데 근본적인 목적을 두고 있다. 보고서는 북한이탈주민 508명이 경험한 1600여 개의 인권침해 사례를 실태 중심으로 제작했다.

북한 경비정 서해 NLL 침범, 군 경고사격에 돌아가

▲ 해군 참수리급 고속정

북한 경비정이 중국 어선을 쫓아 서해 **북방한계선**(NLL, Northern Limit Line : 남북 간 해양 경계선)을 침범했다가 우리 해군의 경고사격에 퇴각했

다. 4월 16일 군에 따르면 전날 오전 북한 경비정 1척이 서북 도서 인근 NLL을 침범했다. 북한 경비정은 먼저 NLL을 침범한 중국 어선을 추격한 것으로 알려졌다.

우리 해군 참수리급 고속정이 접근해서 북한 경비정에 경고 방송과 경고 통신을 했으나, 북한 경비정이 반응하지 않아 기관포로 경고사격 10발을 실시했다. 이에 북한 경비정은 NLL 이북으로 돌아갔다.

이 과정에서 해군 고속정이 중국 어선과 충돌하면서 타박상 등 부상자가 일부 발생해 군 병원으로 후송됐다. 군은 당시 NLL ▪**시정**이 100～200m 수준으로 불량한 상태에서 중국 어선을 쫓던 북한 경비정이 남하한 것으로 추정했다.

일각에서는 북한이 최근 잇따라 장거리 탄도미사일을 발사하는 등 도발을 감행한 것과 관련해 서해 NLL 일대의 우리 군 경계 태세를 떠보려는 것 아니냐는 관측도 나온다.

▪ **시정 (視程)**

시정은 대기의 혼탁한 정도를 육안으로 보이는 곳까지의 거리로 나타낸 것으로서 가시도, 시계라고도 한다. 일반적으로 시정은 낮에 수평 방향으로 먼 거리의 지물을 육안으로 식별할 수 있는 최대거리이고 야간에는 주간과 같은 밝은 상태를 가정했을 때에 목표물을 식별할 수 있는 최대거리가 시정이 된다.

안개·황사·강수·하층운 등은 시정에 장애를 유발하는 요인으로서 항공기의 이착륙이나 선박 운행에 영향을 준다. 기상 관측법에서 시정은 거리를 기준으로 하여 0～9(50m 이하～50km 이상)까지 10등급의 계급을 사용한다.

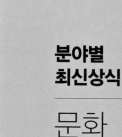

분야별
최신상식

문화
미디어

호암재단, 2023 삼성호암상 선정

■ **삼성호암상 (三星湖巖賞)**

삼성호암상은 학술·예술 및 사회발전과 인류복지 증진에 탁월한 업적을 이룬 한국인 또는 한국계 인사에게 시상하는 상이다. 1990년 고(故) 이건희 선대회장이 이병철 창업회장의 인재 제일과 사회공헌 정신을 기리기 위해 제정했다. 1991년부터 올해 33회까지 총 170명에게 325억원의 상금을 줬다. 삼성호암상은 과학상 물리·수학부문, 과학상 화학·생명과학부문, 공학상, 의학상, 예술상, 사회봉사상의 6개 부문과 특별상으로 이루어졌다.

피아니스트 조성진 최연소 수상

호암재단이 '2023 **■삼성호암상**' 수상자로 역대 최연소 수상자인 피아니스트 조성진(사진) 등 개인 5명과 단체 1곳을 선정했다고 밝혔다. **조성진은 1990년 호암상 제정 이래 최연소 수상자다.** 시상식은 6월 1일에 열리며 수상자는 메달과 상장, 상금 3억원을 받는다.

4월 5일 호암재단에 따르면 33회째인 올해 호암상 수상자는 ▲과학상 물리·수학부문 임지순(72) 포스텍 석학교수 ▲과학상 화학·생명과학부문 최경신(54) 미국 위스콘신대 교수 ▲공학상 선양국(62) 한양대 석좌교수 ▲의학상 마샤 헤이기스(49) 미국 하버드 의대 교수 ▲예술상 조성진 ▲사회봉사상 사단법인 글로벌케어 등이다.

예술상을 수상하게 된 **조성진 피아니스트**는 2015년 한국인 최초로 쇼팽 국제 피아노 콩쿠르 우승 후 2021년 모차르트 미발표곡 세계 초연자로 선정되는 등 젊은 나이에 국제 클래식 음악계에서 인정받는 거장 반열에 올랐다는 평가를 받는다. 호암재단 측은 "현대 국제 클래식 음악계의 젊은 거장"이라고 평했다.

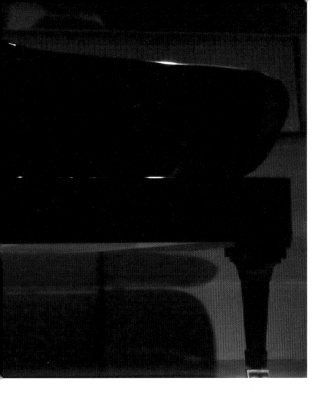

'2023 삼성호암상' 수상자 면면은

과학상 물리·수학부문 수상자 ▲임지순 포스텍 석학교수는 고체물질 형성에 필요한 총에너지를 정확히 계산하는 방법을 고안해 실험 없이도 고체의 구조와 성질을 밝혀내는 '계산재료물리학' 분야를 개척·발전시킨 세계적 이론물리학자다.

화학·생명과학부문상을 받는 ▲최경신 위스콘신대 교수는 빛을 이용해 물을 분해하는 광전기 반응에 필수적인 전극 물질과 촉매의 효율을 높이는 연구를 통해 친환경 수소 생산에 획기적인 발전을 가져온 에너지 과학 분야의 석학이다.

공학상을 수상한 ▲선양국 한양대 석좌교수는 리튬이온 전지의 양극재로 주로 쓰이는 니켈·코발트·망간 화합물에 농도구배형 구조를 세계 최초로 적용해 전지의 안정성과 수명을 획기적으로 개선했다는 평가를 받는다. 전지 및 첨단산업 혁신에 이바지해 'K배터리 신화의 주역'으로 불린다.

의학상 수상자인 ▲마샤 헤이기스 하버드 의대 교수는 세포 대사활동의 노폐물로 알려진 암모니아를 암 세포가 영양분으로 재활용함으로써 암 세포의 증식을 가속화한다는 사실을 세계 최초로 밝혀내 암 치료법 개발 가능성을 연 암 발생 및 암 대사학 분야 전문가다. 모친이 한국계라 수상 후보 자격을 얻었다.

사회봉사상은 1997년 설립된 국내 최초 국제 보건의료 **■비정부기구(NGO)**인 ▲사단법인 글로벌 케어가 수상했다. 글로벌 케어는 최근 우크라이나 전쟁을 비롯해 지난 26년 동안 18개국 재난 현장에 긴급 의료팀을 파견하고, 15개국에서 전염병 퇴치와 빈민 진료 활동을 벌였다. 2020년 대구지역 신종 코로나19 확산 위기 때는 의료진을 모아 파견하고 중환자실을 구축했다.

■ 비정부기구 (NGO, Non Governmental Organization)

비정부기구(NGO)는 정부기구 이외 순수한 비영리 시민단체를 총칭한다. NGO는 공동의 이해를 가진 사람들이 자발적으로 조직하여 인권·환경·보건 등 다양한 분야의 목적을 달성하기 위한 서비스와 인도주의적 기능을 수행한다.
NGO는 ▲입법 ▲사법 ▲행정 ▲언론에 이어 ▲제5부(제5권력)로 불리며, 정부(제1섹터)와 기업(제2섹터)에 대응하여 제3섹터라고도 한다. 대표적인 NGO로는 세계자연보호기금(WWF, World Wildlife Fund), 그린피스(Greenpeace), 국제사면위원회(AI, Amnesty International) 등이 있다.

POINT 세 줄 요약

❶ 호암재단이 2023 삼성호암상 수상자를 선정했다.
❷ 피아니스트 조성진이 역대 최연소 수상자가 됐다.
❸ 삼성호암상은 사회발전과 인류복지 증진에 탁월한 업적을 이룬 한국인 또는 한국계 인사에게 시상한다.

뻔뻔한 '동영상 도둑' 누누티비...
피해 규모 5조원

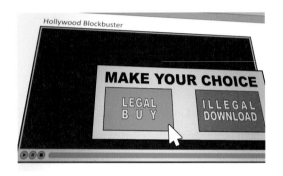

**불법 온라인 동영상 스트리밍(OTT) 사이트 '누누
티비'**가 경찰 수사로 일부 콘텐츠를 삭제했으나
여전히 서비스를 유지해 논란이 일고 있다. 구글
검색과 플레이스토어 등에선 누누티비와 유사한
사이트와 이를 연결해 주는 앱 등이 여전히 인기
를 누리고 있다.

2021년 개설된 누누티비는 도미니카공화국 등
해외에 서버를 두고 국내외 유료 OTT와 공중
파·종편 등의 신작이 나오면 실시간으로 사이트
에 공유해왔다. 콘텐츠를 무료로 제공하는 대신
온라인 도박 사이트 광고 등으로 불법 수익을 올
린다. 지난 2월 기준 업계가 추산하는 누누티비
의 활성 이용자 수는 1000만 명 이상으로, 넷플
릭스(1151만 명)의 국내 이용자 수와 비슷하다.

지상파와 종합편성채널 방송사·국내외영화
사·OTT 등으로 구성된 '영상저작권보호협의체'
에 따르면 누누티비로 인한 국내 콘텐츠 업계의
피해 규모는 조회수와 VOD(주문형 비디오) 구매
가격을 단순 계산해도 5조원 수준에 달한다.

해외 수출 판권 등을 고려하면 피해액은 더 커진
다. 불법 콘텐츠 대응 기구인 방송통신심의위원
회(방심위)가 인터넷주소(URL) 차단에 나섰지만
누누티브는 도메인을 변경하며 운영을 이어갔다.

논란이 일자 누누티비는 "국내 OTT 콘텐츠를 삭
제하겠다"고 밝혔다. 하지만 넷플릭스의 '더 글로
리', 디즈니플러스의 '카지노' 같은 해외 OTT 내
한국 드라마·예능에 대해선 여전히 불법 스트리
밍을 하며, 합법 OTT보다 더 많은 조회수를 올
리고 있다. 사실상 어떤 방식으로든 불법 비즈니
스 모델을 지속하겠다는 것이다.

누누티비가 국내 캐시서버를 둔 **■콘텐츠전송네
트워크(CDN)**를 우회하며 도메인 파악에 혼란
을 일으키자, 인터넷서비스사업자(ISP)뿐 아니라
CDN 사업자 등도 국내에 캐시서버를 설치할 경
우 접속차단을 위한 기술 조치를 의무화하는 '정
보통신망법 일부개정안'도 국회에서 발의됐다.

반면 김승주 고려대 정보보호학과 교수는 "CDN
사업자 대부분이 아마존 등의 해외 기업인데, 해
당 기업이 한국 정책에 얼마나 공조해 줄지에 대
해 실효성 이슈가 제기될 수 있다"면서 "미국 등
의 선진국처럼 저작권 침해에 대해 적정한 손해
배상을 하게 만드는 종합적인 접근이 필요하다"
고 주문했다.

■ 콘텐츠전송네트워크 (CDN, Contents Delivery Network)
콘텐츠전송네트워크(CDN)는 네티즌들에게 영화, 뮤직비디
오 등 대용량의 콘텐츠를 빠르고 안정적으로 전달하기 위해
등장한 서비스다. 이 서비스는 콘텐츠 전송속도의 저하를 막
고 불안정성 문제를 해결하기 위해 고안된 기술이다. CDN은
ISP(Internet Service Provider)의 네트워크 하단에 여러 대
의 캐시서버를 설치, CP(Contents Provider)가 제공하는 콘

텐츠를 이 캐시서버에 미리 옮겨놓고 수요가 있을 때 그 콘텐츠를 사용자에게 전달해준다. 즉 콘텐츠를 사용자 가까이에 미리 옮겨놓음으로써 전송속도를 향상시키는 것이다.

이집트 람세스 2세 신전서
양머리 미라 2000개 발굴

▲ 이집트 아비도스 람세스 2세 신전에서 발굴된 양 머리 미라

이집트 중부 나일강변 고대 도시 아비도스에서 ■**프톨레마이오스 왕조**(기원전 305년~기원전 30년) 것으로 추정되는 양 머리 미라 2000여 점이 발굴됐다.

3월 25일(현지시간) 이집트 관광유물부는 미국 뉴욕대 고고학 발굴팀이 아비도스에 있는 람세스 2세 신전 창고에서 양 머리 미라 2000여 점을 발굴했다고 밝혔다. 양을 비롯해 개, 야생 염소, 소, 가젤, 몽구스 머리 미라 등도 함께 발견됐다.

이 동물 머리 미라들은 람세스 2세(재위 기원전 1279년~기원전 1213년)에게 바치는 제물로 사용됐을 것으로 추정된다. 관광유물부는 이번 발굴을 통해 람세스 2세 숭배 의식이 사후 약 1000년이 지날 때까지 이어졌음을 추측할 수 있다고 전

했다. 이집트 신(新)왕국 제19왕조 제3대 파라오인 람세스 2세는 이집트 왕조 역사상 가장 강력했던 파라오로 꼽힌다.

발굴팀은 이 밖에 이집트 고(古)왕국 제6왕조(기원전 2345년~기원전 2181년) 때 지은 것으로 추정되는 두께 약 5m 벽을 가진 대형 궁전 구조물 및 동상, 파피루스, 가죽옷 같은 유물도 발굴했다. 발굴팀을 이끈 고고학자 사메 이스칸데르 박사는 "벽 구조물은 람세스 2세 신전이 축조되기 전 고대 아비도스 모습을 재구성하는 데 도움을 줄 수 있다"고 설명했다.

■ 프톨레마이오스 왕조 (Ptolemaeos dynasty)
프톨레마이오스 왕조는 기원전 305년부터 기원전 30년까지 이집트를 다스린 프톨레마이오스 왕국의 왕가를 말한다. 알렉산드로스 대왕의 부하 장군이자 부관 역할을 수행했던 마케도니아 왕국의 소마토필라케스 7명 중 한 명이었던 프톨레마이오스는 기원전 323년에 알렉산드로스가 죽은 후 이집트의 사트라프로 임명되었는데, 기원전 305년에 이르러 스스로 '프톨레마이오스 1세 소테르'로 칭하고 이집트의 통치자가 되었다. 이집트인들은 즉시 그를 독립 이집트 왕국의 파라오의 후계자로 인정하였고 그의 후손들이 기원전 30년 로마 공화정에 멸망할 때까지 275년간 이집트의 통치자로 군림했다.

'욕설 방송' 정윤정,
현대홈쇼핑서 영구 퇴출

현대홈쇼핑이 최근 생방송 중 욕설을 내뱉어 논란이 된 인기 쇼호스트 정윤정 씨에게 영구 퇴출 결정을 내렸다. **홈쇼핑 업계에서 특정 쇼호스트에게 방송 출연 금지를 결정한 것은 최초**다.

▲ 쇼호스트 정윤정 (정윤정 SNS 캡처)

4월 3일 **■홈쇼핑** 업계에 따르면 현대홈쇼핑은 이날 내부적으로 방송 심의 결과 정 씨에 대해 자사 홈쇼핑 방송에 대해 무기한 출연 금지 결정을 내렸다. 다만 중소 협력사의 안정적 판로 확보와 유지를 위해 정 씨를 게스트로 내세운 협력사와의 판매 방송은 유지하기로 했다.

지난 1월 28일 정 씨는 화장품 판매 방송에서 "뒤에 여행 방송은 일찍 못 받아요. 여행상품은요, 딱 정해진 시간만큼만 방송을 하거든요. 이 씨, 왜 또 여행이야, XX 나 놀러 가려고 그랬는데"라며 짜증을 내고 욕설까지 했다. 화장품이 매진됐지만 다음 편성이 여행 상품이라 방송을 조기 종료할 수 없다는 이유에서다.

제작진이 정정을 요구하자 정윤정은 부적절한 언어를 사용해서 죄송하지만 홈쇼핑도 예능처럼 봐주면 안 되겠냐고 답해 빈축을 샀다. 방송통신심의위원회 광고심의소위원회는 정 씨에 대해 '경고'와 '관계자 징계'를 의결했고, 현재 방심위 전체회의 의결만 남겨두고 있다.

다만 전체회의에서 제재가 확정되더라도 홈쇼핑 방송사만 제재를 받을 뿐 정 씨는 직접적인 제재 대상이 아니다. 일각에서는 판매 실적이 좋을 뿐

아니라 팬덤층이 두터운 정 씨가 현대홈쇼핑에는 출연을 하지 못하더라도 타 홈쇼핑 방송 출연은 이어나갈 수 있다고 예상했다.

■ 홈쇼핑 (home shopping)
홈쇼핑이란 가정에서 컴퓨터·전화 등으로 상품정보를 보고 물건을 구매하는 것이다. 상품소개와 판매에 관한 전문편성을 행하는 홈쇼핑 전문 채널에서 쇼호스트(쇼핑호스트)가 시청자에게 상품의 기능. 특성을 설명해 상품의 판매를 촉진한다. 상품소개와 판매에 관한 전문편성을 행하는 방송채널사용사업을 하려는 자는 방송법 제9조 5항에 따라 개국할 때 과학기술정보통신부장관의 승인을 받아야 한다.
우리나라에서는 1995년 8월 1일부터 케이블 TV의 홈 쇼핑 채널을 통한 홈쇼핑이 시작됐다. 현재 국내 TV홈쇼핑 회사로 CJ오쇼핑. GS홈쇼핑. NS홈쇼핑. 롯데홈쇼핑. 공영쇼핑. 현대홈쇼핑. 홈&쇼핑 등 7개가 있다.

국립발레단장 4연임 강수진 "세계로 날아오르는 K발레 만들 것"

▲ 강수진 국립발레단장의 2015년 은퇴 공연 당시 모습

국립예술단체장으로서는 처음으로 네 번째 연임에 성공한 **■강수진 국립발레단장**은 4월 5일 서울 서초구 국립예술단체 공연연습장에서 연 기자간담회에서 "국민과 호흡하며 세계로 날아오르는 K(한국)발레를 만들어가겠다"는 포부를 밝혔다.

이어 다소 급박하게 진행된 연임 결정 과정에 대해서는 아쉬움도 드러내면서도 여러 어려운 상황 속에서도 재임 기간 국립발레단이 세계적인 수준의 단체로 성장했다며 자부심도 드러냈다.

강 단장은 이날 용산구 문화체육관광부 서울사무소에서 박보균 문체부 장관으로부터 임명장을 받았다. 독일 슈투트가르트 발레단 수석무용수로 활동하던 2014년 처음 국립발레단장을 맡은 그는 2017년, 2020년에 이어 또다시 임기 3년의 단장에 임명되면서 2026년 초까지 국립발레단을 이끌게 됐다.

당초 강 단장은 세 번째 임기를 마지막으로 독일로 돌아가고자 하는 의지가 강했으나 막판에 마음을 돌린 것으로 전해졌다. 그는 많이 지쳐있었지만 발레단에 대한 애정이 많아 다시 힘을 내기로 했다고 설명했다.

그는 이번 간담회에서 앞으로의 발레단 운영 비전도 함께 공개했다. 먼저 **국립발레단 자체 개발 레퍼토리 '해적'을 유럽·북미 7개국에서 선보이는 투어를 추진**한다. 독일 비스바덴의 100년 전통의 축제인 5월 음악제에서 열리는 '해적' 초청 공연을 시작으로 2025년까지 스위스와 프랑스, 독일, 이탈리아, 북미 등에서 '해적'을 공연할 계획이다.

8월에는 **현존 최고의 안무가로 꼽히는 존 노이마이어**의 공연권 확보도 추진할 계획이라고 언급했다. 함부르크 발레단 단장 겸 예술감독으로 재직 중인 노이마이어는 무용수와 발레단의 역량을 직접 보고 영감을 받아야만 배역을 맡기는 것으로 유명하다.

■ **강수진 (姜秀珍, 1967~)**

강수진은 아시아인 최초로 세계 5대 발레단인 독일 슈투트가르트 발레단에 입단해 전 세계의 주목을 받은 이후 20여 년간 발레리나로 활동했다. 2014년 2월부터 대한민국 국립발레단 단장으로 재임하고 있다.

그는 1985년 스위스 로잔콩쿠르에서 아시아인 최초 1위 입상을 했으며 1986년 독일 슈투트가르트 발레단에 동양인 최초 단원으로 입단했다. 1994년 발레단의 솔리스트로 선발되었고, 1997년부터 수석 발레리나로 활동했으며 2016년 7월 현역에서 은퇴했다. 2014년 2월부터 대한민국 국립발레단 단장에 임명돼 네 번째 연임을 이어갔다. 1998년 문화관광부에서 선정한 '오늘의 젊은 예술가상'을 수상하였고 1999년 무용계의 최고 권위 시상식인 '브누아 드 라 당스(Benois de la Danse)'의 최고 여성무용수로 선정됐다. 같은 해 10월 대한민국 보관문화훈장을 받았다.

'2023 순천만국제정원박람회' 흥행 고공행진

▲ 순천만국제정원박람회 조감도 (공식 홈페이지 캡처)

윤석열 대통령 부부가 개막식에 참석해 전국적 관심을 끈 '2023 순천만국제정원박람회'가 관광객들이 몰리면서 흥행했다. 4월 8일 하루에만 18만 명이 찾는 등 개장 8일 동안 70만 명이 방문했다. 4월 1일 막을 올린 2023 정원박람회는 개장 일주일 만에 50만 명이 넘는 등 10년 전 개최한 2013 정원박람회보다 관광객이 2배 이상 늘었다. 2013 정원박람회는 24만4922명이 2023 정원박람회는 52만7856명이 찾았다.

노관규 순천시장이 야심차게 추진한 도심 속 잔디 광장 등 주요 콘텐츠는 가장 북적이는 장소로 급부상했다. 도심에 새롭게 피어난 대규모 사계절 잔디광장인 '오천그린광장'과 '그린아일랜드', 화려한 화훼연출이 돋보이는 '경관정원'은 순천 시민들까지 발길이 이어졌다. 이들 장소는 입장권이 필요 없는 박람회장 무료권역으로 매일 1만 명 이상 몰려들 정도로 구경을 가지 않고는 못 배길 만큼 인기몰이를 하고 있다.

그린아일랜드가 **순천만**과 국가정원, 도심정원을 연결한 파급 효과는 컸다. 순천만국제정원박람회가 개막 9일 만에 관람객 90만 명을 돌파하는 데 큰 역할을 했다는 평가가 나온다. 올해 새로 조성한 그린아일랜드와 오천그린광장은 박람회장과 달리 무료입장이 가능하다.

노 시장은 "박람회 완성도에 있어서 유럽이나 선진국에 비해서도 뒤지지 않게 준비 했다"며 "이번 박람회는 1조5000억원 이상의 경제적 효과를 창출할 것으로 기대하고 있다"고 말했다. 코로나19 유행 후 국내 최대 규모로 진행되는 국제정원박람회는 오는 10월 31일까지 열린다. **'정원에 삽니다'라는 주제로 열리는 이번 박람회는 2023년 정부가 공인한 유일한 국제행사다.**

■ 순천만 (順天灣)
순천만은 전라남도 순천시지역에 있는 만으로 여수시,고흥군의 여자만(汝自灣)에 포함된다. 순천시 지역의 만으로, 여자만에 발달한 대표적 연안습지다. 갯벌에 펼쳐지는 갈대밭과 칠면초 군락. S자형 수로 등이 어우러져 다양한 해안생태경관을 보여주는 경승지이다. 2008년 순천만 일대가 국가지정문

화재 명승 제41호로 지정되었다. 순천만은 원형에 가까운 만으로 그 크기는 남북직경 약 30km, 동서 22km이다. 주요 지형은 갯벌, 염생습지, 구하도, 자연제방, 하천지형(범람원, 배후습지) 등을 들 수 있다. 순천만의 안과 입구에는 많은 작은 섬들이 있으며 동천하구의 동쪽 해안 지역은 해식애를 이루고 있고, 서쪽 해안 일대는 뻘질 간석지로 나타나는데 현재는 방조제를 만들어 간척하였다. 순천만의 토양은 표토는 암회갈색의 사양토가, 기층에는 뻘질의 점토성분이 많아 배수가 불량한 편이라 홍수 등 재해대책에 어려움이 있다.

해외 실사단 맞이 '엑스포 위크' 돌입...부산 매력 뽐낸다

부산시는 국제박람회기구(BIE, Bureau International des Expositions) 현지 실사단이 2030 **세계박람회**(엑스포) 개최 후보지 부산을 실사하기 위해 4월 2부터 4월 7일까지 5박 6일 일정으로 서울과 부산에서 방한일정을 수행한다고 밝혔다.

실사단은 독일 출신 BIE 행정예산위원장인 파트릭 슈페히트 단장을 비롯하여 총 8명으로 구성됐다. BIE는 총회(최고의사결정기구), 4개 위원회(집행위·행정예산위 등), 사무국으로 구성됐다.

현지실사는 유치 후보국의 필수 의무 사항으로 실사단은 이번 방한을 통해 우리나라의 유치역량 및 준비 정도 등을 평가하고 5월까지 실사 보고서를 작성하게 된다. 실사보고서는 올해 11월 말 예정되어 있는 2030세계박람회 주최국 투표를 위한 기초자료로 활용될 예정이다.

2030년 세계박람회 개최지 결정은 이번 현지실사를 거쳐 6월 말 172차 BIE 총회에서 이루어질

4차 경쟁 프리젠테이션, 11월 말 173차 총회에서 171개 BIE 회원국 투표로 결정된다. **현재 우리나라를 비롯해 사우디, 이탈리아, 우크라이나가 2030세계박람회 자국 유치를 위해 경쟁 중이다.**

■ 세계박람회 (世界博覽會)

세계박람회란 19C 중반부터 열리고 있는 국제적인 규모와 체제를 갖추어 개최되는 세계 최대 공공 박람회로, 흔히 엑스포(EXPO)라고 한다. 국제박람회기구(BIE, Bureau International des Expositions)가 공인하는 엑스포 중에서 가장 규모가 크며, 올림픽, 월드컵과 더불어 3대 대규모 국제행사 중 하나로 평가받는다.

1851년 영국 런던에서 근대적 최초의 세계박람회인 만국박람회가 열렸다. 이후 1928년 국제박람회기구(BIE)가 설립되면서 체계를 갖춘 세계박람회가 개최되기 시작했고 증기기관, 기관차, 전화기, 전구, 축음기, 자동차, TV 등 현대 인간문명에 획을 그은 발명품들이 끊임없이 배출되어 왔다.

세계박람회는 인간과 관련된 모든 것들에 대해 다루는 등록박람회(Registered Expositions)와 보다 제한되고 분명한 주제를 가진 인정 박람회(Recognized Expositions)로 나뉜다. 우리나라는 1993년 개발도상국으로는 최초로 BIE의 공인을 받고 대전엑스포를 개최했고 19년 만인 2012년 전남 여수에서 두 번째 인정 박람회가 개최됐다.

국토교통부가 2025년 개관 예정인 국립도시건축박물관의 소장품을 4월 5일 최초로 공개했다. **■ 국립도시건축박물관은 세종특별자치시 국립박물관단지 내 건립되는 5개 박물관 중 하나로, 도시와 건축을 기본 테마로 하는 지상 3층~지하 2층, 연면적 22,155m2 규모로 추진되고 있다.**

국토교통부는 2022년부터 국립도시건축박물관 전시공간의 기획설계와 병행하여 박물관의 전시와 아카이빙을 위한 소장품 확보를 본격 추진해 왔다. 소장품 확보는 유관기관과의 유기적 공조와 각계 전문가 참여 속에서 공개구매, 경매 및 제작 등 다양한 방식으로 이뤄지고 있다.

현재까지 도서, 잡지, 엽서, 지도 및 모형 등 건축과 도시와 관련된 다양한 유형의 소장품 약 500점이 확보되었다. 소장품 중에서는 도서유형이 전체의 약 40%로(173점) 가장 많고, 구매단가는 5만원 미만부터 수천만원까지 폭넓게 분포하고 있다.

■ 국립도시건축박물관 (國立都市建築博物館)

국립도시건축박물관은 2025년 개관을 목표로 세종시 국립박물관 단지 내에 조성 중인 국내 최초의 도시건축 전문 박물관이다. 우리나라 도시·건축 유산의 자료보전, 전시, 교육 및 연구를 위한 거점시설로 지어진다. 국내 최초의 도시·건축분야 전문박물관인 만큼 국토부는 지난 2022년부터 박물관 자료의 공개구매를 진행해 오고 있다.

국립도시건축박물관은 세종시 국립박물관단지 내 5개 박물관 중 가장 규모가 크고 박물관단지를 대표하는 상징적인 프로젝트가 될 것으로 기대된다.

국립도시건축박물관 소장품 공개...도서 등 500여 점

▲ 세종시 국립도시건축박물관 조감도 (자료 : 행정중심복합도시건설청)

분야별
최신상식

과학
IT

2023 서울모빌리티쇼 성황리에 폐막...
열흘간 51만 명 찾아

■ 로보틱스 (Robotics)

로보틱스란 로봇에 관한 과학
이자 기술학으로, 컴퓨터 과학
과 공학 등 여러 학문의 접점
(interface)이자 학제 간의 연구
영역이다. 로봇공학자는 로봇을
설계, 제조하고 응용 분야를 다
루는 일을 한다. 최근 로보틱스
에서는 의료 로봇이나 생활 로
봇, 탐험 로봇, 구조 로봇 등이
주목받고 있다.

모빌리티 산업 전반으로 저변 확대

자동차를 넘어 ■로보틱스, ■도심항공모빌리티(UAM) 등으로 영역을 확장해
열린 국내 최대 규모의 모빌리티 산업 전시회 '2023 서울모빌리티쇼(사진)'
가 열흘간(3월 31일~4월 9일) 약 51만 명이 방문한 가운데 성황리에 막을
내렸다. 세계 최대 가전·IT전시회인 미국 CES를 넘볼만한 본격적인 융·복
합 전시회로의 성장 가능성을 보여준 전시회였다는 것이 업계 관계자들의
평가다.

경기도 고양시 킨텍스 제1전시장에 열린 '2023 서울모빌리티쇼'는 올해 하
드웨어, 소프트웨어, 서비스 총 3가지 부문에서 2021년 대비 약 60% 이상
증가한 전 세계 12개국 163개 기업·기관이 참가했으며, 전시 규모도 2배
이상 늘었다. 총 열흘간 누적 관람객 수도 51만여 명으로 2배 이상 증가하
는 등 양적인 면에서도 많은 성장이 있었다.

항공 모빌리티 특별관 최초 마련

이번 서울모빌리티쇼에는 ▲기아 ▲르노코리아자동차 ▲메르세데스−벤
츠 ▲미니 ▲비엠더블유 ▲알파모터 ▲제네시스 ▲차봇모터스(이네오스) ▲KG

모빌리티 ▲테슬라 ▲포르쉐 ▲현대자동차 등 12개 완성차 브랜드가 참여해 월드 프리미어 8종, 아시아 프리미어 4종, 코리아 프리미어 9종 등 신차 21종과 콘셉트카 10종을 포함해 약 90여 종의 차량을 전시했다.

또한 로보틱스, UAM, PAV 등 미래 모빌리티를 선보이는 뉴모빌리티 분야에서도 ▲고스트로보틱스테크놀로지 ▲에스케이텔레콤 ▲브이스페이스 등 9개사가 참가했다. 조직위는 항공우주산학융합원(원장 유창경)과의 협업을 통해 항공 모빌리티 특별관을 최초로 마련했다.

이외에도 현대자동차는 로보틱스 시연 공간인 '모빌리티 하우스'를 별도로 마련하고, ▲전기차 자동 충전 로봇 ▲배송 로봇 ▲퍼스널 모빌리티 ▲MobED(모베드) ▲SPOT(스팟) 등을 전시했다. 테슬라는 휴머노이드 로봇인 '테슬라봇' 등을 출품하는 등 완성차 업체들도 전시 품목을 다양한 분야로 확장하는 노력을 보였다.

정의선 회장, 로보틱스에 관심 보여

정의선 현대차그룹 회장은 4월 4일 오전 서울모빌리티쇼 전시장을 방문했다. 정 회장은 테슬라 부스에서는 휴머노이드 로봇 '테슬라봇' 모형에 관심을 표했다. 정 회장은 테슬라봇을 보고 현대차 임원에게 모형인지 물어봤고, 현대차 임원은 "아직 다이내믹한 동작을 하기에는 한계가 있는 것으로 안다"고 설명했다.

정 회장은 전시장 출구로 향하다 로봇 기업 고스트로보틱스 부스에서 발걸음을 멈췄다. 고스트로보틱스 부스에는 **현대차그룹이 인수한 미국 로봇 제조사 보스턴 다이내믹스의 4족 보행 로봇 '스팟'과 비슷하게 생긴 '비전 60'**이 전시돼 있었다. 정 회장은 비전 60이 움직이고 구르는 모습을 유심히 살펴보고, 고스트로보틱스 관계자로부터 성능 설명을 들었다.

■ **도심항공모빌리티 (UAM, Urban Air Mobility)**
도심항공모빌리티(UAM)는 도심의 혼잡한 교통 정체로 인한 이동 효율성 저하, 물류 운송 비용 등 사회적 비용 급증 등을 해결하기 위해 도심에서의 이동 효율성을 극대화한 수직이착륙(VTOL)이 가능한 개인 항공기(PAV) 등의 차세대 모빌리티 솔루션이다. 세계 UAM 시장은 2018년 16억달러 규모로 추산되었으며 2030년까지 409억달러 규모로 연평균 31% 성장할 것으로 본다. 초기의 기체개발 및 터미널(vertiport·버티포트) 구축 등에 대규모 비용 소요로 최초 흑자 전환은 사업 착수 후 10년 내외가 소요될 것으로 추정된다.

POINT 세 줄 요약

❶ 2023 서울모빌리티쇼가 성황리에 폐막했다.

❷ 이번 서울 모빌리티쇼는 로보틱스, UAM 등으로 영역을 확장했다.

❸ 서울모빌리티쇼를 방문한 정의선 현대차그룹 회장은 로보틱스에 관심을 보였다.

KT, 양자 인터넷 기술 국제표준화 주도한다

▲ 스위스 제네바에서 열린 ITU-T SG 13 회의 모습 (자료 : KT)

KT가 제안한 양자 인터넷 기술이 국제표준화 과제로 승인됐다. 이를 통해 **KT는 양자 인터넷 기술 개발을 주도할 방침**이다. KT는 3월 27일 지난 13일부터 24일(현지시간)까지 열린 국제전기통신연합 전기통신표준화 부문(ITU-T) 연구 그룹 13(SG 13) 회의에서 제안한 양자 인터넷 기술이 표준화 과제로 승인됐다고 밝혔다.

ITU-T는 국제연합(UN) 산하 정보통신기술 국제기구인 국제전기통신연합(ITU)의 표준화 수행 기관이다. **KT는 현재 국내 통신사 중에서는 유일하게 ITU 의장단에 진출**했다. 양자인터넷은 양자 특성을 이용한 차세대 인터넷 기술로, 높은 수준의 보안 기능을 갖춘 점이 특징이다. 양자 컴퓨터와 양자 센서, 양자 암호 장비를 양자 네트워크 형태로 연결한다.

ITU-T SG 13은 KT 주도로 ▲양자 기기 간 네트워크를 구성하는 신규 표준화 주제 ▲양자 네트워크를 활용한 **＂양자 컴퓨터** 간 연동으로 양자 컴퓨터의 용량을 확장하는 기술 ▲양자 네트워크를 활용한 양자 센서 간 연동으로 측정 정밀성을 강화하는 기술 등을 개발할 예정이다.

이와 함께 KT가 제안한 양자암호통신(QKD)과 양자내성암호(PQC) 간 융합 기술도 표준화 과제로 신규 채택됐다. 이종식 KT 융합기술원 인프라DX연구소장(상무)은 "KT는 국내 최초로 상용 인터넷 서비스를 시작했던 통신 인프라 분야의 기술력을 바탕으로, 양자 인터넷 서비스 상용화에도 기여할 수 있도록 양자 기술의 연구개발에 집중하겠다"고 말했다.

▪ 양자 컴퓨터 (quantum computer)

양자 컴퓨터는 양자역학 원리에 따라 병렬 처리가 가능한 미래형 컴퓨터로, 컴퓨터 계산력을 폭증시키고 확대하는 게 특징이다. 고전 컴퓨터가 해결하지 못하는 문제를 풀 수 있는 잠재력이 있는 것으로 평가된다. 양자 컴퓨터는 비트 데이터 0과 1을 동시에 처리할 수 있다. 단위는 비트(bit)가 아닌 큐비트(qubit)다. 에너지, 화학공학, 재료과학, 신약 개발 등 여러 산업을 혁신하고 정보보호를 강화할 것으로 기대된다.

삼성전자 25년 만에 '반도체 감산' 공식 인정

반도체 불황에도 무감산 기조를 이어왔던 삼성전자가 25년 만에 처음으로 감산을 공식 인정했다. 업계에선 SK하이닉스, 마이크론에 이어 삼성전자까지 감산에 나서면서 메모리 업황이 전반적으로 개선돼 하반기부턴 실적 상향을 기대할 수 있다는 관측이 나온다. **감산 효과가 본격적으로 나타나면 메모리 가격이 바닥을 찍고 반등할 것으로 기대**되기 때문이다.

4월 7일 삼성전자가 올해 1분기 잠정 실적을 전년 대비 95.8% 감소한 6000억원으로 발표했지만, 시장 반응은 오히려 긍정적이다. 4월 9일 증권사들은 지난 7일 6만5000원에 마감한 삼성전자 주가를 8만원대로 상향하며 업황 개선 예측을 쏟아냈다.

2022년 4분기 글로벌 **D램** 시장에서 45.1% 점유율(시장조사업체 트렌드포스 기준)을 차지하며 세계 1위를 수성해온 삼성전자가 감산에 돌입하면, 시장 내 D램·**낸드플래시 메모리** 등 메모리 반도체 공급량이 줄어들면서 가격은 반등할 것이라는 기대감이 형성된 것이다. 트렌드포스 집계에 따르면 1분기 D램 평균판매가격(ASP)은 전 분기 대비 20%, 낸드는 10~15% 하락한 상태다.

증권가에선 SK하이닉스, 마이크론 등 메모리 반도체 경쟁사들도 삼성전자의 감산을 환영할 것이라는 관측도 잇따랐다. 실제 삼성전자가 1분기 잠정 실적을 발표한 4월 7일 SK하이닉스의 주가는 6.32% 상승한 8만9100원에 장을 마감했다.

삼성전자가 감산을 공식 인정한 것은 1998년 국제통화기금(IMF) 외환위기 사태 이후 처음이다. 이미 진행 중인 설비 재배치 등 생산라인 최적화와 미세공정 전환 등 '기술적 감산' 외에도 "의미

있는 수준까지 메모리 생산량을 하향 조정"하는 인위적 감산에 나선 것이다.

일각에선 삼성전자의 감산은 곧 자신감이라는 해석도 나온다. SK하이닉스, 마이크론이 감산할 때 '버티기' 전략을 고수하면서 이미 경쟁사와 어느 정도 글로벌 시장 점유율 격차를 벌려놨다는 분석이다. 그간 삼성전자가 자신했던 '기술 격차'가 크게 좁혀진 상황에서 세계 1위 수성 전략은 경쟁사 대비 여유로운 자금 사정을 무기로 무감산 기조를 유지해 시장 지배력을 키우는 것이 가장 효과적일 수 있다.

▪ D램 (DRAM)

D램은 반도체 기억소자의 일종이다. 일정 주기마다 동작하지 않으면 기억된 정보가 지워지는 것이 특징이다. 이러한 D램과 달리 S램은 전원 공급이 지속되는 한 기억이 유지된다. D램은 주로 대용량 기억장치로 장착되고 S램은 소형 시스템에 쓰인다. 전원이 꺼지면 저장된 자료가 사라지는 D램이나 S램과 달리 낸드플래시메모리는 전원이 없는 상태에서도 데이터가 계속 저장된다.

▪ 낸드플래시 메모리 (nand flash memory)

낸드플래시 메모리란 전원이 꺼지면 저장된 자료가 사라지는 D램이나 S램과 달리 전원이 없는 상태에서도 데이터가 계속 저장되는 플래시 메모리이다. 플래시 메모리는 칩을 연결하는 방식에 따라 낸드형과 노어형으로 나뉘는데. 낸드형은 노어형에 비해 제조단가가 싸고 용량이 커 디지털카메라에, 노어형은 속도가 빨라 휴대전화에 많이 쓰인다.

'피 한 방울로 6대암 진단' 기술 국내개발…"정확도 97%"

국내 연구진이 혈액 속 '**엑소좀**'(세포 간 정보교환·신호전달 메신저), 빛 알갱이가 물질을 통과

할 때 나타나는 고유한 스펙트럼으로 암을 빠르고 정확히 진단할 수 있는 '라만신호'(분자 지문 신호), 인공지능(AI) 분석 기술을 결합해 피 한 방울로 폐암·췌장암·유방암·대장암·위암·간암 등 암 6종을 97%의 정확도로 동시에 조기진단할 수 있는 기술을 개발했다.

고려대 바이오의공학부 최연호 교수·고려대 구로병원 심장혈관흉부외과 김현구 교수·주식회사 엑소퍼트 공동 연구팀은 암종마다 별도로 엑소좀을 검출할 필요 없이 종합적인 엑소좀의 패턴 변화를 나노 기술과 인공지능 기술로 분석해 한 번의 테스트만으로 6종 암에 대한 정보를 한번에 획득할 수 있는 기술을 개발했다고 3월 28일 밝혔다.

세포들은 엑소좀이라는 입자를 이용해 서로 정보를 주고 받는다. 엑소좀은 세포의 종류 혹은 상태(정상 혹은 질병)에 따라 다른 메시지를 포함하고 있어 혈액으로부터 엑소좀을 분리한 후 메시지를 잘 읽어낸다면 원래의 세포 더 나아가 그 세포를 가지고 있는 사람이 특정 질병이 있는지 없는지 비교적 쉽게, 조기에 알아낼 수 있다.

연구팀은 혈액으로부터 엑소좀을 분리하고, 표면증강라만분광학 바이오센싱 기술을 통해 엑소좀

의 분자구조 패턴을 대변할 수 있는 2만 개 이상의 라만신호 데이터를 확보했다.

연구팀은 이 데이터를 기반으로 6종의 암을 동시에 식별할 수 있는 인공지능 알고리즘을 구현했고 알고리즘 학습에 이용하지 않은 520명의 정상인과 암 환자의 엑소좀 정보를 분석했다. 그 결과 연구팀은 폐암, 췌장암, 유방암, 대장암, 위암, 간암에 대해서 97%의 정확도로 암의 존재를 감지할 수 있었고, 90%의 민감도(암이 있는 사람을 잘 찾아내는 정도)와 94%의 특이도(정상인 경우를 잘 찾아내는 정도)를 달성했다.

또 이 기술은 암의 존재뿐 아니라 평균 90% 이상의 정확도로 암의 종류까지 식별해낼 수 있었다. 특히, 2기 이하의 초기 암에서도 88%의 진단 민감도를 나타냈고, 76%의 환자에서 암종 정보를 정확히 판별해내 암 조기 진단을 위한 액체생검 기술로서의 가능성을 보였다.

최 교수는 "이번 연구로 최근 암 진단 분야 화두인 '다중암 조기 발견'이 가능해질 수 있다"며 "아직 암이 발견되지 않은 초기 암 환자를 더 빨리 치료 단계로 유도해 사망률뿐 아니라 암 관리 비용도 크게 낮출 수 있을 것으로 기대한다"고 말했다.

■ **엑소좀 (Exosome)**

엑소좀이란 세포가 분비하는 지름 50~200나노미터 크기의 물질이다. 혈액, 소변, 침, 모유, 뇌척수액 등에 있다. 단백질, 지방, 리보핵산(RNA) 등 특정 세포의 정보를 다른 세포에 전달하는 역할을 한다.
처음에는 세포 대사과정에서 나오는 '찌꺼기'로 알았지만, 이후 세포 속을 드나들며 신호를 전달하는 '우체부' 역할을 한다는 사실이 밝혀졌다. 엑소좀은 몸에서 생성된 물질인 만큼

거부반응을 일으킬 가능성이 적어 엑소좀에 태울 약물만 바꾸면 암이나 감염성질환 치료제로 변신시킬 수도 있다. 때문에 많은 바이오 업계가 엑소좀을 활용한 치료제 개발에 속도를 내고 있다.

생수 속 리튬 과다 섭취하면 자폐아 출산 가능성↑

마시는 물에 섞여있는 리튬 농도가 높으면 높을수록 **◾자폐스펙트럼장애(ASD)**를 가진 자녀를 출산할 가능성이 커질 수 있다는 연구 결과가 나왔다. ASD는 사회성을 관장하는 뇌 발달에 다수의 유전자 변이가 복합적으로 작용해 생기는 질환이다.

토양과 암석에 존재하는 알칼리 금속인 리튬은 지하수에 자연적으로 흘러들어갈 수 있다. 다만 최근 전자기기와 전기차 배터리에 쓰이는 리튬이온 폐기물이 제대로 처리되지 않아 수돗물 속 리튬 농도가 예전보다 높아지고 있어 각별한 주의가 필요하다.

4월 5일 미국의학협회저널 소아과(JAMA Pediatrics)에 따르면 로스앤젤레스에 위치한 캘리포니아대학교 의과대학 신경과 전문의 베이트 리츠

박사 연구팀은 임신 중에 리튬을 함유한 물을 과도하게 마실 경우 자폐아 출산 위험이 높아질 수 있다는 연구 결과를 발표했다.

우선 연구팀은 2000~2013년 덴마크에서 출생해 ASD 진단을 받은 아이들 8842명과 ASD가 없는 아이들 4만3864명(대조군)을 대상으로 선정했다. 이후 아이들의 거주지를 추적했고, 출생 전 9개월과 출생 후 9개월간 인근지역 수돗물의 리튬 함량을 비교 분석했다. 그 결과 리튬 농도가 가장 높은 지역에서 태어난 아이들이 ASD를 앓을 확률은 가장 낮은 지역에서 태어난 아이들보다 46% 높은 것으로 나타났다.

연구팀은 산모의 나이, 임신 중 흡연 여부 등 다른 요인들을 통제한 상황에서도 리튬이 자폐증 위험에 영향을 미친다는 사실을 밝혀냈다. ASD뿐 아니라 아스퍼거 증후군 등 비슷한 유형의 질환이 발생할 확률도 리튬과 관련이 있는 것으로 나타났다.

연구팀에 따르면 **리튬은 임신 중 태아와 출생 초기 신생아의 신경 발달을 저해할 수 있다.** 앞서 진행한 동물실험에선 리튬이 뇌 발달에 중요한 역할을 하는 윈트신호 전달경로(WNT signaling pathway)에 영향을 미친다는 사실을 밝힌 바 있다.

다만 일각에선 임신 중 정신장애 치료를 위한 리튬 복용이 자폐아 출산과 큰 연관이 없다는 점을 들어 추가 연구가 필요하다고 주장한다.

◾ **자폐스펙트럼장애 (ASD, Autism Spectrum Disorders)**
자폐스펙트럼장애는 자폐 장애를 비롯하여 자폐증의 진단기준은 충족하지 않으나 전체 또는 일부 특징이 비슷한 여러 증

후군을 모은 개념이다. 사회생활의 문제와 제한적인 관심사 등을 공통적인 특징으로 하며, 대표적인 예시로 아스퍼거 증후군, 서번트 증후군 등을 포함한다.

DSM-5(미국 정신질환 진단 및 통계 매뉴얼)에서는 아스퍼거 증후군, 상세불명의 전반적 발달장애, 아동기 붕괴성 장애 등을 묶어 자폐 스펙트럼으로 분류하였다. 이들은 다른 사회성 장애들과 함께 전반적 발달 장애를 구성한다. 장애인복지법에서는 자폐성 장애를 장애로 인정하므로, 자폐 스펙트럼 장애도 자폐성 장애인으로 장애등록이 가능하다.

전체 인구의 1% 정도가 자폐 스펙트럼에 속하는 것으로 추정되며, 남성의 경우가 여성보다 4배 이상 흔하다. 자폐 권리 운동에서는 자폐 스펙트럼을 신경다양성의 개념으로 설명하며 치료해야 할 장애라기보다는 성격적인 특징으로 볼 것을 주장하기도 한다.

수십억 규모 '블록체인' 공공 사업 추진된다

그동안 수억원대에 그쳤던 공공 분야 블록체인 시범 사업 규모가 수십억원 규모로 커진다. 4월 5일 열린 '블록체인 밋업' 컨퍼런스에서 기조연설을 맡은 박상환 한국인터넷진흥원(KISA) 블록체인산업단장은 '블록체인 주요 정책 성과 및 향후 계획'을 주제로 발표하면서 이런 계획을 소개했다.

각국에서 블록체인 산업 육성 정책을 추진 중인 가운데 우리나라도 지난 2018년부터 2년 주기로 정부 전략을 수립해왔다. 기술 발전 및 확산에 초점을 맞춘 시기를 지나 작년엔 산업 진흥 목적의 전략을 발표했다. **이런 과정에서 블록체인 기술을 활용한 선거관리위원회 온라인 투표 시스템, 기부 플랫폼, 군 장병 전자지갑 등의 서비스 개발**이 이뤄지기도 했다.

블록체인 프로젝트 발굴을 맡고 있는 KISA는 공공기관 대상으로 수요조사를 실시해 집중사업 과제로 ▲블록체인 기반 온라인 투표 시스템 ▲**■디지털 배지**를 선정했다. 온라인 투표 시스템은 시·도 단위의 대규모 선거도 수용 가능한 시스템으로 구축된다. 주민 1000만 명 투표를 지원하는 것을 목표로, 인프라를 구축하고 선거인 명부 시스템을 고도화할 계획이다.

현 정부 국정과제이기도 한 디지털 배지는 1800만 명가량이 사용하는 국가자격증 정보를 분산 ID(DID) 기술로 디지털화하는 사업이다. 온·오프라인 환경에서 해당 정보에 대한 진위 확인을 할 수 있게 될 뿐 아니라 발급 및 제출도 가능해질 전망이다. 확산사업은 ▲주민등록증 모바일 확인 ▲전자공증 ▲드론 운항정보 서비스 ▲공무원 연금수급권 확인 시스템을 계획 중이다.

민간 분야에선 집중사업 1개, 확산사업 5개가 추진된다. 집중사업으로는 배터리 잔존 수명 인증 서비스가 채택됐다. 정부는 새로운 산업 육성 정책으로 블록체인 서비스를 쉽게 개발, 운영할 수 있게 하는 신뢰 프레임워크 'K-BTF'(Korea-Blockchain Trust Framework)를 마련한다. 장기적으로 이 프레임워크를 충족하는 민간 서비스의 경우 공공에도 도입할 수 있도록 법제도 개선한다는 계획이다.

■ 디지털 배지 (digital badge)

디지털 배지(디지털 교육 인증제)란 어떤 정보기술(IT) 교육 프로그램을 이수했는지 한눈에 볼 수 있게 하는 일종의 인증서다. 개인은 어떤 IT 직무교육을 수강할 때 어느 정도 숙련도를 갖출 수 있는지 알 수 있게 되고, 기업 입장에서는 채용하려는 인재의 현재 IT 실력을 객관적으로 판단할 수 있다. 윤석열 대통령은 디지털 인재 100만 명을 양성하기 위해 디지털 배지를 도입하겠다고 밝혔다. 양적 목표에 집착하지 않고 질적인 측면에서 산업에 필요한 제대로 된 IT 인재 육성을 위해 디지털 배지를 적용한다.

엔씨소프트, "아키 워, 리니지2M 표절" 카카오겜·엑스엘 상대 소송

▲ 아키에이지워 (자료 : 카카오게임즈)

엔씨소프트가 모방 의혹이 제기된 '아키에이지 워'에 칼을 빼들었다. 국내 **다중접속역할수행게임(MMORPG)** 시장에 이른바 '리니지 라이크(리니지와 비슷한)'류 게임이 범람하는 가운데서도 콘텐츠와 시스템 모방의 수위가 선을 넘었다는 판단이다. 소송 향배가 게임 관련 저작권 분쟁에 있어 주요 판례로 작용할 전망이다.

엔씨소프트는 4월 5일 서울중앙지방법원에 카카오게임즈와 엑스엘게임즈를 상대로 저작권 침해 및 부정경쟁행위에 대한 소장(민사)을 접수했다고 밝혔다. 소송대리인으로는 김앤장 법률사무소를 선임했다.

2023년 3월 21일 출시된 아키에이지 워는 엑스엘게임즈에서 개발했다. 카카오게임즈가 유통을 맡아 서비스 중이다. 엔씨소프트는 아키에이지 워에서 리니지2M 콘텐츠와 시스템을 다수 모방한 사실을 확인했다고 설명했다.

엔씨소프트는 "아키에이지 워가 장르적 유사성을 벗어나 엔씨소프트의 **지식재산권(IP)**을 무단 도용하고 표절한 것으로 판단했다"며 "다수의 언론 보도와 게임 이용자, 게임 인플루언서가 문제의 심각성을 지적하고 있다"고 강조했다.

엔씨소프트는 앞서 2021년에도 MMORPG 'R2M'이 리니지M을 모방했다며 웹젠을 상대로 저작권 소송을 제기했다. 당시 R2M과 리니지M의 유저인터페이스(UI) 배치, 퀘스트 수행 구조, 과금 시스템 구조가 상당 부분 유사하다는 지적이 이용자 사이에서도 줄곧 제기됐었다. 현재 해당 소송은 진행 중이다.

■ **다중접속역할수행게임 (MMORPG, Massive Multiplayer Online Role Playing Game)**

다중접속역할수행게임(MMORPG)은 '대규모 다중사용자 온라인 롤플레잉 게임'으로서 온라인으로 연결된 플레이어들이 동시에 즐길 수 있는 게임을 말한다. MMORPG는 RPG게임의 특징인 캐릭터의 성장과 직업을 통한 역할 수행을 기반으로 가상 세계에서 다른 사람들과 의사소통을 할 수 있는 것이 특징이다. 사용자가 장시간 게임을 할수록 캐릭터의 능력치나 아이템이 강해지도록 설정돼 있어 게임중독을 유발한다는 지적을 받기도 한다.

■ **지식재산권 (IP, Intellectual Property)**

지식재산권(IP)이란 발명·상표·디자인 등의 산업재산권과 문학·음악·미술 작품 등에 관한 저작권의 총칭이다. 인간의 지적 창작물을 보호하는 무체(無體)의 재산권으로서 산업재산권과 저작권으로 크게 분류된다. 산업재산권은 특허청의 심사를 거쳐 등록을 하여야만 보호되고, 저작권은 창작과 동시에 보호된다. 그 보호기간은 산업재산권이 10~20년 정도이고, 저작권은 저작자의 사후 50~70년까지이다. 우리나라는 미국, 유럽연합(EU)과 각각 자유무역(FTA) 협정을 맺으면서 2013년 7월 1일부터 저작권 보호 기간을 사후 70년으로 개정했다.

분야별 최신상식

스포츠 엔터

'승부조작' 제명 선수까지...
축구인 100명 '징계 사면' 논란

축구팬들 분노

대한축구협회(KFA)가 징계 중이던 축구인 100명에 대해 '사면' 조치를 의결해 논란이 일었다. 절반가량은 한국축구를 벼랑 끝으로 내몰았던 2011년 프로축구 승부조작 가담자들이다. 당시 "암적 존재는 도려내야 한다"며 고개를 숙였던 프로축구연맹 총재는 정몽규 현 KFA 회장이다.

KFA는 3월 28일 "서울월드컵경기장 회의실에서 이사회를 열고 축구인 100명에 대해 사면 조치를 의결했다"고 발표했다. 사면 대상자는 각종 비위 행위로 징계를 받고 있던 전·현직 선수와 지도자, 심판, 단체 임원 등이다. 특히 대상자 중에는 지난 **2011년 프로축구 승부조작으로 제명됐던 48명도 포함된 것으로 알려져 축구팬들의 공분**을 샀다.

KFA 측은 "지난해 달성한 월드컵 10회 연속 진출과 카타르 월드컵 16강 진출을 자축하고, 축구계의 화합과 새 출발을 위해 사면을 건의한 일선 현장의 의견을 반영한 것"이라며 "오랜 기간 자숙하며 충분히 반성했다고 판단되는 축구인들에게 다시 한 번 기회를 부여하는 취지도 있다"고 밝혔다.

린 점 사과드린다"라고 고개를 숙였다.

이밖에 축구협회 사회공헌위원장을 맡아온 조원희 역시 인스타그램 계정을 통해 사퇴를 알렸다. 조원희 위원장은 "축구협회 이사회에서 번복한 사면 건과 관련해 축구 팬들에게 실망을 안겨드린 점을 축구인의 한 사람으로서 진심으로 사과의 말씀을 드린다"라고 했다.

정몽규 KFA 회장은 사면안 의결에 책임이 있는 이사회 구성원 중 유일하게 사퇴하지 않았다. 정회장은 이번 논란으로 KFA를 폐쇄적인 환경에서 독단적으로 운영한다는 비판을 받았다.

그러나 축구팬들은 물론 축구 관계자들 대다수는 KFA의 이해하기 힘든 결정에 분노했다. 승부조작 제명자 사면 배경으로 월드컵 16강 진출을 들먹이는 것부터 불쾌하다는 말이 나올 정도로 여론은 매우 부정적이었다. 결국 KFA는 사면 조치를 철회했다.

이영표·이동국, 승부조작 사면에 사과...사퇴

이번 사면안을 의결한 이사회 구성원들은 정몽규 KFA 회장을 제외하고 총사퇴했다. 이영표, 이동국 부회장과 조원희 사회공헌위원장이 승부조작 연루 등의 사유로 징계 중인 축구인들에 대한 협회의 '기습' 사면과 철회 조치에 고개를 숙이고 사퇴를 선택했다.

이영표는 4월 3일 자신의 인스타그램 계정을 통해 "지난주 축구협회의 징계 사면 관련 이사회 통과를 막지 못한 책임을 지고 부회장직에서 물러난다"라고 밝혔다. 이동국 부회장도 자신의 인스타그램 계정에 "축구를 사랑하시는 팬분들, 동료 선후배들, 그리고 관계자분들에게 심려를 끼쳐드

➕ 2011년 K리그 승부조작 사건

2011년 인천 유나이티드 소속 선수 윤기원이 극단적인 선택을 한 사건으로 촉발된 K리그 승부조작 스캔들을 말한다. 2011년 5월 창원지검에서 K리그 승부조작과 관련한 최초의 조사가 시작되었고 당시 광주 FC 골키퍼 성경모와 상주 상무 피닉스 공격수 김동현이 구속되면서 축구계는 충격에 빠졌다. 이후 대전과 광주를 포함한 몇몇 팀에서 수많은 선수들이 조직적으로 승부조작에 가담한 것으로 밝혀졌다. 이후 한국프로축구연맹에서는 승부조작 대책의 방안으로 2013년부터 본격적인 승강제를 실시함을 발표했다.

POINT   세 줄 요약

❶ 대한축구협회(KFA)가 승부조작 제명자를 포함한 축구인 100명에 대해 기습 사면 조치를 의결해 논란이 일었다.

❷ 축구팬과 축구 관계자들 대다수는 KFA의 이해하기 힘든 결정에 분노했다.

❸ 결국 KFA는 사면 조치를 철회했고 이사회 구성원 대부분이 사퇴했다.

클린스만호, 우루과이와 '리턴 매치'에서 1-2 패

▲ 3월 28일 우루과이와의 평가전에서 대표팀 오현규가 터닝슛을 시도하고 있다.

한국이 4개월 만의 '리턴 매치'에서 우루과이에 패했다. 위르겐 클린스만 감독이 이끄는 대한민국 축구 국가대표팀은 3월 28일 오후 8시 서울월드컵경기장에서 열린 '하나은행 초청 축구 국가대표팀 친선경기'에서 우루과이와의 맞대결에서 1-2로 패했다.

한국은 전반 10분 세바스티안 코아테스에게 선제골을 내줬다. 우루과이 페데리코 발베르데(레알 마드리드)가 코너킥을 올렸고, 수비수 코아테스가 높이 뛰어올라 헤더로 연결해 골망을 흔들었다. 이후 우루과이는 수비에 치중했다. 한국은 이강인과 손흥민을 앞세워 전방 압박에 나섰지만, 손흥민을 둘러싸는 우루과이의 수비 전술에 막혀 쉽사리 슈팅을 시도하지 못했다. 한국은 전반 막판까지 거센 공격을 펼쳤으나 무위로 돌아갔다.

한국은 후반이 시작된 지 얼마 되지 않아 동점을 만들었다. 후반 6분 상대 수비를 맞고 흘러나온 공을 이기제가 골문 가운데로 찔러 넣었고, 우루과이 수비가 우왕좌왕하는 사이 황인범이 무인지경에서 강한 오른발 슈팅으로 마무리했다.

그러나 한국은 후반 18분 다시 골을 내줘 1-2로 끌려갔다. 페널티 에어리어 바로 앞에서 김민재의 반칙으로 프리킥을 내줬는데, 골키퍼 조현우가 프리킥 슈팅을 쳐냈으나 공이 마티아스 베시노의 바로 앞으로 갔다. 베시노는 공을 가볍게 골문으로 차넣어 득점을 올렸다.

한국은 이후 두 차례나 비디오 판독(▪VAR) 끝에 득점이 인정되지 않는 불운을 겪었다. 코너킥 상황에서 김영권이 헤더 슈팅과 오현규의 터닝슛이 우루과이 골망을 흔들었지만 각각 골키퍼 차징과 오프사이드로 판정돼 득점이 무효가 됐다.

▪ **VAR (Video Assistant Referees)**

VAR(비디오 보조 심판)이란 스포츠 경기에서 인간의 눈으로 판단하기 어려운 순간을 초고속 카메라로 촬영하고 이를 이용해서 판정의 근거로 사용하는 기술을 말한다. 한국에서는 2007-08 V리그에서 세계 배구 역사상 최초로 시행했다. 야구에서는 2009년부터 홈런 판독을 위해 사용하다 2014년부터 심판 합의 판정제가 도입되면서 비디오 판독이 시행됐다. 축구는 2017년 7월부터 도입됐다.

프로농구 KGC, 정규리그 우승... 역대 3호 '와이어 투 와이어' 위업

프로농구 안양 KGC가 6년 만에 정규리그 1위를 확정했다. KGC는 3월 26일 안양실내체육관에서 열린 2022~23시즌 프로농구 정규리그 6라운드 홈 경기에서 원주 DB를 76-71로 꺾었다.

안양 KGC 인삼공사 프로농구단

37승 16패가 된 KGC는 3월 29일 고양체육관에서 고양 캐롯과 치를 최종전 결과와 상관없이 정규리그 1위를 확정했다. **KGC의 정규리그 우승은 통합우승을 차지했던 2016~17시즌 이후 6년 만이다.**

KGC는 개막 첫날부터 단 한 번도 1위 자리를 놓치지 않으며 ▪**와이어 투 와이어**로 리그 선두 자리를 지켰다. 프로농구연맹(KBL)에 따르면, 이 기록은 KBL 역대 세 번째다. 앞서 2011~12시즌 원주 동부(현 DB), 2018~19시즌 울산 현대모비스가 와이어 투 와이어 우승을 기록한 바 있다.

KGC는 김상식 감독 체제에서 탄탄한 전력을 자랑하며 리그 선두 자리를 줄곧 지켰다. 오세근, 문성곤, 양희종, 변준형, 박지훈 등 선수층이 두꺼웠다. 더구나 이들은 최근 플레이오프(PO) 무대를 겪었다. 여기에 오마리 스펠맨, 렌즈 아반도, 대릴 먼로 등 외국인 선수도 KGC의 리그 우승에 빠져서는 안 될 만큼 제 몫을 다했다.

KGC에 위기도 있었다. **3월 초 일본에서 열린 동아시아슈퍼리그(EASL)에 참가한 KGC는 SK를 꺾고 우승을 차지하며 초대 챔피언에 등극했다.** 그러나 이 대회 참가 여파로 체력 소모가 컸다. 국내 복귀 후 3연패에 빠졌다. LG에 1경기 차까지 쫓기는 상황까지 만들어졌다.

KGC는 3월 18일 수원 KT를 꺾고 3연패에서 탈출하면서 반등했다. 여기에 LG가 3월 19일 DB에 발목이 잡히면서 KGC의 우승 가능성이 커졌다. KGC는 3월 20일 전주 KCC를 98-74로 대파하며 마침내 정규리그 우승 매직넘버를 1로 줄였다. 3월 24일 현대모비스전 석패로 우승이 잠시 미뤄졌지만 이날 LG가 SK에 패하면서 우승의 기쁨을 누리게 됐다.

▪ **와이어 투 와이어 (wire to wire)**
와이어 투 와이어는 자동차 경주, 경마, 육상 경기, 골프 등에서 사용되는 스포츠 용어로 경기 내내 1등을 차지하며 우승한 것을 말한다. 18C 영국 경마장에서 출발선에 설치된 가는 철사 줄(wire)을 가장 먼저 끊고 스타트한 말이 다시 1등으로 결승 철사 줄(wire)을 끊었을 때 사용하던 용어에서 유래됐다.

'BTS 지민, 빌보드 찢었다' 핫 100 1위...K팝 솔로 최초

▲ 방탄소년단(BTS) 지민 (자료 : 하이브)

방탄소년단(BTS) 지민이 세계 각국의 ▪**빌보드** 차트에서 활약했다. 4월 8일 **지민의 첫 솔로 앨범 '페이스'(FACE)가 빌보드 캐나다 앨범 차트 10위에 올랐다.** 이는 빌보드 캐나다 톱10 차트에 진입한 최초이자 유일한 K팝 솔로 아티스트의 기록이다.

타이틀곡 '라이크 크레이지'(Like Crazy)는 빌보드 캐나다 '핫 100' 차트에 21위로 데뷔했으며 선공개 곡 '셋 미 프리 파트2'(Set Me Free Pt.2)는 2주 연속 차트인에 성공, K팝 남자 가수 최초 2곡 동시 차트인이라는 또 하나의 새로운 기록을 세웠다.

빌보드 캐나다 디지털 송 세일즈 차트에는 '라이크 크레이지'가 2위에 올랐으며 '셋 미 프리 파트2' 15위, '페이스 오프'(Face-off)가 16위, '얼론'(Alone) 17위, '인터루드: 다이브'(Interlude: Dive)가 27위에 랭크되어 전곡 차트인의 쾌거를 이뤘다.

또한 지민은 빌보드 베트남 '핫 100' 차트 1위로 데뷔, 2023년 K팝 솔로 가수 가운데 가장 높은 기록을 썼다. 4월 5일 자 빌보드 재팬 핫 앨범 차트에서는 '페이스'가 5위를 차지했다. 이보다 앞선 3월 29일 빌보드 재팬 아티스트 100 차트에서 외국인 솔로 가수 최초 1위에 오르는가 하면 빌보드 재팬 핫 앨범 차트 1위 직행으로 놀라움을 자아낸 바 있다.

'라이크 크레이지'는 그밖에도 '히트 오브 더 월드'(Billboard's Hits of the World) 한국, 볼리비아, 인도네시아, 말레이시아, 페루에서 3위에 올랐고, 필리핀과 타이완 7위, 루마니아와 싱가포르 13위, 크로아티아 17위, 에콰도르와 캐나다 21위 등으로 호성적을 거뒀다.

이전까지 빌보드 '핫 100'에서 1위를 한 K팝 가수는 솔로와 그룹을 모두 합쳐 방탄소년단이 유일했다. **방탄소년단은 2020년 글로벌 히트곡 '다이너마이트'를 필두로 2021년 '마이 유니버스'까지 총 6곡의 '핫 100' 1위 곡을 보유**하고 있다.

'WBC 1R 탈락' 한국, 세계랭킹 5위로 하락

월드 베이스볼 클래식(WBC)에서 3연속 1라운드 탈락한 한국야구의 세계랭킹이 5위로 한 계단 하락했다. 3월 28일 세계야구소프트볼연맹(WBSC)이 발표한 야구 세계랭킹에 따르면 한국은 4049점으로 5위를 기록했다.

이번 랭킹은 2023 WBC을 비롯해 지난 4년간 열린 국제야구대회 결과가 모두 반영됐다. 이번 WBC에서 1라운드 탈락의 수모를 겪은 한국은 랭킹 포인트 4049점을 기록, 4위에서 5위로 미끄러졌다.

2021년 8월 2위까지 올랐던 한국은 이후 꾸준히

순위가 하락하고 있다. 2021년 12월31일 발표된 랭킹에서 3위로 떨어졌고, 1년 후에는 4위를 기록했다. 이후 3개월만에 발표된 이번 랭킹에서 또 순위가 떨어졌다.

2023 WBC에서 전승 우승한 일본은 랭킹 포인트 5323점으로 1위를 굳건히 지켰다. 일본은 2014년부터 한 번도 1위에서 내려오지 않고 있다. 준우승팀인 미국(4402점)은 3위에서 2위로 올라섰다. 사상 처음으로 WBC 4강에 진출한 멕시코(4130점)는 5위에서 3위로 도약했다.

반면 1라운드에서 탈락한 대만(4061점)은 2위에서 4위로 떨어졌다. WBC 8강에서 미국에 패해 탈락한 베네수엘라(3534점)는 6위를 유지했으며, 쿠바(3151점)는 네덜란드(3089점)를 8위로 밀어내고 7위를 기록했다.

한국을 꺾고 첫 8강 진출에 성공한 호주(2600점)는 9위, 도미니카공화국(2415점)은 10위에 자리했다. 10년 만에 WBC 8강까지 밟은 이탈리아는 16위에서 12위로 뛰어올랐다. 한편, 4월 1일 프로야구가 개막했다. WBC 1라운드 탈락 등 악재 속에서도 야구가 그리웠던 관중들이 구장을 찾으며 전 구장 매진을 기록했다.

▌역대 WBC 우승국

연도	결승전 개최지(미국)	우승	준우승
2006	샌디에이고	일본	쿠바
2009	로스앤젤레스	일본	대한민국
2013	샌프란시스코	도미니카공화국	푸에토리코
2017	로스앤젤레스	미국	푸에토리코
2023	마이애미	일본	미국

검찰, '뒷돈 요구 파문' KIA 장정석 전 단장 수사 나서

▲ 장정석 전 KIA 타이거즈 단장 (자료 : KIA 타이거즈)

검찰이 프로야구 KIA 타이거즈 장정석 전 단장의 '뒷돈 요구' 의혹 수사에 본격 착수했다. 4월 10일 서울중앙지검은 이날 한국야구위원회(KBO) 사무국이 수사를 의뢰한 장 전 단장의 사건을 중요범죄조사부(부장검사 조광환)에 배당했다. 장 전 단장은 지난해 포수 박동원(현 LG트윈스)과의 계약 과정에서 금품을 요구했다는 의혹을 받고 있다.

KIA 구단은 3월 이에 대한 제보를 받고 조사에 착수했다. KIA 구단과 프로야구선수협회는 박동원 측이 건넨 녹취록 등의 자료를 살피고 정 전 단장과 만나 녹취록 관련 소명을 들었다.

장 전 단장은 구단 측의 진상조사에서 이 발언이 농담이었다고 해명한 것으로 전해졌다. 그러나 KIA 구단은 3월 29일 장 전 단장을 해임하기로 결정했다. '소속 선수와 협상 과정에서 금품 요구라는 그릇된 처신은 용납할 수 없다는 판단'에 따른 결정이라고 KIA는 설명했다.

앞서 KBO는 KIA 구단에서 받은 경위서와 관련 자료를 검토해 4월 5일 검찰에 장 전 단장에 대한 수사를 의뢰했다.

➕ 모럴 해저드(moral hazard)의 유래

'도덕적 해이' 현상을 나타내는 말로 사회 여러 분야에서 사용하고 있는 모럴 해저드는 본래 보험시장에서 사용된 용어다. 화재보험에 가입한 보험가입자가 보험을 믿고 화재 예방을 게을리하면서 화재가 발생해 보험회사가 보험료를 지불하게 되는 경우에서 비롯됐다. 만일 보험가입자가 화재를 예방하기 위해서 노력을 다하고 있는지 보험회사가 일일이 모두 파악할 수 있다면 화재예방 노력에 따라 보험료를 다르게 적용하거나 보험가입 자체를 거부할 수 있겠지만, 이것은 현실적으로는 불가능한 일이다.

이처럼 '주인(principal)'이 '대리인(agent)'을 개별적으로 모두 파악할 수 없는 불평등한 상황을 '정보의 비대칭'이라고 하며, 이러한 정보의 비대칭 상황에서는 언제나 도덕적 해이가 발생할 소지가 있다. 여기서 '주인'과 '대리인'은 서로 목적하는 바가 다르다는 것이지 어떤 신분 관계를 말하는 것이 아니다. 예를 들어 노동자가 감시가 소홀할 때 일을 열심히 하지 않는 것, 보험을 든 자가보험을 들고 나서 사고에 대비한 주의를 덜 하는 것, 의사가 의료 보험금을 많이 타내기 위해서 과잉진료를 하는 것 등은 모두 도덕적 해이에 해당한다. 최근 모럴 해저드는 금융기관이나 예금자가 절도를 잃고 벌이는 행위를 가리키는 말로도 자주 쓰이고 있다.

엠넷, '프듀' 조작 안준영 PD
재퇴사 논의

'▪프로듀스 101'순위 조작으로 실형을 산 안준영 PD가 CJ ENM에 재입사해 논란이 일자 CJ ENM이 "안준영 PD 채용 결정은 변명의 여지가 없는 잘못된 판단"이라며 공식 사과했다. 향후 거취에 대해서는 "논의 중"이라고 짧게 답했다.

CJ ENM은 4월 5일 입장문을 내고 "안준영 PD 채용 결정은 변명의 여지가 없는 잘못된 판단이었다. 과거의 잘못을 만회할 기회를 주고자 했던 결정은 사회의 공정에 대한 눈높이에 부합하지 못했다"고 밝혔다.

이어 "지난 4년 간 오디션 프로그램의 공정성을 제고하기 위해 제작과 분리된 투표 관리 시스템을 구축했다. 또 모니터링 강화, '시청자위원회' 운영 등 제작 과정의 투명성도 높여왔다"면서 "그런데도 채용 기준 관련하여 부족했던 점을 겸허히 수용하고 향후 이번에 드러난 문제점은 조속히 보완해 유사한 일이 재발하지 않도록 하겠다"고 전했다.

지난 4월 3일 안 PD가 출소 1년 5개월 만에 CJ ENM에 재입사했다는 사실이 알려졌다. CJ ENM은 안 PD의 요청에 의한 것이라고 밝혔지만 여론은 들끓었다. **안 PD는 '프로듀스 101' 시즌1부터 4까지 생방송 경연에서 시청자 유료 문자 투표 결과를 조작**하고, 연예기획사 관계자들로부터 여러 차례에 걸쳐 수천만원 상당의 유흥업소 접대를 받은 혐의를 받았다.

1·2심은 안 PD의 혐의를 인정하고 징역 2년과 추징금 3700여만원을 선고했다. 이후 안 PD 측은 상고했지만 대법원이 이를 기각해 실형을 살

고 2021년 11월 출소했다.

■ 프로듀스 101

프로듀스 101이란 엠넷에서 기획하고 2016년 1월 22일부터 4월 1일까지 매주 금요일 밤 11시에 방영한 걸그룹 서바이벌 오디션 프로그램이다. 국내외 50여 개 기획사에 소속된 여자 연습생 101명이 출연하여 서로 경쟁을 해서, 투표를 통해 선정된 11명이 새로운 그룹(아이오아이)으로 데뷔를 한다는 계획이었다. 101명의 연습생들을 한 프로그램에 모아 경쟁을 시킨다는 기획은 발표 당시부터 시청자들에게 큰 충격과 함께 화제를 모았다. 시즌1이 대성공 이후 남성 버전의 프로듀스 101 시즌2를 제작했고 전작을 뛰어넘는 대히트를 치면서 슈퍼스타K처럼 시리즈화가 되었고, 일본, 중국, 태국 등의 해외로 수출되고 시즌 4까지 나오는 등 큰 인기를 누렸다. 그러나 2019년 10월부터 확인된 조작 건으로 프로그램의 진행 및 데뷔조 선발 과정에서 불법적인 청탁과 그에 따른 제작진의 부정행위가 존재했었다는 것이 드러났다.

'대세' 임영웅 FC 서울 하프타임 공연에 유료 관중 기록 갱신

▲ 4월 8일 서울월드컵경기장에서 임영웅이 공연을 펼치고 있다.

5060 여성의 압도적인 팬덤에 연예계 '대세'로 떠오른 가수 임영웅의 파급력이 연예계를 넘어 스포츠계까지 흔들었다. 4월 8일 열린 K리그 FC서울과 대구FC 경기에서 임영웅은 시축 및 하프타임 공연을 했다.

그의 시축과 공연 소식이 발표되자 이날 경기 예매는 10여 분 만에 서울월드컵경기장의 1·2층 주요 좌석이 매진됐고 하루 만에 3만5000여 장의 표가 팔려 나갔다. 이는 K리그 역대 유료 관중 신기록이었다. 이날 경기가 순위 결정전이 아닌 평범한 리그 경기였다는 점에서 '임영웅 효과'를 실감할 수 있다.

열성 축구팬인 임영웅은 행사료를 고사하며 스태프들을 이끌고 비용을 부담했다고 알려졌다. 임영웅은 자신이 좋아서 한 일이라며 이번 공연을 먼저 제안한 것으로 전해졌다. 임영웅과 스태프들은 축구장 잔디 보호를 위해 춤추기에 적합하지 않은 축구화를 신고 공연했다.

한편, 2020년 TV조선 오디션 프로그램 '미스터트롯' 출연 이후로 '국민 스타'가 된 임영웅의 공식 유튜브 채널인 '임영웅'은 조회수 19억7000만 뷰를 돌파하며 20억 뷰를 바라보고 있다. 임영웅 채널은 구독자가 현재 149만 명으로 100만 구독자 채널에 주어지는 '유튜브 골드 버튼'을 받았다.

➕ 유튜브 플레이 버튼

유튜브 플레이 버튼이란 왕성한 활동을 해준 유튜버에게 주는 일종의 기념품을 말한다. 정식 명칭은 유튜브 크리에이터 어워즈(YouTube Creator awards)이다. 수상 기준은 유튜브의 구독자 수로 평가하며 구독자 수가 버튼 수여 기준 이하로 감소하면, 유튜브에서 회수한다. 유튜브 채널 구독자 수가 10만 명이 넘으면 실버 버튼을 주며, 100만 명이 넘으면 골드 버튼을, 1000만 명이 넘으면 다이아 버튼을 준다. 5000만 명 돌파에는 커스텀 버튼(일명 루비 버튼), 1억 명 이상에는 레드 다이아몬드 버튼을 준다.

탄소중립산업법
Net-Zero Industry Act

탄소중립산업법이란 유럽연합(EU)이 2023년 2월 발표한 법규로서 2050년 탄소중립 목표 달성을 위해 친환경산업에 대한 규제 간소화 및 기술개발 지원을 통해 EU 역내 생산능력 확대를 목표로 한 법안이다. 법안 초안에는 태양광, 풍력, 배터리, 히트펌프·지열에너지, 수전해장치 등 EU 역내 생산 목표를 설정하고 관련 프로젝트 지원을 위한 투자 촉진, 규제 간소화, 인프라 구축 방안 등이 포함됐다.

EU는 탄소중립 기술 관련 역내 신규 사업에 대해서는 허가 기간이 최대 18개월을 넘지 않도록 제한하고 **규제 샌드박스**(사업자가 신기술 제품이나 서비스를 일정 조건하에서 시장에 우선 출시해 시험·검증할 수 있도록 규제를 완화하는 것)를 도입해 행정 절차를 간소화할 방침이다. 특히 EU 내에서 관련 공공조달 입찰을 심사할 때 특정국 부품 의존도 65% 초과 여부와 지속가능성을 고려하겠다고 밝혔다. 탄소중립산업법은 향후 유럽의회 및 각료이사회 협의 등 입법과정에 약 1~2년이 소요될 것으로 전망된다.

우리 정부는 법안의 업종별 영향과 세계무역기구(WTO) 규범 위반 여부를 분석하고 구체적인 대응계획을 수립해 우리 기업의 부담을 최소화할 수 있도록 EU 당국과 협의를 지속할 방침이다.

콜키지 프리
corkage free

콜키지 프리는 고객이 본인의 술을 가져와도 추가 비용을 부과하지 않는 것이다. 콜키지란 '**코르크 차지**(cork charge)'**의 준말로, 고객이 음식점에 본인의 와인을 가져와 마시는 경우 음식점이 고객에게 부과하는 비용**을 뜻한다. 최근에는 와인이 아닌 다른 술의 반입도 콜키지라 부르는 경우가 많다. 음식점 입장에서는 고객이 본인의 와인을 가져오더라도 병을 개봉하고 잔을 제공하는 등의 서비스가 제공되고, 그 포도주만큼 가게의 매출을 잃게 돼 콜키지를 부과하게 된다.

'서민의 술'로 불리는 소주와 맥주의 가격이 인상되는 등 최근 불황·고물가에 콜키지 프리가 확산하고 있다. 보통 소주 1병의 편의점 판매 가격은 1950원이지만 서울 주요 지역 음식점에서는 소주 1병에 5000~8000원이다. 이처럼 식당 주류 가격이 급등하면서 외부 주류 반입이 무료로 가능한 콜키지 프리 식당이 인기를 끌고 있다. 과거 고급 레스토랑에서나 볼 수 있었던 콜키지 프리는 최근 삼겹살, 국밥 등 서민 음식점까지 확산했다.

페트병 증후군

페트병 증후군이란 **탄산음료를 마신 후 혈당이 급격히 올라가면서 나타나는 증상을 말한다.** 정식 의학 용어는 아니다. 탄산음료를 마시면 음료 속 단순당이 몸에 흡수되면서 혈당이 급격히 오른다. 특히 당뇨병 환자가 탄산음료를 마시면 혈당을 떨어뜨리는 역할을 하는 인슐린이 필요한 만큼 빨리 분비되니 않아 고혈당 증상이 나타난다. 페트병 증후군은 '갈증→음료 섭취→혈당 상승→갈증'의 악순환을 유발한다.

페트병 증후군은 설탕이 들어있지 않은 음료를 마셔도 발생한다. 제로 칼로리 콜라 등에 설탕 대신 넣는 인공감미료가 설탕과 마찬가지로 혈액 내 지방·아미노산 농도를 증가시키는 등 혈당에 안 좋은 영향을 끼치기 때문이다. 당뇨병이 없는 사람이라도 목마를 때마다 청량음료를 마시다 보면 페트병 증후군에 빠질 수 있어 주의가 필요하다. 갈증 해소를 위해 생수, 보리차 등 첨가물이 없는 물을 마시는 것이 권장된다.

아리아 포뮬러
Arria Formula

아리아 포뮬러란 유엔 안전보장이사회의 비공식적 회의체로, **안보리 이사국 간 이견 등으로 공식 회의가 어려울 때 이사국 초청으로 비이사국과 비정부기구까지 참여해 인권침해 등 여러 현안을 신속하게 논의하는 특별회의**로 활용된다. 아리아 포뮬러는 안보리 이사국의 요청으로 열리면서도 안보리 공식 활동엔 포함되지 않고, 회의 소집 사실이나 결과도 공표되지 않는다는 점이 특징이다.

유엔 안보리가 지난 3월 17일(현지시간) 북한 인권 문제를 논의하기 위해 안보리 회의 방식 중 가장 비공식적 협의 형태인 아리아 포뮬러를 열고 국제 공론화에 나섰다. 이날 회의는 중국의 반대로 유엔웹티비로 생중계되지는 않았지만, 안보리 비이사국이나 비정부기구(NGO), 언론 등에 모두 공개됐다. 미국과 알바니아가 주최하고 한국과 일본이 공동후원한 이날 회의에서는 북한의 심각한 인권침해 상황, 불법 대량살상무기(WMD)와 탄도미사일 개발 문제 등이 거론됐다. 특히 이날 회의에는 탈북자 2명이 직접 참석해 북한의 인권침해 실태를 낱낱이 증언하고 국제사회의 관심을 호소했다.

EV9

EV9은 기아의 첫 대형 플래그십 전기 스포츠유틸리티차량(SUV)으로, 긴 주행거리와 첨단 운전자보조장치를 갖춘 미래형 차량으로 주목받는다. **현대차그룹이 자체 개발한 전기차 전용 플랫폼 E-GMP를 적용한 기아의 두 번째 모델**이다. EV9은 99.8kWh 대용량 배터리를 장착해 1회 충전 시 500km 이상(국내 기준)의 주행가능거리를 갖출 것으로 전망된다. 또 350kW급 충전기로 25분 만에 배터리 용량을 10%에서 80%까지 충전할 수 있는 멀티 초급속 충전 시스템이 장착됐다. EV9에는 레벨3 자율주행 등 첨단 기술도 적용됐다.

최근 EV9이 공개되자 해외 자동차 매체들의 관심도 쏟아졌다. 주행가능 거리, 디자인, 실내 공간 활용, 운전자 보조기능 등 기아의 역량이 총동원된 모델인 데다 전기차 중 3열 시트(운전석에 해당하는 첫 번째 줄이 1열, 운전석 뒤의 2열 시트, 자동차 2열 시트 뒤에 있는 시트가 3열 시트)를 갖춘 대형 차급의 정통 SUV는 사실상 처음이라는 점이 관심을 끌었다.

하버드 그랜트 연구
Harvard Grant Study

▲ 하버드 그랜트 연구 결과를 알린 『행복의 조건』

하버드 그랜트 연구란 지난 1938년 미국 하버드대 학부 2학년 남학생 268명을 대상으로 시작된 장기 종단(縱斷) 연구다. 당시 재벌이던 윌리엄 토머스 그랜트가 연구를 후원하며 '그랜트 연구'로 불렸다. **종단 연구는 연구를 위한 별도 조작 없이 장기간에 걸친 실제 변화를 관찰**하는 게 특징이다. 당시 연구 대상에 존 F. 케네디 전 미국 대통령도 포함돼 화제가 됐다. 지난 2009년 미국 시사 월간지 '애틀랜틱 먼슬리' 6월 호에 처음 연구 결과가 공개됐고, 국내에는 2010년 『행복의 조건』이라는 책을 통해 연구 결과가 알려지며 화제가 됐다.

연구진은 건강한 노후를 결정하는 행복의 조건으로 7가지를 꼽았다. ▲고통에 얼마나 성숙하게 대응하느냐 ▲교육 ▲안정된 결혼 생활 ▲금연과 금주 ▲적절한 운동 ▲알맞은 체중 등이다. 한편 서울대 대학혁신센터에 따르면, 서울대 학부생 500명 이상을 대상으로 하버드대 연구 같은 '학생 종단 연구'가 추진될 예정이다. 이르면 오는 6월부터 서울대 학생들을 최소 30년 이상 관찰해 서울대 학생들이 사회 어느 분야에 진출해, 어떤 삶을 살게 되는지 살펴보겠다는 것이다. 국내 대학이 학부생을 대상으로 이런 연구를 하는 건 이번이 처음이다.

핵심원자재법
CRMA, Critical Raw Material Act

▲ 티에리 브르통 EU 집행위원이 핵심원자재법 초안을 발표하고 있다.

핵심원자재법(CRMA)은 **2030년까지 제3국에서 생산된 핵심 원자재 수입 의존도를 역내 전체 소비량의 65% 미만으로 낮추도록 제한한 유럽연합(EU) 법안이다.** 유럽판 IRA(인플레이션 감축법)로 불린다. 배터리용 니켈·리튬·천연흑연·망간을 비롯해 구리, 갈륨, 영구자석용 희토류 등 총 16가지 원자재가 전략적 원자재로 분류됐다. 특정 국가에 대한 공급망 의존도를 낮추고 역내 투자를 확대한다는 것이지만 사실상 중국을 겨냥한 것이다. EU는 전기차, 반도체 등 제조에 필요한 핵심 소재인 희토류, 마그네슘, 리튬 등 주요 원자재의 90% 이상을 중국산에 의존하고 있다.

이를 토대로 EU는 역내 대기업 중 전략 원자재를 사용하는 기업 대상으로 공급망 감사도 실시한다. 이는 폴란드, 헝가리 등에 생산 공장을 둔 국내 배터리 기업들에 부담이 될 것으로 예상된다. 하지만 배터리 소재, 희토류 등 중국 의존도가 높은 우리에겐 장기적으로 공급망 다변화 계기가 될 수 있다는 점에서 긍정으로 평가하는 시각도 있다.

보통주자본비율
CET1, Common Equity Tier 1

보통주자본비율(CET1)이란 **총자본에서 보통주로 조달되는 자본의 비율**을 말한다. 은행권의 자본력을 평가하는 글로벌 기준인 국제결제은행(BIS) 자기자본비율 중 하나이다. 위기 상황에서 금융사가 지닌 손실 흡수 능력을 보여주는 핵심 지표다. 보통주자본이 분자가 되고, 자산을 위험도에 따라 가중치로 평가해 산출한 위험가중자산이 분모가 된다. 규제비율은 각각 보통주자본은 7%, 기본자본은 8.5%, 총자본은 10.5%, 단순기본자본은 3.0% 등이다. 보통주자본비율은 높을수록 배당여력이 높다고 평가된다.

미국과 영국 등 주요국 금융 당국과 국제통화기금(IMF), 국제 신용평가사 등은 2008년 글로벌 금융위기 이후 보통주자본비율을 중심으로 리스크 관리와 평가를 해왔다. 그간 총자본비율을 중심으로 건전성 관리를 해오던 국내 은행도 보통주자본비율 중심의 관리로 변화하고 있다. 투자은행 크레디트스위스(CS)의 코코본드 상각 사태 등으로 은행권의 건전성 관련 우려가 커지면서 보통주자본비율에 대한 금융 당국의 눈높이도 높아졌다.

가짜 식욕

가짜 식욕은 **이미 식사를 했고, 육체적으로 배가 고프지 않아야 할 상태이지만, 배고픔을 느끼는 것을 말한다.** 배고프진 않지만 입이 심심하고, 특정 맛 또는 무언가를 먹고 싶은 욕구가 드는 것이다. 일시적인 스트레스 상황, 감정 기복에 따라 식욕이 급격히 높아진다. 특히 부정적인 감정에 대한 일종의 보상심리로 배가 부른데도 계속해서 음식을 찾게 되는 경우가 많다.

배고픔에는 생리적 배고픔(진짜 배고픔)과 심리적 배고픔(가짜 배고픔)이 있는데, 가짜 식욕을 일으키는 호르몬에는 코르티솔, 도파민, 세로토닌 등이 있다. 스트레스를 받게 되면 우리 몸에서 코르티솔이 넘쳐나면서 특히 설탕, 기름기, 소금기 등에 대한 식탐이 강해진다. 도파민은 뇌의 신경전달물질로 식탐을 일으킨다. 도파민은 좋아하는 음식을 먹을 때처럼 긍정적인 일이 벌어졌을 때 분비된다. 심지어 자신이 좋아하는 음식을 먹을 것이라는 '기대감'만으로 이미 도파민이 분비되기 시작한다는 연구결과도 있다. 행복감과 관련 있는 세로토닌의 수치가 낮으면 우울증 가능성이 높아진다.

느리게 진행되는 재앙
slow-rolling crisis

'느리게 진행되는 재앙'이란 최근 세계 최대 자산 운용사 블랙록의 래리 핑크 최고경영자(CEO)가 **실리콘밸리은행**(SVB) **파산 이후 미국 금융 시스템에 더 많은 압류와 폐쇄 사태가 닥칠 것이라고 경고**할 때 사용한 용어다. 은행권 위기가 앞으로도 계속 천천히 이어질 수 있다는 지적이다. SVB 파산이 미 연준(Fed)의 고강도 긴축에도 견고하게 버텼던 미국경제의 빈약한 틈새가 확인된 사건이라는 점에서다.

핑크 CEO는 연례 주주서한에서 SVB 파산이 인플레이션에 대응하기 위한 연준의 공격적인 금리 인상으로 인한 '느리게 진행되는 재앙(slow-rolling crisis)'의 서막일 수 있다고 경고했다. 연준의 급격한 금리 인상으로 1차로 SVB가 무너지고 2차로 차입 의존도가 높은 지역은행들의 위기로 확산할 수 있으며 한 단계 더 나아가 부동산·사모펀드 등으로 재앙이 전이될 수 있다고도 우려했다. SVB 파산의 원인으로는 대규모 예금 인출이 꼽힌다.

뱅크데믹
Bankdemic

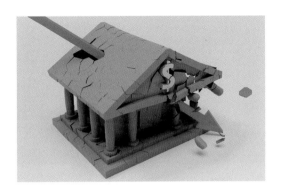

뱅크데믹이란 은행(Bank)과 팬데믹(Pandemic)의 합성어로, **미국 실리콘밸리은행**(SVB)**의 파산 이후 은행 부실이 코로나19 팬데믹처럼 세계 곳곳에 급속도로 번질 수 있다는 불안감을 담은 신조어다.** SVB 파산에서 시작돼 스위스의 크레디트스위스(CS)를 무너뜨린 은행 위기가 독일 최대 은행인 도이체방크로까지 번지는 양상을 두고 미국의 월스트리트저널(WSJ)이 '뱅크데믹이라는 침울한 구름이 은행을 뒤덮은 것은 물론 자본시장 전체에 그림자를 드리우고 있다'고 보도했다.

실제로 SVB가 파산한 이후 퍼스트 리퍼블릭은행 등 다른 미국 금융회사는 물론, 세계 20위권에 드는 대형 은행인 스위스 소재 크레디트스위스(CS)까지 유동성 위기에 빠졌다. CS가 촉발한 금융회사를 향한 불신은 유럽 전역으로 퍼지고 있다. 독일 최대 은행인 도이체방크는 2007년 이후 순이익 최고치를 경신했으나 한때 14% 이상 주가가 폭락했고 부도 위험 수준을 나타내는 신용부도스와프(CDS)는 8.3% 상승하며 코로나19 시기 수준까지 치솟았다. 도이체방크의 주가 하락은 유럽 은행 우려 확산의 시그널로 읽힌다.

한빛-TLV
HANBIT-TLV

▲ 엔진 검증용 시험 발사체 한빛-TLV (자료 : 이노스페이스)

한빛-TLV는 **국내 우주스타트업 이노스페이스가 독자 개발한 엔진 검증용 시험 발사체다.** 최근 한빛-TLV가 성공적으로 발사돼 목표대로 임무를 마친 것으로 보고되면서 한국에도 민간 중심의 뉴스페이스(New Space) 시대의 포문이 열렸다. 한빛-TLV는 지난 3월 20일 오전 2시 52분 브라질 공군 산하 알칸타라 우주센터(CLA)에서 발사됐다. 한빛-TLV는 높이 16.3m, 지름 1m, 무게 8.4톤의 1단 로켓으로, 엔진 1기를 장착한다. 위성 발사용 2단형 발사체 '한빛-나노'에 적용될 추력 15톤 하이브리드 엔진 비행성능 검증을 위해 개발됐다.

이번 시험발사에서는 브라질 공군 산하 항공과학기술부(DCTA)가 자체 개발한 관성항법 시스템 '시스나브'(SISNAV)를 탑재했다. 앞서 이노스페이스는 지난해 12월 한빛-TLV를 발사하려 했지만, 기상 악화와 동기화 오류 등 기술적 문제로 세 차례 일정을 연기했다. 이노스페이스는 이번 발사 성공을 기반으로 상업화를 본격화한다는 방침이다. 정부 또한 민간이 주도하는 우주 산업에 대한 지원에 박차를 가하기로 했다.

인공일반지능
AGI, Artificial General Intelligence

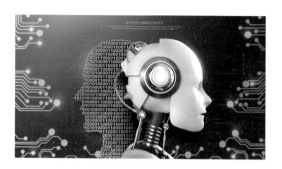

인공일반지능(AGI)은 **인간과 같은 수준의 지능을 보이는 인공지능(AI)이다.** 스스로 학습하고 성장하며, 언어·영상·음성 같은 정보나 여러 지식 분야 등을 가리지 않고 습득한다. '범용인공지능'(Artificial General Intelligence)이라고도 부른다. 현재의 인공지능은 번역, 바둑 등 특정 분야에 적용된다. 인공일반지능은 이를 넘어 사실상 인간과 같은 수준의 발전 단계로 인간의 명령이 없어도 스스로 사고하고 일할 수 있다는 점에서 무한한 잠재력에 대한 기대와 함께 오용으로 인한 윤리적 위험성을 우려하는 목소리도 높아지고 있다.

대화 전문 인공지능 챗봇 '챗GPT'가 주목을 받으면서 인공일반지능에 대한 기대가 더욱 커졌다. 챗GPT는 어떤 질문에도 사람처럼 창의적인 답을 내놓으며 세계적인 관심을 모으고 있다. 챗GPT를 개발한 오픈AI의 샘 올트먼 최고경영자는 인공일반지능이 점진적으로 개발될 것이라고 진단했다. 고도화된 인공지능이 단순 반복 업무를 대체해 사람들이 보다 창의적이고 중요한 일에 집중할 수 있게 도와줄 것으로 기대되지만, 인간처럼 창의적인 사고가 가능한 AGI가 등장한다면 AI가 사람을 대체할 수 있다는 우려도 나온다.

코로나19 기원법
COVID-19 Origin Act of 2023

코로나19 기원법은 **시행 90일 안에 중국 우한 연구소와 코로나19 바이러스 간 연관성을 비롯해 모든 기밀의 공개 제한을 해제하는 것을 골자로 한 법안**이다. 미 상원에 이어 하원도 만장일치로 통과됐다. 조 바이든 미국 대통령은 3월 20일(현지시간) 코로나19 바이러스의 기원 등 관련 정보의 공개를 요구하며 의회가 제출한 '코로나19 기원법'에 서명했다. 특히 바이든 대통령은 중국 우한의 연구소에서 코로나19 바이러스가 최초 유출됐을 잠재적 가능성도 직접 언급했다.

미국 정치매체 폴리티코 등은 '코로나19가 중국 우한 연구소에서 기원했을 가능성이 크다'는 미 에너지부 발표가 이 법안의 계기가 됐다고 설명했다. 한편, 자연발생설을 지지하는 미국 정보기관도 일부 있는 것으로 알려진 가운데 바이든 대통령이 코로나 기원법에 신속히 서명한 데에는 중국과 러시아가 더욱 밀착하고 있는 최근 국제정세를 의식했기 때문이라는 평가도 나온다. 폴리티코는 "시진핑 중국 국가주석이 러시아를 국빈 방문하는 등 중러 관계가 긴밀해지자, 이를 견제하기 위해 사실상 중국을 정조준한 법을 통과시킨 것"이라고 해석했다.

해일

▲ 북한이 '해일'의 수중 폭발 시험을 진행했다며 공개한 사진

'해일'은 **북한이 11년 전부터 개발해왔다고 주장하는 수중 핵무기로, 바다에서 방사능 해일을 일으키는 위력을 가졌다는 뜻에서 이 같은 이름이 붙여졌다.** 핵폭탄을 장착한 채 바닷속을 잠행할 수 있는 수중 드론 무기이며 탐지를 피해 공격할 수 있다. 조선중앙통신은 3월 24일 김정은 국방위원장이 참관한 가운데 '핵무인수중공격정'인 해일의 수중폭발 시험에 성공했다고 보도했다. 80~150m 심도에서 동해를 8자형으로 59시간 동안 이동한 뒤 목표 지점에서 시험용 탄두를 수중폭발했다고 주장했다. 북한은 해일의 수중 폭발 시험과 전략순항미사일 핵탄두 모의 공중 폭발 시험을 각각 진행했다고 밝혔다.

같은 날 북한은 전략순항미사일 '화살-1형'과 '화살-2형'의 발사 영상도 공개했다. 600m 상공에서 모의 핵탄두를 폭발하는 데 성공했다고 밝혔다. 북한이 핵무인수중공격정 개발 사실을 공개한 것은 처음이다. 북한이 지상·공중뿐 아니라 수중에서도 대남 핵 공격이 가능하다고 위협한 것이다. 북한은 핵을 사용한 무기 체계를 다변화하고, 특히 소형화하는 데 공들이고 있다.

프로세싱 인 메모리(PIM) 반도체
Processing-In-Memory semiconductor

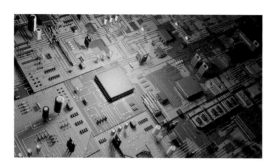

프로세싱 인 메모리(PIM) 반도체란 **하나의 칩 내부에 메모리와 프로세서 연산기를 집적한 차세대 인공지능(AI) 반도체**다. PIM 반도체는 기존 컴퓨팅 구조인 '폰 노이만 구조'에서 발생하는 데이터 병목현상 및 과다한 전력소모 문제를 해결할 수 있다. 메모리와 프로세서가 분리되어 있는 폰 노이만 구조에서는 메모리와 연산장치 간에 전송되는 데이터가 많아지면 작업 처리가 지연됐다.

그러나 PIM 반도체는 메모리 영역에서 데이터 연산이 동시에 가능해 처리 속도를 높이고 전력 소모량도 30배 이상 아낄 수 있다는 장점이 있다. 데이터 처리 성능이 월등히 높고 전력도 덜 소모하는 PIM은 챗GPT와 같은 초거대 인공지능(AI) 인프라가 원활하게 작용하기 위한 필수 하드웨어(HW)가 될 것으로 기대된다. PIM 분야 경쟁력을 확보하는 기업이 차세대 반도체 패러다임을 주도할 것으로 주목되고 있어 삼성전자와 SK하이닉스 등 국내 기업도 미래를 걸고 PMI 반도체 개발에 도전하고 있다.

기가비트 인프라법

기가비트 인프라법은 유럽 전역에 5세대(5G) 이동통신과 10기가 인터넷 등 기가급 유무선 인프라를 안정적으로 구축하기 위해 공정성에 기반을 둔 새로운 제도 도입을 골자로 하는 법안이다. 유럽연합(EU)은 기가비트 인프라법안 제안문을 공개하고 추후 법조문을 확정할 예정이다. EU는 초연결 인프라를 바탕으로 2030년까지 모든 인구가 기가급 연결에 접속할 수 있고, 기업의 75%가 클라우드, 인공지능(AI)에 원활하게 연결할 수 있는 디지털전환 촉진을 목표로 기가비트 인프라법을 통해 제도개선 방안을 구체화했다.

이와 함께 인프라에 대한 접근과 작업·구축 규칙에 관한 기준을 예측 가능하도록 제시하여 잠재적 분쟁 해결과 관련된 내용도 담을 것으로 예상된다. 통신사는 공정하고 합리적인 조건에 의거해 공공 부문 인프라에 접근할 권리를 확장하는 방향도 담는다. 공공부문의 필수 설비 개방이 확대될 것으로 예상된다. 기가비트 인프라법을 통해 EU에서 **구글과 같은 글로벌 빅테크를 겨냥한 네트워크 무임승차를 막기 위한 본격적인 절차**가 시작될 것으로 보인다.

고든 무어
Gordon Earle Moore, 1929~2023

▲ 고(故) 고든 무어

고든 무어는 미국 반도체 기업 인텔의 공동 창립자이자 50여 년 전 컴퓨터의 급격한 성능 향상을 예언함과 동시에 이를 현실화하기 위해 한평생 노력한 인물이다. 1965년 **반도체 성능이 2년마다 2배로 증가한다는 이른바 '무어의 법칙'**(Moore's Law)을 제시한 것으로도 유명하다. 3월 24일(현지 시간) 94세를 일기로 별세했다. 캘리포니아 공대 출신 반도체 개발자였던 무어는 1968년 실리콘밸리에서 인텔을 공동 창립하고, 세계 반도체 시장에서 인텔을 압도적 1위로 끌어올렸다. 무어는 '반도체 전설'로 자리매김하게 됐다.

특히 1971년 세계 최초 상업용 마이크로프로세서 '인텔 4004'를 출시해 컴퓨터 소형화의 길을 열었다. 이후 '인텔 8088'이 당시 컴퓨터 1위 업체였던 IBM PC에 장착되면서 인텔은 세계 반도체 시장을 휩쓸게 됐다. 뛰어난 리더십을 선보였던 무어는 1979년부터 1987년까지 인텔 회장과 CEO를 겸임했으며, 1997년까지 회장직을 유지했다. 2000년에는 부인과 함께 '고든 앤 베티 무어 재단'을 설립해 과학 발전과 환경보호 운동을 지원했다.

오에 겐자부로
大江健三郎, 1935~2023

▲ 고(故) 오에 겐자부로

오에 겐자부로는 제2차 세계대전 패전 이후 일본의 전후 세대를 대표하는 작가이자 사회운동가다. 지난 3월 13일 별세했다. 향년 88세. **1994년 노벨문학상을 수상했다. 가와바타 야스나리에 이은 두 번째 일본인 노벨문학상 수상자**다. 대표작으로『개인적 체험』이 있다. 전후 일본 문단을 이끈 작가이자, 일본 내 자유주의와 진보주의를 상징하는 작가로 손꼽히는 겐자부로는 노벨상을 받은 뒤 아키히토 일왕이 문화훈장을 수여하려고 하자 '전후 민주주의자로서 민주주의 위에 군림하는 권위와 가치를 인정할 수 없다'는 이유로 거부한 유명한 일화가 있다.

그는 '외국의 상은 받으면서 일본의 훈장을 거부하는 것은 말이 안 된다'는 비판에 시달렸고, 우익단체 등으로부터 위협을 받기도 했다. 이후 일본 사회의 불안한 상황과 정치적 문제에 대한 비판, 천황제와 군국주의, 평화와 공존 등을 주제로 많은 글을 발표했다. 국내외 여러 사회 문제에도 참여했다. 일본 정부가 일제 강점기 위안부 문제에 관해 사과해야 한다고 발언하는 등 일본의 양심을 대표하는 지식인으로 알려져 있다.

조광현

曺廣鉉, 1935~2023

▲ 고(故) 조광현 (자료 : 삼성서울병원)

조광현은 네티즌끼리 궁금한 것을 물으면 대답해주는 '네이버 지식인(iN)'에 '녹야(綠野)'라는 아이디로 2004년부터 지난 2022년 11월 10일까지 20년 가까이 수많은 답변을 남기며 '지식인 할아버지'로 불린 인물이다. 지난 3월 27일 노환으로 세상을 떠났다. 향년 87세. 고인의 네이버 지식인 답변 수는 5만3839건이며, 답변 채택률은 70.5%에 달한다. 고인은 '하수'부터 '절대신'으로 이어지는 19개의 네이버 지식인 랭킹 등급 중 두 번째로 높은 '수호신' 등급이었다.

고인은 경복고, 서울대 치대를 졸업한 뒤 치과를 운영했다. 전공인 치아 관련 지식과 풍부한 교양을 바탕으로 인생 지혜가 담긴 답변을 달아 인기를 끌었다. 고인의 우문현답은 온라인상에서 큰 화제를 모으며 방송 등에 여러 차례 소개된 바 있다. 건강이 악화한 후 2017년 2월, 2018년 10월 두 차례 활동 중단을 선언한 적이 있지만 아쉬워하는 팬들의 성화로 활동을 재개하기도 했다. 고인은 활동을 재개하며 실명 상태에 가까웠지만 돋보기 2개를 겹쳐 사용해가며 답변을 남기기도 한 것으로 알려졌다.

해리 스타일스

Harry Edward Styles, 1994~

▲ 해리 스타일스

해리 스타일스는 영국 출신 팝스타로, 지난해 발표한 3집 '해리스 하우스(Harry's House)'로 미국 그래미 어워즈와 영국 브릿 어워즈에서 대상 격인 '올해의 앨범상'을 수상하며 '21C 팝 아이콘'으로 떠오른 인물이다. 그는 5인조 보이그룹 원디렉션의 멤버로 대중음악을 시작했다. **원디렉션의 정규 1~4집은 미국 빌보드 메인 앨범 차트 '빌보드 200' 정상**에 올랐고 누적 음반 판매량은 약 7000만 장을 기록하는 등 세계적인 보이그룹으로 선풍적인 인기를 끌었다.

해리 스타일스는 지난 3월 20일 태국 방콕, 싱가포르, 일본 도쿄 등을 순회하는 아시아 투어 '러브 온 투어'(LOVE ON TOUR)의 일환으로 서울 올림픽공원 KSPO돔에서 첫 내한공연을 열었다. 1만 5000여 명의 관객을 동원한 이번 공연에서 해리 스타일스는 '감사해요', '사랑해요'와 같은 짧은 한국어를 공연 틈틈이 구사하고 태극기를 몸에 두르고 뛰어다니는 퍼포먼스도 준비했다. 우리 전통 갓을 머리에 쓰고 노래를 부르기도 했다. 이날 현장엔 방탄소년단(BTS), 블랙핑크 등 K팝 스타들도 관객으로서 함께했다.

현미

玄美, 1938~2023

▲ 고(故) 현미

현미(본명 : 김명선)는 재즈풍 보컬을 통해 한국형 팝을 선도했던 원로 가수다. 4월 4일 오전 이촌동 자택에서 쓰러진 상태로 팬클럽 회장에게 발견돼 인근 병원으로 옮겨졌으나 끝내 세상을 떠났다. 향년 85세. 장례는 대한가수협회장으로 치러졌다. 현미는 일제강점기 평안남도 강동군(현재의 평양시 강동군) 출신으로 한국전쟁이 한창 전개되던 1951년에 1·4 후퇴를 계기로 월남했다. 1957년 미8군 위문 공연 무대 칼춤 무용수였던 현미는 방송을 펑크 낸 여가수 대신 무대에 오르면서 가수의 길을 걷게 됐다.

우연히 당대 최고의 가수로 손꼽히던 현인에게 격려를 받고 '현미'라는 예명을 만들었다. 1962년에 작곡가 이봉조가 냇 킹 콜의 'It's A Lonesome Old Town'을 개사, 편곡한 '밤안개'라는 곡으로 가요에 정식 데뷔하였다. 이 곡을 통해 대중들에게 이름을 알리게 되었다. 1963년에는 '보고싶은 얼굴'이라는 곡을 불러 이산가족 상봉이 한창이던 당시 그들의 아픔을 노래로 달래주기도 했다. **1960년대에 패티 김, 이미자 등과 함께 대한민국의 대표 여성 가수로서 인지도를 넓혔다.**

전화공포증

call phobia

전화공포증(콜포비아)은 말 그대로 전화 통화를 하는 데 어려움과 두려움을 느껴 전화를 기피하는 증상이다. 심한 경우 전화가 올 때 ▲심장이 뛰거나 ▲식은땀을 흘리는 증상이 나타나고, 반대로 전화를 걸었지만 상대가 받지 않아 회신을 기다려야 할 때 ▲초조함 ▲두려움을 느낀다. 증상이 심각해지면 업무상 통화·전화 문의·주문 등도 불가능해져 사회생활에 지장이 생기는 경우도 빈번하다. 또 '쉬운 일도 할 수 없다'는 생각에 자존감이 떨어지고 우울감이 발현되는 사례도 있다.

가수 아이유가 전화 통화하는 것에 대한 불안과 두려움을 느끼는 이른바 '전화 공포증' 증상이 있다고 고백했다. 전문가들은 전화 공포증이 스마트폰에 익숙한 청년층에게 더 많이 나타난다고 설명한다. 음성이나 영상통화보다 카카오톡 등의 메신저, SNS 등으로 짧은 메시지를 주고받는 것을 선호하고 텍스트로 의사 전달을 하는 데 익숙한 세대에게서 주로 발현된다는 분석이다. 이미 해외에서는 전화 공포증을 치료하는 컨설팅 업체까지 생겨났다.

스페드업
sped up

스페드업이란 특정 노래의 속도를 빠르게 올리는 2차 창작 행위 또는 결과물을 가리킨다. 일반적으로 원곡 속도에 130~150%가량을 배속해 만든다. 속도를 끌어올린 곡은 가수의 목소리가 달라지거나, 가사가 뭉개지면서 원곡과는 전혀 다른 분위기를 낸다. **미국 팝스타 레이디 가가의 '블러디 메리'**(2012)**는 스페드업을 통해 11년 만에 음원 차트를 역주행**했다. 지난 11월 공개된 넷플릭스 '웬즈데이'에서 주인공 웬즈데이가 학교 무도회에서 '블러디 메리'의 빠른 버전에 맞춰 춤을 추는 장면이 화제가 되며 원곡 또한 덩달아 다시 인기를 얻었다.

스페드업이 떠오른 배경에는 숏폼 플랫폼이 있다. 틱톡, 유튜브 숏츠, 인스타그램 릴스 등 숏폼 플랫폼에서 소비되는 영상은 길어도 1분 내외다. 영상 배경에 깔리는 노래도 덩달아 짧아진다. 평균 3분 정도인 음악에서 하이라이트를 짧은 영상에 담으려다 보니 빠르게 돌린 음악에 대한 선호가 높아졌다. 스페드업 버전이 대중의 호응을 얻자 아예 빠른 템포로 배속한 음원을 정식으로 내놓는 가수들도 등장했다.

자만추

'자만추'는 신조어로 **'자연스러운 만남 추구'의 줄임말**이다. 즉 소개팅 등 인위적인 수단을 통해 이성을 만나기보다는 학교나 회사 혹은 동호회 등에서 자연스럽게 만나 연애를 시작한다는 의미다. 상대적으로 긴 시간 동안 상대와 정서적 교류를 통해 친분을 쌓고 그 과정에서 호감이 싹터 연애를 시작하는 방식을 가리키는 말이다. 이성 교제에 있어 하나의 방법론인 셈이다. 자만추의 뜻으로 **'자장면에 만두 추가'**도 있다. 중국집에서 메뉴를 고를 때 자만추라고 하는 경우 이외에는 전자의 의미로 쓴다.

자만추와 반대되는 말로는 '인만추'가 있다. 이는 '인위적인 만남 추구'의 줄임말로, 소개팅(데이팅 앱 포함)이나 맞선 등을 통해 이성을 만나는 것을 선호하는 경향을 가리킨다. 또 '운만추'는 '운명적인 만남 추구'라는 의미로 이 세상 어딘가에는 자신만의 이상형이 있어 언젠간 그를 만나게 될 것이라는 운명론자들의 연애법을 가리킨다. 이 밖에 '아만추'는 '아무나 만남 추구'의 줄임말로, 보통 오랫동안 연애를 하지 못하고 있는 사람들이 쓰는 말이다.

인구감소지역

人口減少地域

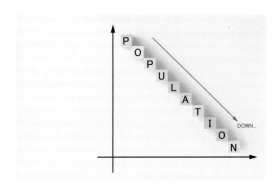

인구감소지역이란 행정안전부가 지역 인구감소 위기에 효과적으로 대응하기 위하여 지정하고 고시한 지역이다. 지역의 인구감소 문제가 심각해짐에 따라, 정부는 2022년 말 '국가균형발전 특별법' 개정과 지난 3월 동법 시행령을 개정으로 인구감소지역을 지정하고 지원할 법적 근거를 마련하였다. 인구감소지수를 구성하는 지표는 법적 고려사항과의 부합성, 통계자료의 객관성, 인구감소 현상을 설명하는 대표성 등을 검토 후 인구증감률, 고령화비율, 조출생률 등을 적용한다.

인구감소지역은 전남과 경북이 각각 16곳으로 가장 많으며 강원 12곳, 전북 10곳, 충남 9곳, 충북 6곳 등의 순이다. 정부는 지정된 인구감소지역에 대하여 지방소멸대응기금 투입, 국고보조사업 혜택 부여 등과 같은 지원책을 내놓았다. 지방소멸대응기금은 일자리 창출, 청년인구 유입, 생활인구 확대 등 다양한 인구활력 증진사업에 사용되며 해마다 1조씩 10년간 지원된다. 인구감소지역이 국고보조사업에 공모할 경우에는 가점 부여, 사업량 우선 할당 등의 혜택이 주어진다.

엘 파이스

El Pais

엘 파이스는 스페인어로 '국가'라는 뜻이며, 스페인에서 가장 큰 규모의 미디어 그룹인 프리사(PRISA)가 소유하고 있는 일간지이다. **전 세계 스페인어권에서 가장 영향력 있는 언론이다.** 프란시스코 프랑코의 39년이 넘는 독재가 끝난 뒤, 독자들의 모금을 통해 독립언론으로 첫 등장했다. 당시 독재 정권에 우호적인 매체가 많았던 스페인 언론계에서 중도 성향의 정론지로 두각을 드러냈으며 여전히 국민의 큰 호응을 얻고 있다.

엘 파이스는 지난 3월 12일(현지시간) K팝의 성공과 한국의 역사, RM의 예술품 수집 등을 다룬 RM과의 인터뷰 내용을 공개했다. RM은 기자가 K팝 스타 이면의 비인간적인 측면을 반복해서 묻자 "(그런 점이) 부분적으로 특별한 산업으로 만드는 것도 있다. 그리고 계약서나 돈, 교육적인 측면에서 상황이 많이 개선됐다"고 말했다. RM은 이런 질문을 한 기자에게 "당신은 수 세기에 걸쳐 식민지를 만들어 온 프랑스나 영국과 같은 나라에 살면서 '한국에서의 삶은 너무 스트레스가 많은 것 아닌가'라고 말한다"고 일침을 놨다.

SNS 톡! 톡!

해야 할 건 많고, (이거 한다고 뭐가 나아질까) 미래는 여전히 불안하고 거울 속 내 표정은 (정말 노답이다) 무표정할 때!
턱 막힌 숨을 조금이나마 열어 드릴게요. "톡!톡! 너 이 얘기 들어봤니?" SNS 속 이야기로 쉬어가요.

#이 정도는 알아야 #트렌드남녀

윤 대통령 횟집 뒷풀이...온라인 '시끌' ● ● ●

▲ 윤석열 대통령이 부산 해운대구 한 횟집에서 나오고 있다. (온라인 커뮤니티 캡처)

윤석열 대통령의 '횟집 뒤풀이' 비공개 사진이 SNS와 온라인 커뮤니티에 퍼져 화제가 됐다. 국제박람회기구 실사단 환송 만찬 후 비공개 저녁 일정을 가진 것으로 추정되는 이 사진에 윤 대통령 한동훈 법무부 장관, 장제원 국민의힘 의원 등 여권 실세들이 포착됐다. 야당 포함 16개 지자체장도 참석한 자리로서 모임의 성격에 문제는 없어 보이나 횟집 정문 앞에 참석자들이 도열한 모습에 일부 네티즌들은 조폭 영화의 한 장면 같다는 반응을 보였다.

@ 도열 (堵列)
사람들이 대열을 지어 죽 늘어섬. 대개 왕이나 고위 관리를 영접할 때 갖추는 행렬

#너도나도_찰칵 #경호에_문제는_없나요

피프티 피프티가 누구야...중소돌 빌보드 기적 ● ● ●

▲ 피프티 피프티가 진행하는 댄스 챌린지 (틱톡 공식 채널 캡처)

신인 그룹 피프티 피프티가 K팝 역사에 이정표를 세웠다. 데뷔 4개월만의 최단 기간에 싱글 곡 '큐피드'로 미국 빌보드 메인 차트인 핫(HOT) 100 차트에 진입한 것이다. 어트랙트 소속인 피프티 피프티는 중소 기획사 소속 아이돌로는 처음으로 핫 100 진입이란 쾌거를 이뤘다. 한국 팬들에게도 생소한 이들의 성공은 댄스 챌린지와 숏폼 콘텐츠 등 SNS를 통한 마케팅 전략이 큰 역할을 했다는 평가다.

@ 숏폼 (short-form)
2020년대 들어 크게 유행하는 10분 이내로 짧은 영상 콘텐츠

#K팝에서도 #히든_챔피언_탄생

손흥민 EPL 100골 위업 달성

▲ 2021-2022 시즌 EPL 득점왕 손흥민

손흥민이 아시아 선수 최초로 잉글랜드 프로축구 프리미어리그 (EPL) 통산 100호 골 고지를 밟았다. 4월 8일 브라이튼전에서 손흥민은 올 시즌 7호 골이자 리그 통산 260경기 만에 100골을 달성했다. 이로써 손흥민은 EPL 역사상 100골 이상을 기록한 34번째 선수가 됐다. 손흥민의 EPL 100호 골이 터지자 토트넘 SNS는 온통 팬들의 축하 메시지로 뒤덮였다. 지난 시즌 EPL 골든슈 수상 이후 올해 부진했던 손흥민의 남은 경기 활약이 기대된다.

@ 골든슈 (golden shoe)
가장 많은 득점을 기록한 선수에게 수여하는 상

#100호_골_축하해 #월클_맞습니다

디즈니랜드 2995일 연속 방문, 기네스북 올라

▲ '디즈니랜드 덕후' 제프 레이츠 씨 (SNS 캡처)

세계적인 테마파크인 미국 디즈니랜드에 하루도 빠짐없이 3000번 가까이 방문해 기네스북에 오른 사람이 있다. 미국 캘리포니아에 사는 제프 레이츠 씨는 지난 2012년 직장에서 해고를 당한 뒤, 집 근처 디즈니랜드의 연간 이용권을 얻어 매일 출석 도장을 찍었다. 새 직장을 얻은 뒤에도 디즈니랜드에 들리는 것을 하루도 빼먹지 않았다. 그가 SNS에 꾸준히 남겨놓았던 방문 기록이 공식 인증을 받으며 지난 2월 기네스북에 이름을 올렸다.

@ 디즈니랜드 (Disneyland)
월트 디즈니 컴퍼니가 운영하는 세계에서 가장 유망한 테마파크

#취미도_꾸준하면 #기네스북의_경지로

페이스북에서 이벤트도 참여하세요.

• 페이스북
facebook.com/
eduwillnet

• 에듀윌 도서몰
book.eduwill.net

• 시사상식 App
에듀윌 시사상식

구글 플레이스토어 or 애플 앱스토어에서 에듀윌 시사상식을 검색하세요.

* **Cover Story**와 분야별 **최신상식**에 나온 중요 키워드를 떠올려보세요.

01 미국 국방부 소속 정보 수집 기관으로서 중앙정보국(CIA) 예산의 두 배에 이르는 거대 조직은?
p.9

02 인공위성, 정찰기, 이지스함 등 첨단 전자 장비를 통해 수집하는 신호정보는?
p.10

03 대통령은 법률안이 정부에 이송된 뒤 며칠 이내 이의서를 붙여 국회로 환부해 재의를 요구할 수 있는가?
p.16

04 보통 벼와 수확 방식이나 형태는 같지만 성질이 밀과 비슷해 밀가루 공정 방식으로 면·빵·맥주 등을 만들기에 적합한 쌀은?
p.16

05 근로계약 체결 시 연장, 야간, 휴일근로 등을 미리 정하여 예정된 수당을 지급하는 방식은?
p.25

06 2015년 파리기후변화협약(파리협약)의 결과물로서 국가들이 자체적으로 정한 2030년까지의 온실가스 감축 목표를 일컫는 말의 영문 줄임말은?
p.33

07 매년 3월 마지막 주 토요일 오후 8시 30분부터 1시간 동안 불필요한 조명 등을 소등해 전 세계의 시민들이 참여해 자연보전을 향한 연대와 의지를 보여주는 캠페인은?
p.53

08 ▲호주 ▲영국 ▲미국 세 국가가 2021년 9월 15일 공식 출범한 삼각동맹은? p.58

09 데이터 은폐 기술 중 하나로 데이터를 다른 데이터에 삽입하는 기술은? p.66

10 아시아인 최초로 세계 5대 발레단인 독일 슈투트가르트 발레단에 입단해 전 세계의 주목을 받은 이후 20여 년간 발레리나로 활동했으며 2014년 2월부터 대한민국 국립발레단 단장으로 재임하고 있는 인물은? p.77

11 어떤 정보기술(IT) 교육 프로그램을 이수했는지 한눈에 볼 수 있게 하는 일종의 인증서는? p.86

12 자동차 경주, 경마, 육상 경기, 골프 등에서 사용되는 스포츠 용어로 경기 내내 1등을 차지하며 우승한 것은? p.91

13 유엔 안전보장이사회의 비공식적 회의체로, 안보리 이사국 간 이견 등으로 공식 회의가 어려울 때 이사국 초청으로 비이사국과 비정부기구까지 참여해 현안을 신속하게 논의하는 특별회의로 활용되는 것은? p.98

14 국내 우주스타트업 이노스페이스가 독자 개발한 엔진 검증용 시험 발사체의 이름은? p.102

정답 **01** NSA   **02** 시긴트   **03** 15일   **04** 가루쌀   **05** 포괄임금제   **06** NDC   **07** 어스아워   **08** 오커스
09 스테가노그래피   **10** 강수진   **11** 디지털 배지   **12** 와이어 투 와이어   **13** 아리아 포뮬러
14 한빛-TLV

내가 꿈을 이루면
난 다시 누군가의 꿈이 된다.

에듀윌 시사상식, 문체부 '2023 우수 콘텐츠 잡지' 선정…취업 분야로는 유일

종합교육기업 에듀윌은 월간으로 발행하는 '취업에 강한 에듀윌 시사상식'이 문화체육관광부 2023 우수 콘텐츠 잡지로 선정됐다고 3월 31일 밝혔다.

크하고 실전에 대비할 수 있도록 최신 시사 문제, 기초 상식 문제, 기출 복원 문제도 수록했다.

문화체육관광부는 매년 콘텐츠 기획 및 편집 디자인의 우수성, 내용의 전달력과 호감도, 전문성 등을 고려해 '우수 콘텐츠 잡지'를 선정한다. '취업에 강한 에듀윌 시사상식'은 시사경제교양지 부문 우수 콘텐츠 잡지로 선정됐다. 선정된 잡지 중 취업 전문 매거진은 에듀윌 시사상식이 유일하다. 에듀윌은 이번 우수 콘텐츠 잡지 선정이 2020년, 2021년에 이어 3회째라고 설명했다.

콘텐츠 우수성을 인증 받은 '취업에 강한 에듀윌 시사상식'은 공기업, 대기업, 언론사, 금융권 취업 준비에 필요한 최신 시사상식을 다룬다. 최근 발간한 4월호가 발간 직후 알라딘 시사/상식 분야에서 3월 4주 베스트셀러 1위에 등극하는 등 이미 취업 준비생들 사이에선 잘 알려진 매거진이다.

에듀윌 시사상식은 매월 그 달의 핵심 이슈를 상세히 수록하고, 분야별 최신 시사상식과 중요 뉴스, 키워드를 정리해 제공한다. 스스로 실력을 체

에듀윌 관계자는 "취업준비생을 위한 최고의 상식 월간지를 만들겠다는 일념으로 매월 더 좋은 콘텐츠를 제공하고자 최선을 다하고 있다. 세 번째 우수 콘텐츠 잡지 선정은 그러한 노력의 성과라고 생각한다"며 "앞으로도 취준생의 성공적인 취업을 뒷받침할 수 있도록 노력하겠다"고 전했다.

PART

03

취업상식
실전TEST

취업문이 열리는 실전 문제 풀이

최근 출판된 에듀윌 자격증·공무원·취업
교재에 수록된 문제를 제공합니다.

01 현재 '주 52시간 근무제'의 적용을 받지 않는 특례업종이 아닌 것은?

① 육상운송업
② 수상운송업
③ 보건업
④ 교육서비스업

해설 '주 52시간 근무제'는 1주일당 법정 근로시간을 52시간으로 제한하는 근로 제도이다. 1일 최대 8시간, 1주 최대 40시간 근무 원칙을 기본으로 연장근무는 최대 12시간으로 제한된다. 주 52시간 근무제를 적용받지 않는 특례업종은 육상운송업·수상운송업·항공운송업·기타 운송관련 서비스업·보건업 등 5개 업종이다.

尹, '주 69시간 근로제' 공식철회...이정식 장관 "송구"

▲ 3월 21일 용산 대통령실 청사에서 열린 국무회의 (자료 대통령실)

지난 3월 21일 서울 용산 대통령실 청사에서 진행된 국무회의에서 윤석열 대통령이 주 69시간제 논란을 직접 정리했다. 윤 대통령은 "주당 60시간 이상의 근무는 건강보호 차원에서 무리라고 하는 생각은 변함이 없다"고 말해 먼저 발표된 정부 입법예고안을 거둬들이며 주 60시간을 상한선으로 제시하였다.

국회에서 우원식 더불어민주당 의원은 "무슨 정책이 이렇게 대통령 말 다르고 장관 말 다르고 또 대통령실 말 다르고 이런 정책이 어디 있나"며 대통령실과 정부의 입장이 제각각이라고 질타했다. 이정식 고용노동부 장관은 "주무 부처 장관으로서 제가 많은 부족함이 있었고 송구스럽게 생각한다"며 정책혼선에 대해 사과했다. 고용노동부는 주 60시간을 넘지 않는 근로시간 개편안 마련에 착수했다.

정답 ④

02 2022년 개정법에 따라 검찰이 수사를 개시할 수 있는 범죄는?

① 부패, 마약범죄
② 공직자범죄, 선거범죄
③ 경제범죄, 방위사업범죄
④ 부패, 경제범죄

해설 2022년 4월 30일과 5월 3일 더불어민주당 주도로 국회를 통과한 개정 검찰청법과 형사소송법은 검찰이 직접 수사를 개시할 수 있는 범죄의 종류를 기존 6대 범죄(공직자범죄·선거범죄·방위사업범죄·대형 참사·부패·경제범죄)에서 2대 범죄(부패·경제범죄)로 축소하고, 경찰이 수사한 사건에 대해 동일 범죄 사실 내에서만 보완수사가 가능하도록 규정했다.

'검수완박' 유효 결정 후폭풍

이른바 '검수완박(검찰 수사권 완전 박탈)' 입법에 대해 헌법재판소가 법 자체는 유효하다고 판단을 내리자 정치권에서 후폭풍이 거셌다. 헌재는 국회 입법 과정에서 당시 법사위원장이 국민의힘 의원들의 심의·표결권을 침해했으나, 법사위원장과 국회의장의 법률 가결 선포 행위는 무효가 아니라고 판단했다. 이에 더불어민주당은 검수완박 입법의 위헌성을 주장해온 한동훈 법무부 장관이 자진 사퇴해야 한다는 입장이다. 또 법안이 유효하다는 헌재 결정이 나온 만큼 입법 취지를 거스르는 '검수원복(검찰 수사권 원상복구) 시행령'을 폐기하라고 압박했다.

국민의힘은 검수완박 입법 과정에 절차적 문제가 있었다고 인정하고도 법 효력을 유지한 헌재의 결정을 정면으로 비판했다. 국민의힘 김기현 대표는 헌재의 결정에 대해 "민·우·국 (민변·우리법연구회·국제인권법연구회) 카르텔의 반(反) 헌법 궤변"이라고 비난했다. 헌법재판관 9명 중 문재인 정부에서 임명된 5명의 재판관(유남석·이석태·김기영·문형배·이미선)이 민주당에 유리한 보은성 결정을 내렸다는 것이다.

정답 ④

03 〈보기〉에서 이것에 해당하는 용어는?

| 보기 |

이것은 모바일 채널과 빅데이터 분석, 가상현실 등 정보통신기술(ICT)을 접목해 혁신적인 부동산 관련 서비스를 제공하는 것을 뜻한다. 스마트폰이나 인터넷을 통한 부동산 거래는 물론 부동산 가치 평가, 임대 관리, 프로젝트 개발 등이 대표적이다.

① 테크핀　　　　② 프롭테크
③ 핀테크　　　　④ 앱테크

해설 부동산(property)과 기술(technology)의 합성어인 프롭테크(proptech)에 대한 설명이다.
① 테크핀 : 정보기술업체의 주도로 IT기술 기반 금융 서비스를 제공하는 것
③ 핀테크 : 금융서비스와 IT기술을 결합한 차별화된 금융서비스
④ 앱테크 : 스마트폰으로 리워드앱(reward app)을 통해 적립금 등의 혜택을 받는 것

🗂 **아파트 공시가 역대 최대 하락**

올해 공동주택 평균 공시가격이 지난해보다 18.61% 낮아졌다. 이는 공시가격 제도를 도입한 2005년 이후 가장 큰 폭의 하락이다. 2014년부터 이어져 오던 공시가격 상승세가 10년 만에 꺾였다. 재작년 19.05%, 작년 17.20% 급등한 뒤 이번에 18% 넘게 하락하며, 공시가격은 재작년 수준이 되었다.

계속된 금리 인상에 따른 집값 하락이 가장 큰 요인이다. 올해 공동주택 공시가격 현실화율을 2.5%p 내린 것도 낙폭을 더 키웠다. 아파트 공시가격이 역대 최대 폭 하락하면서, 재산세, 종합부동산세 등 보유세 부담도 크게 줄어들 전망이다. 공시 가격 하락과 함께, 기본 공제금액을 9억 원으로 올리는 등의 종부세 개편안 시행, 과세표준에 적용되는 공시가격 비율인 공정시장가액비율 60% 적용이 겹쳤기 때문이다.

정답 ②

---

04 기후변화와 경제 문제를 동시에 풀기 위해 친환경 사업에 대규모 투자하는 정책은?

① 그린러시
② 골드러시
③ 그린뉴딜
④ 한국형 뉴딜

해설 그린뉴딜(green New Deal)이란 환경과 사람이 중심이 되는 지속가능한 발전을 뜻한다. 화석에너지 중심의 에너지 시스템을 신재생에너지로 전환하는 등 저탄소 경제 구조로 진화하면서 고용과 투자를 늘리는 정책이다.
① 그린러시 : 캐나다, 미국 일부 지역 등 대마초(마리화나)가 합법화된 지역에서 대마초 관련 주식 등으로 자금 혹은 사람이 몰려드는 현상
② 골드러시 : 19C 미국에서 금광이 발견된 지역으로 사람이 몰려든 현상
④ 한국형 뉴딜 : 문재인 정부가 코로나19로 주춤해진 성장 동력을 확보하기 위해 발표한 정책

🗂 **탄소 배출 목표치 완화...재계 "여전히 부담"**

3월 21일 2050탄소중립녹색성장위원회가 공개한 제1차 국가 탄소중립·녹색성장 기본계획에서 2030년 산업 부문의 탄소 배출 목표치를 2억 3070톤으로 설정했다.

산업계가 2018년 배출한 탄소 총량은 2억6050만톤인데 2030년까지 11.4%(2980만톤) 줄여야 한다는 의미다. 2021년 문재인 정부 때 산업계가 2030년까지 탄소 배출량을 2018년 대비 14.5%(3790톤) 줄여야 한다는 목표치를 설정했는데, 이를 3.1%p 하향했다.

전국경제인연합회는 "국가온실가스감축목표(NDC) 산업부문 목표치를 산업계의 현실을 일부 반영해 하향 조정한 것에 대해 긍정적으로 평가한다"면서도, "11.4% 감축도 제조업 중심인 우리나라 산업구조를 고려할 때 매우 도전적인 목표"라며, "국내 기업들이 고비용·고위험 탄소 감축 기술 개발과 상용화에 적극적으로 나설 수 있도록 정부가 세제 혜택 등을 마련해줄 것을 요청한다"고 강조했다.

정답 ③

05 다음 중 '육아휴직'에 대한 설명으로 옳은 것은?

① 8세 이하 또는 초교 2년 이하 자녀가 있는 근로자가 양육을 위해 휴직할 수 있는 제도다.

② 출산 이후 근로자가 근무를 중단하고 휴식을 취하는 제도이다.

③ 아이가 성인이 될 때까지 근로자가 일정 기간 근무를 중단하는 제도이다.

④ 가족 구성원 중 하나가 심각한 질병 등으로 병원에 입원했을 때 간병을 위해 휴식을 취하는 제도이다.

해설 육아휴직이란 8세 이하 또는 초등학교 2학년 이하의 자녀가 있는 남녀 근로자가 양육을 목적으로 사업주에 휴직을 신청하는 제도이다.

🗂 직장인 45%, "육아휴직 자유롭게 못 써"

지난해 합계출산율이 0.78명으로 역대 최저를 기록한 가운데 육아휴직을 자유롭게 쓰지 못하는 직장인이 절반 가까이 된다는 조사 결과가 나왔다. 시민단체 직장갑질 119와 사무금융우분투재단이 여론조사기관 엠브레인 퍼블릭에 의뢰해 남녀 직장인 1000명을 대상으로 설문한 결과 응답자 45.2%가 "육아휴직을 자유롭게 쓸 수 없다"고 응답했다. 이러한 응답률은 비정규직(58.5%), 5인 미만 사업장 노동자(67.1%), 월급 150만원 미만 노동자(57.8%) 등 '노동 약자'가 평균보다 높았다.

출산휴가에 대해서는 직장인 39.6%가 마음대로 사용할 수 없다고 답했다. 가족돌봄휴가 역시 응답자의 53%가 자유롭게 쓰지 못하는 것으로 조사됐다. 직장갑질119 관계자는 "정부는 직장인들이 마음 놓고 아이를 낳을 수 있도록 노동시간을 줄이고, 출산·육아·돌봄 휴가를 확대하는 한편 이를 위반하는 사업주를 강력히 처벌해야 한다"고 말했다.

정답 ①

06 미국 기준금리 인상이 한국에 미치는 부정적인 영향에 해당하지 않는 것은?

① 외국인 투자 감소로 인한 환율 하락

② 인플레이션 증가로 인한 가계 부채 상승

③ 대출 이자 상승으로 인한 경제활동 부진

④ 주식시장 악영향으로 인한 금융 불안

해설 기준금리 인상이 주식시장에 미치는 영향은 상황에 따라 유동적이기 때문에 일반화하기 어렵다.

🗂 美 기준금리 5%로 올려...한미 금리차 1.5%p 역대 최대

미국 연방준비제도(연준·Fed)가 3월 22일(현지시간) 기준금리를 0.25%p 또 인상했다. 이로써 연준의 기준금리는 2007년 이후 다시 최고 수준을 기록하게 됐다. 연준은 지난해 3월부터 최근 40년 내 최악의 인플레이션을 잡겠다는 목표로 공격적으로 금리를 인상하고 있다. 지난해 6월, 7월, 9월, 11월에는 4차례 연속 파격적인 자이언트 스텝(한꺼번에 금리를 0.75%p 올리는 것)을 밟기도 했다. 이후 물가 상승세가 둔화할 조짐을 보이자 인상 폭을 지난해 12월 0.5%p, 올 2월 0.25%p로 줄이면서 속도 조절을 했다.

연준의 이날 베이비스텝은 인플레이션 잡기와 금융 안정이란 두 목표를 절충한 성격으로 풀이된다. 시장에서도 0.25%p 인상 전망이 가장 많았다. 한편 연준의 베이비스텝으로 한국과의 기준금리 차는 기존 1.25%p에서 1.5%p로 확대됐다. 이에 따라 지난 2월 기준금리를 3.5%로 동결한 한국은행에 대한 금리 인상 압박이 커질 것으로 관측된다.

정답 ④

07 러시아-우크라이나 전쟁에서 러시아를 지지하는 나라가 아닌 것은?

① 아르메니아
② 벨라루스
③ 중국
④ 호주

해설 러시아가 우크라이나를 침공하자 호주 정부는 러시아 여행 금지, 금융 제재 등을 발표했으며, 군사 원조를 위해 7000달러(약 843억원) 상당의 미사일과 탄약 등을 지원했다. 아르메니아는 러시아와 강력한 경제적 유대 관계에 있으며, 벨라루스는 폴란드와 러시아 사이에 위치한 대표적 친러시아 국가다.

🗂 중러 정상회담…'반미 연대' 과시

시진핑 중국 국가주석과 블라디미르 푸틴 러시아 대통령이 정상회담을 통해 미국에 대해 세계 안정을 해치지 말라고 경고하며 강력한 반미 연대를 과시했다. 성명에서 두 정상은 "러시아는 어떤 형태의 대만 독립에도 반대하며, 중국의 행동을 확고히 지지한다"며 우크라이나 전쟁에 대해선 "위기를 '통제할 수 없는 단계'로 밀어붙일 모든 조처를 중단하라"고 밝혔다.

시 주석은 푸틴 대통령으로부터 극진한 환대와 예우를 받았다. 시 주석이 공항에서 시내로 향하는 동안 도로 곳곳에는 그의 방문을 환영하는 입간판이 세워졌고 만찬이 끝난 뒤 푸틴 대통령은 숙소로 돌아가는 시 주석을 자동차까지 바래다주는 파격까지 선보였다. AP통신은 이날 환영식에 대해 시 주석의 2박 3일 방문이 러시아에 얼마나 중요한지를 그대로 드러낸 행사였다고 설명했다.

정답 ④

08 국가가 국민의 퇴직, 질병, 사망, 장애 등으로 소득 활동이 중단되는 경우를 대비하여 전 국민을 대상으로 시행하는 제도는?

① 건강보험
② 국민연금
③ 고용보험
④ 산재보험

해설 국민연금이란 국민 개개인이 소득활동을 하는 동안 일정한 보험료를 납입하고, 퇴직, 질병, 사망, 장애 등으로 소득 활동이 중단된 경우 본인이나 유족에게 연금을 지급하는 사회 보장 제도를 말한다.
① 건강보험 : 질병, 상해, 사망, 해산 따위의 경우에 의료를 위하여 든 비용이나 그로 인한 수입 감소를 보상하는 보험을 통틀어 이르는 말이다.
③ 고용보험 : 실직한 근로자의 생활안정과 재취업을 대비하기 위한 사회보험이다.
④ 산재보험 : 공업화가 진전되면서 급격히 증가하는 산업재해 근로자를 보호하기 위하여 1964년 도입된 우리나라 최초의 사회보험제도이다.

🗂 佛 '연금 대수술' 강행…정년 64세로 연장

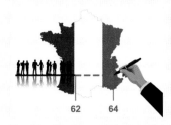

62   64

프랑스 정부가 정년 연장을 강행한다. 정년을 62세에서 64세로 늦추는 에마뉘엘 마크롱 프랑스 대통령의 연금개혁이 3월 20일(현지시간) 의회 문턱을 넘어 마무리 단계에 들어섰다. 이번에 통과된 연금개혁안은 정년을 올해 9월부터 해마다 3개월씩 점진적으로 연장해 2030년에는 64세가 되도록 하는 법안이다. 또 연금을 100% 수령하기 위해 보험료를 납부하는 시간을 기존 42년에서 43년으로 1년 늘리고, 그 시점을 2035년에서 2027년으로 앞당기기로 했다. 연금개혁은 이르면 9월 시행된다.

마크롱 대통령은 대선 때 자신의 간판 공약이었던 연금개혁안 공약을 뚝심 있게 통과시켰지만 한편으로는 '무늬뿐인 성공'에 그친 것 아니냐는 냉정한 평가도 나온다. 야권과 국민을 설득하는 데 실패해 더 큰 정치적 후폭풍 역시 피할 수 없게 됐기 때문이다. 법안 강행에 앞서 국민 설득을 위한 노력을 더 치밀하게 했어야 한다는 비판을 받았다.

정답 ②

09 조지 W. 부시 행정부 당시 수립돼 현재까지 유지되고 있는 미국의 북핵 해결 기본 원칙은?

① CVIG

② CVID

③ FFVD

④ PVID

해설 CVID(Complete, Verifiable, Irreversible Dismantlement)는 완전하고 검증 가능하며 불가역적인(돌이킬 수 없는) 핵 폐기를 의미하는 표현으로 조지 W. 부시 미국 대통령 재임 시절 북핵 문제에 대한 미국의 목표를 천명하며 사용한 표현이다. 이는 북한의 핵 개발 프로그램을 완전히 복구 불가능한 상태로 만들어야 한다는 뜻을 담고 있다. 그러나 북한이 사실상 핵무기를 보유했을 것으로 추정되고 미국이 북핵 폐기보다 관리 차원의 정책으로 전환한 시점에서 CVID가 실효성을 지닐 수 있는지에 대해서는 논란이 있다.

📂 권영세 "북한 7차 핵실험 반드시 할 것"

권영세 통일부 장관은 북한의 7차 핵실험과 관련해 "시기를 판단하기 어렵지만, 반드시 실시할 것"이라는 견해를 밝혔다. 권 장관은 3월 22일 보도된 일본 아사히신문과 인터뷰에서 북한이 미중 대립과 러시아의 우크라이나 침공 등 국제정세 변화에 편승하고 있다며 이같이 말했다.

북한이 핵과 미사일 개발을 활발히 하는 이유에 대해서는 "내부 결속과 체제 유지를 위한 측면이 강한 것 아니냐"고 분석했다. 권 장관은 윤석열 정부의 대북 정책에 대해 "강대강인 것만은 아니다. 인도적 협력과 지원은 언제나 노력하겠다고 되풀이해 말해 왔다"며 "하지만 북한의 반응이 없어 대화가 차단되고 있다"고 말했다. 김정은 조선노동당 총비서 겸 국무위원장의 딸 김주애의 빈번한 등장에 대해서는 "핵개발과 딸을 함께 등장시켜 관심을 끌기 위한 목적도 있고, 핵무기를 후손의 안전을 위한 것이라고 선전하기 위한 목적도 있을 것"이라고 분석했다.

정답 ②

10 다음 중 지식재산권이 아닌 것은?

① 저작권

② 특허권

③ 의장권

④ 저당권

해설 저당권은 부동산 등 물건에 대한 담보 권리다. '지식재산권'은 문예·연극·음악·예술·방송 및 기타 지적·정신적인 창작물에 대한 배타적, 독점적 권리인 '저작권'과 특허권·실용신안권·의장권·상표권을 포함하는 '산업소유권'으로 구분한다.

📂 '검정고무신' 사업 77개...작가 몫은 겨우 1200만원

▲ 고(故) 이우영 작가 (유튜브 '검정고무신 작가 이우영' 캡처)

저작권 분쟁 도중 고인이 된 이우영 작가가 지난 15년 동안 애니메이션 '검정고무신'으로 받은 돈이 1200만원에 불과하다는 주장이 나왔다. 이우영작가사건대책위원회 대변인 김성주 법무법인 덕수 변호사는 "약 15년 동안 '검정고무신'으로 사업화를 한 개수가 77개를 넘어가는데 정작 고(故) 이우영 작가님이 수령한 금액은 저희가 파악한 것으로는 총 1200만원에 불과하다"며 "심지어 어떤 명목으로 지급한 돈인지도 알 수가 없다"고 밝혔다.

이 작가는 캐릭터 업체 형설앤과 '검정고무신' 사업권 설정 계약을 체결한 후부터 심적 고통을 겪어온 것으로 알려졌다. 형설앤 측은 '검정고무신' 저작물 관련 사업화를 포괄적·무제한·무기한으로 마음대로 할 수 있도록 하는 내용을 계약서에 담았다. 김 변호사는 "계약기간을 설정하지 않아 영구적인 사업권을 설정한 점, 사업 내용과 종류를 전혀 특정하지 않았고 원작자 동의 절차도 없다는 점 등에서 이 계약은 불공정하고 효력이 없다"고 했다.

정답 ④

11 IPv4를 대폭 확장한 차세대 인터넷주소 체계는 무엇인가?

① IPv1
② IPv2
③ IPv5
④ IPv6

해설 IPv6는 IPv4를 대폭 확장한 차세대 인터넷주소 체계다. IPv4는 약 43억 개(2의 32제곱)의 인터넷주소를 만들어낼 수 있는 반면, IPv6는 2의 128제곱(43억×43억×43억×43억)개의 주소를 생성할 수 있어 인터넷주소 부족 현상을 해결할 수 있다.

12 다음 중 2026 북중미월드컵 본선까지 한국 축구 대표팀의 사령탑을 맡기로 한 인물은?

① 위르겐 클린스만
② 파울루 벤투
③ 울리 슈틸리케
④ 딕 아드보카트

해설 파울루 벤투의 후임으로 위르겐 클린스만이 선임됐다. 역대 9번째 외국인 감독이다. 계약기간은 3년 5개월로 2026 북중미월드컵까지 대한민국 축구 대표팀을 이끈다.
② 파울루 벤투 : 2018년 8월 선임되어 최근 열린 2022 카타르 월드컵까지 대표팀을 이끌었다.
③ 울리 슈틸리케 : 2014년 9월부터 2017년 6월까지 대표팀을 이끌었다.
④ 딕 아드보카트 : 조 본프레레의 뒤를 이어 2005년 9월부터 약 10개월간 대표팀 사령탑을 맡았다.

📁 KT, 양자 인터넷 기술 국제표준화 주도한다

KT 주도로 양자인터넷의 국제표준 기술 개발이 추진된다. '양자 기술'은 4차 산업혁명 시대에 높은 잠재력을 가진 새로운 기술 트렌드로 손꼽힌다. 차세대 보안 암호, 컴퓨팅, 통신 등 다양한 분야에 적용 가능하기 때문이다. 이처럼 세계적으로 양자 기술이 주목받는 가운데 이동통신사 KT가 양자 기술 국제표준화 과제 승인을 받는 성과 확보에 성공했다.

KT는 이번 표준화 과제를 수행함으로써 선진국과의 양자 기술 격차를 좁힐 수 있을 것으로 기대했다. 이종식 KT 융합기술원 인프라DX연구소장 상무는 "KT는 국내 최초로 상용 인터넷 서비스를 시작했던 통신인프라 분야의 기술력을 바탕으로 양자 인터넷 서비스 상용화에도 기여할 수 있도록 양자 기술의 연구개발에 집중하겠다"고 말했다.

정답 ④

📁 클린스만호 데뷔전서 콜롬비아와 2-2 무승부

대한민국 축구 대표팀과 새로운 여정을 시작한 위르겐 클린스만 감독이 콜롬비아와의 국가대항전 (A매치)에서 첫 신고식을 무승부로 기록했다. 손흥민(토트넘)은 세계적인 공격수답게 멀티골을 기록하며 '클린스만호 1호

▲ 클린스만 축구 대표팀 감독 (자료 : 대한축구협회)

골'의 주인공이 됐다.

한국 대표팀은 3월 24일 울산 문수축구경기장에서 열린 콜롬비아와의 친선경기에서 2-2로 비겼다. 이날 경기는 지난해 12월 브라질과의 카타르 월드컵 16강전(1-4 패) 이후 한국 대표팀이 치른 첫 A매치였다. 파울루 벤투(포르투갈) 감독의 후임으로 한국 대표팀 사령탑에 오른 클린스만 감독의 데뷔무대이기도 했다. 이어서 3월 28일 열린 우루과이와의 재대결에서 대표팀은 2대 1로 패하며 클린스만 감독은 첫 승 달성을 다음으로 미뤘다.

정답 ①

01 경기가 침체되었는데도 오히려 물가가 지속적으로 상승하는 경우는?

① stagflation
② agflation
③ inflation
④ deflation

해설 스태그플레이션(stagflation)은 스태그네이션(stagnation)과 인플레이션(inflation)의 합성어로 경기 침체에도 불구하고, 오히려 물가가 지속적으로 상승하는 현상을 말한다.

② 애그플레이션(agflation) : 농산물 가격이 급등함에 따라 물가가 상승하는 현상
③ 인플레이션(inflation) : 장기간에 걸쳐 물가가 계속 오르고 화폐의 가치는 떨어지는 현상
④ 디플레이션(deflation) : 경기가 하강하면서 물가도 하락하는 현상

정답 ①

02 사용자가 시간과 장소에 구애받지 않고 자유롭게 네트워크에 접속할 수 있는 정보통신 환경을 무엇이라 하는가?

① 사이버스쿼팅
② 유비쿼터스
③ 디지털 컨버전스
④ 사이버 월드

해설 유비쿼터스(ubiquitous)는 사용자가 시간과 장소에 구애받지 않고 자유롭게 네트워크에 접속할 수 있는 정보통신 환경을 말한다.

정답 ②

03 다음 설명 중 틀린 것은?

① 아웃소싱은 기업의 중심 업무를 외부의 제3자에게 위탁해 처리하는 경영기법이다.
② 다운사이징은 조직의 슬림화를 통해 능률의 증진을 추구하는 경영기법이다.
③ 벤치마킹은 경쟁업체의 뛰어난 점을 배우면서 부단히 자기 혁신을 추구하는 경영기법이다.
④ 리엔지니어링은 기업의 체질 및 구조와 경영 방식을 근본적으로 재설계하여 경쟁력을 확보하는 경영혁신기법이다.

해설 아웃소싱(outsourcing)은 비용 절감과 서비스 수준 향상 등을 위해 기업은 중심 업무에만 집중하고 중요도가 떨어지는 업무는 기업 외부의 제3자에게 위탁해 처리하는 경영전략이다.

정답 ①

04 세계보건기구의 약어는?

① WHO
② ILO
③ UNESCO
④ ITU

해설 세계보건기구(WHO)는 유엔 산하 50여 개 전문기구 중에서 가장 크고 오래된 국제기구로서 2차 세계대전 이전의 국제보건 업무를 승계하여 1948년에 설립되었다.

정답 ①

05 다음 중 수산자원보호지역을 일컫는 말은?

① 레드오션
② 블루벨트
③ 그린존
④ 그린라운드

해설 블루벨트(blue belt)는 바다의 수자원을 보호하기 위하여 설정해놓은 수산자원보호지역으로 청정해역이라고도 한다. 우리나라의 경우 한려수도 일대와 서해안 일부가 이에 해당한다.

정답 ②

06 신제품에 대한 정보를 다른 사람보다 먼저 접하고 가장 먼저 제품을 구입하는 첫 번째 소비자군을 일컫는 말은?

① 얼리어답터
② 트윈슈머
③ 트레저헌터
④ 프로슈머

해설 얼리어답터(early adopter)는 신제품에 빠르게 반응하는 소비자군으로 1972년 커뮤니케이션 학자 에버렛 로저스가 그의 저서 『혁신의 확산』에서 처음으로 언급한 용어다.

정답 ①

07 사서오경(四書五經)의 '사서(四書)'에 해당하지 않는 것은?

① 논어
② 맹자
③ 시경
④ 중용

해설 사서(四書)는 ▲논어(論語) ▲맹자(孟子) ▲대학(大學) ▲중용(中庸), 오경(五經)은 ▲시경(詩經) ▲서경(書經) ▲역경(易經) ▲예기(禮記) ▲춘추(春秋)다.

정답 ③

08 다음 중 김홍도의 작품이 아닌 것은?

① 미인도
② 낭구도
③ 소림명월도
④ 군선도

해설 미인도는 신윤복의 작품이다.

정답 ①

09 다음 중 타고르의 대표적인 서정시집은?

① 이니스프리의 호도
② 기탄잘리
③ 황무지
④ 싯다르타

해설 1913년 노벨 문학상을 수상한 인도의 시인 타고르(Tagore, 1861~1941)의 대표적인 서정시집은 『기탄잘리(Gitanjali)』이다. 기탄잘리는 '신에게 드리는 송가'라는 뜻으로, 타고르는 경건하면서도 감미로운 시로 뜨거운 신앙을 노래했다.

정답 ②

10 다음 중 **AE제도**에 대한 설명으로 가장 적절한 것은?

① 광고주의 광고 활동 전반을 도맡아 대행하는 제도
② 사전 제작 드라마 시스템
③ 라디오나 TV 등에 의한 광고제도
④ 광고 없이 제작되는 방송국 프로그램

해설 AE제도(Account Executive system)는 광고주를 대신해 광고 기획 담당자가 광고 활동 전반을 도맡아 대행하는 제도를 말한다.
정답 ①

11 다음 중 대통령제가 아닌 국가는?

① 영국
② 미국
③ 멕시코
④ 대한민국

해설 영국은 의원내각제 국가이다. 캐나다, 일본, 유럽과 오세아니아 국가들이 의원내각제를 채택하고 있다.
정답 ①

12 애로호 사건의 결과로 체결된 조약은?

① 난징조약(南京條約)
② 천진조약(天津條約)
③ 황푸조약(黃埔條約)
④ 베이징조약(北京條約)

해설 애로호 사건은 1856년 영국기를 게양하고 있던 애로호에 청나라 관헌이 들이닥쳐 영국기를 끌어내리고 밀수 혐의가 있는 중국인 선원을 체포한 사건으로, 제2차 아편전쟁이라고도 한다. 애로호 사건의 결과로 1860년 청나라는 영국·프랑스·러시아와 베이징조약(北京條約)을 맺게 된다.
정답 ④

2023 MBN 뉴스PD · 제작PD

※ 약술형

01 챗GPT

02 체리슈머

03 이해충돌방지법

04 안전운임제

05 노란봉투법

06 사건의 지평선

07 과이불개

08 몸테크

_____

_____

_____

_____

_____

10 자이언트 스텝

_____

_____

_____

_____

_____

09 노랜딩

_____

_____

_____

_____

_____

11 소비기한표시제

_____

_____

_____

_____

_____

정답

01 챗GPT는 OpenAI에서 개발한 대화형 인공지능 기술이다. 대규모 텍스트 데이터셋을 사용해 사전 훈련된 GPT(Generative Pre-trained Transformer)모델을 기반으로 다양한 자연어 처리 태스크를 수행한다. 이를 통해 다양한 분야에서 응용될 수 있다.

02 체리슈머는 한정된 자원을 극대화하기 위해 최대한 알뜰하게 소비하는 전략적 소비자를 가리킨다. 기업의 상품이나 서비스를 구매하지는 않으면서 부가 혜택을 통해 실속을 차리기에만 관심을 두고 있는 소비자인 체리피커가 진화한 개념이다.

03 이해충돌방지법은 공직자가 직무상 권한을 남용해 자신이나 가족이 인허가, 계약, 채용 등의 과정에서 이익을 보지 못하도록 한 법이다. 공직자 및 가족이 해당 공공기관 및 산하기관 등에 채용되거나 수의계약을 맺지 못하도록 한 것이다.

04 안전운임제는 화물노동자에게 적용하는 최저임금제 개념이다. 저운임으로 인한 과로, 과적 그리고 과속운행을 개선한다는 목적도 있다. 화물연대 측은 일몰제로 시행된 안전운임제의 연장 시행을 주장했지만 경영계에서 물가 상승을 이유로 거부하며 갈등이 벌어졌다.

05 노란봉투법이란 노조의 파업으로 발생한 손실에 대한 사측의 무분별한 손배소 제기와 가압류 집행을 제한하는 등의 내용을 담은 '노동조합 및 노동관계조정법 개정안'을 말한다.

06 사건의 지평선은 일반 상대성 이론에서 예측된 개념으로 내부에서 일어난 사건이 외부에 어떠한 영향을 미치지 않게 되는 경계면, 즉 블랙홀의 경계면을 말한다. 우주에 관심이 많다고 알려진 가수 윤하의 곡 제목이기도 하다.

07 과이불개(過而不改)는 공자 『논어』에서 유래한 말로 '잘못을 하고도 고치지 않는다'는 뜻이다. 2022년 교수들이 한국 사회를 표현한 올해의 사자성어로 선정했다.

08 몸테크란 '몸'과 '재테크'를 합성한 신조어로 노후 주택을 구매해 불편함을 감수하며 거주하면서 향후 재개발이나 재건축을 노리는 재테크 방식이다.

09 노랜딩은 사전적으로 무(無)착륙이란 뜻으로, 경제가 침체나 소강상태에 빠지지 않고 상당 기간 호황을 유지하는 것을 말한다.

10 자이언트 스텝이란 미국 연방준비제도(Fed·연준)에서 기준금리를 한번에 0.75%p 인상하는 것을 말한다. 연준은 일반적으로 기준금리를 한번에 0.25%p씩 조정하는데 이를 베이비 스텝이라고 지칭하는 데서 유래한 말이다.

11 소비기한표시제는 식품 표시나 광고에서 유통기한 대신 소비기한을 표기하도록 한 제도이다. 유통기한은 판매자와 영업자 중심 표시제라면 소비기한은 소비자가 식품을 섭취해도 건강과 안전에 문제가 없는 기한으로서 소비자에 중심이 맞춰져 있다.

12 베르테르 효과

13 다누리

14 횡재세

15 확장현실(XR)

16 캔슬컬처

17 성년후견제도

18 제시카법

19 부커상

20 돌민정음

21 셀피노믹스

22 영구적 위기

23 제롬 파월

24 웹3.0

25 팝콘브레인

26 콘고지신

27 풍선을 든 소녀

28 쏠드족

29 컨셔스 패션

30 불쾌한 골짜기

31 플라스틱 방앗간

32 P2E 게임

33 아웃링크

34 가처분신청

23 제롬 파월은 미국 중앙은행 격인 연방준비제도(Fed·연준) 의장이다. 매파(긴축 선호)도 비둘기파(완화 선호)도 아닌 중립 성향으로 분류되다가 2022년부터 미국이 40여 년만의 기록적인 인플레이션을 겪자 연거푸 빅스텝을 단행하며 매파로 돌아섰다.

24 웹3.0이란 탈중앙화와 개인의 콘텐츠 소유를 주요 특징으로 하는 차세대 인터넷 개념이다. 웹 3.0을 구현한 대표적인 사례로는 NFT(대체불가능토큰)와 디파이(DeFI·탈중앙 금융)가 있다. 웹3.0은 구글, 메타, 애플, 아마존 등 거대 IT 회사들이 중앙집중화 형태로 통제했던 기존 웹2.0의 대안으로 꼽힌다.

25 팝콘브레인은 컴퓨터, 스마트폰 등 전자기기에 지나치게 의존한 나머지 팝콘을 튀길 때처럼 곧바로 튀어 오르는 것에만 반응할 뿐, 사람의 감정이나 느리게 변화하는 진짜 현실에 대해서는 무감각해진 뇌 구조를 말한다.

26 콘고지신은 '옛것을 익히고 새로운 것을 안다'라는 뜻의 사자성어 '온고지신'과 '콘텐츠'의 합성어로, 과거의 콘텐츠를 활용해 새로운 수요를 창출하는 전략을 의미한다. 한국콘텐츠진흥원이 발표한 '2023년 콘텐츠 산업 전망 키워드 10가지' 중 하나로 포함됐다.

27 풍선을 든 소녀는 익명으로 활동하는 영국 예술가 뱅크시의 작품이다. 소더비 경매에 나온 이 그림은 낙찰되는 순간에 그림이 액자 아래로 내려오며 반쯤 파쇄되는 퍼포먼스로 미술계에 충격을 안겨줬고 반쯤 잘린 그림은 오히려 수십 배가 오른 가격에 낙찰됐다.

28 쏠드족은 스마트와 올드의 합성어로, 건강과 체력을 바탕으로 사회생활을 지속하고 변화하는 시대에 적응해가며 은퇴자산을 관리해나가는 현명한 노년층을 말한다.

29 컨셔스 패션이란 의식(conscious)하는 패션이란 뜻으로, 소재부터 제조까지 친환경적이고 윤리적인 생산 과정을 거친 의류 또는 이러한 의류를 소비하는 트렌드를 의미한다.

30 불쾌한 골짜기는 인간이 인간과 거의 흡사한 로봇의 모습과 행동에 거부감을 느끼는 감정 영역을 말한다. 연구에 따르면 로봇이 사람과 흡사해질수록 인간이 로봇에 대해 느끼는 호감도가 증가하지만, 어느 정도에 도달하게 되면 섬뜩함과 혐오감을 느끼게 된다. 그러다가 로봇의 외모나 행동이 인간과 완전히 구별할 수 없을 정도가 되면 다시 호감도가 증가한다.

31 플라스틱 방앗간이란 크기가 작아 재활용할 수 없고 일반 쓰레기로 버려지는 플라스틱 쓰레기를 모아 가공한 후 치약짜개와 같은 새로운 제품으로 만들어 내는 곳을 말한다.

32 P2E 게임은 'Play 2(to) Earn'의 줄임말로, 게임 내 아이템이나 재화를 가상화폐로 환전하여 실제 현물가치를 지니게 하는 게임을 의미한다.

33 아웃링크는 포털사이트에서 뉴스 기사를 클릭하면 뉴스를 제공한 언론사의 홈페이지로 접속되는 형태를 말한다.

34 가처분신청이란 금전채권 이외의 권리를 가지고 있을 때 해당 대상물의 현상이 바뀌면 당사자가 권리는 실행하지 못하거나 이를 실행하는 것이 매우 곤란할 염려가 있을 경우에 인정되는 보전처분을 신청하는 제도다.

01 (가) 시대의 생활 모습으로 옳은 것은?

> 부산 동삼동 유적에서 출토된 빗살무늬 토기는 농경과 정착 생활이 시작된 ____(가)____ 시대의 대표적 유물 중 하나입니다. 이 유적에서는 곡물 등을 가공하는 데 사용한 갈돌과 갈판도 출토되었습니다.

① 가락바퀴를 이용하여 실을 뽑았다.
② 주로 동굴이나 막집에서 거주하였다.
③ 명도전, 반량전 등의 화폐가 유통되었다.
④ 거푸집을 이용하여 세형동검을 만들었다.
⑤ 쟁기, 쇠스랑 등의 철제 농기구를 사용하였다.

해설 자료의 '빗살무늬 토기', '농경과 정착 생활이 시작', '갈돌과 갈판' 등을 통해 (가) 시대가 신석기 시대임을 알 수 있다. 신석기 시대부터 사람들은 농경과 목축으로 식량을 생산하였으며, 빗살무늬 토기를 만들어 음식물을 조리하거나 저장하였다.
① 신석기 시대 유적에서 가락바퀴나 뼈바늘이 출토되는 것으로 보아 옷 등을 만드는 원시적 수공업 생산이 이루어졌다는 것을 알 수 있다.

[오답 피하기]
② 구석기 시대에는 주로 동굴이나 막집에서 거주하였다.
③ 명도전과 반량전은 중국의 화폐로, 철기 시대에 유통되었다.
④ 세형동검은 철기 시대에 제작되었다.
⑤ 철제 농기구는 철기 시대에 사용되었다.

02 밑줄 그은 '이 시기'에 있었던 사실로 옳은 것은?

> 여기는 범일대사가 창건한 굴산사가 있던 곳이야. 거대한 당간 지주는 이 절의 규모와 위상을 잘 보여주지.

> 굴산사는 가지산문 개창 이후 선종 불교가 유행하던 이 시기에 창건되었어.

① 원광이 세속 5계를 제시하였다.
② 김대문이 화랑세기를 저술하였다.
③ 김대성이 불국사 조성을 주도하였다.
④ 최치원이 진성여왕에게 시무책을 올렸다.
⑤ 자장의 건의로 황룡사 9층 목탑이 건립되었다.

해설 자료의 '가지산문 개창', '선종 유행' 등을 통해 밑줄 그은 '이 시기'가 신라 말임을 알 수 있다. 신라 말에는 실천 수행을 통해 깨달음을 구하는 선종이 유행하였다. 특히 지방 호족은 선종을 이념적 지주로 삼았으며, 선종 세력과 결합하여 9산 선문을 형성하기도 하였다.
④ 신라 말 최치원은 당에서 돌아와 진성 여왕에게 시무책을 올렸으나 받아들여지지 않았다.

[오답 피하기]
① 신라 진평왕 때의 승려 원광은 화랑도의 규범으로 세속 5계를 제시하였다.
② 『화랑세기』는 신라의 김대문이 화랑의 역사를 기록한 것으로, 신라 성덕왕 때 쓰였다.
③ 김대성은 신라 경덕왕 때 불국사 조성을 주도하였다.
⑤ 신라 선덕 여왕 때 자장의 건의로 황룡사 9층 목탑이 건립되었다.

03 다음 검색창에 들어갈 역사 자료에 대한 설명으로 옳은 것은?

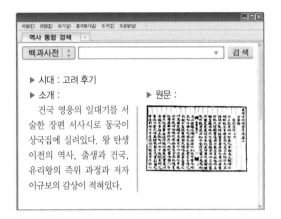

① 고구려 계승 의식이 반영되었다.
② 남북국이라는 용어가 처음 사용되었다.
③ 사초, 시정기 등을 바탕으로 편찬하였다.
④ 단군의 고조선 건국 이야기를 수록하였다.
⑤ 현존하는 우리나라 최고(最古)의 역사서이다.

해설 자료의 '건국 영웅의 일대기', '이규보' 등을 통해 제시된 자료가 『동명왕편』에 대한 내용임을 알 수 있다.
① 이규보의 『동명왕편』에는 고구려 계승 의식이 드러나 있다.

오답 피하기
② 조선의 실학자인 유득공은 『발해고』에서 남북국이라는 용어를 처음 사용하였다.
③ 『조선왕조실록』은 사초, 시정기 등을 바탕으로 편찬되었다.
④ 『삼국유사』와 『제왕운기』에는 단군의 고조선 건국 이야기가 실려 있다.
⑤ 『삼국사기』는 현존하는 우리나라 최고(最古)의 역사서이다.

04 (가) 기구에 대한 설명으로 옳은 것은?

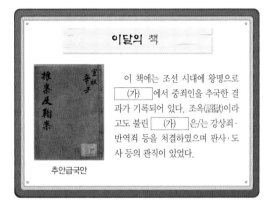

① 국왕 직속의 특별 사법 기구였다.
② 사림의 건의로 중종 때 폐지되었다.
③ 사헌부, 사간원과 함께 3사로 불리었다.
④ 5품 이하의 관원에 대한 서경권을 행사하였다.
⑤ 서얼 출신의 학자들이 검서관으로 기용되었다.

해설 자료의 '왕명으로 중죄인을 추국', '반역죄 등을 처결' 등을 통해 (가) 기구가 조선의 의금부임을 알 수 있다. 의금부는 국왕 직속의 사법 기관으로, 반역죄·강상죄 등을 저지른 국가의 큰 죄인을 처벌하였다.
① 의금부는 조선 시대 국왕 직속의 사법 기구로, 왕명을 받들어 추국하는 일을 관장하였다.

오답 피하기
② 소격서는 하늘에 제사를 지내는 일을 담당했던 조선 시대의 관청으로, 조광조의 건의로 폐지되었다.
③ 홍문관은 사헌부, 사간원과 함께 3사로 불리었다.
④ 양사(사헌부·사간원)의 소속 관원인 대간은 5품 이하의 관원에 대한 서경권을 행사하였다.
⑤ 규장각에는 박제가, 유득공 등 서얼 출신의 학자들이 검서관으로 기용되었다.

정답 **01** ① **02** ④ **03** ① **04** ①

05 다음 상황 이후의 사실로 옳은 것은?

전화 설비 가설 및 운영권을 가진 한성 전기 회사가 설립되더니 새로운 직업이 생기는군.

새로운 문물이 계속 들어오니 앞으로 더 많은 변화가 나타나겠군.

〈모집 공고〉

전화를 연결해주는
교환수를 모집합니다.

■모집 인원: □□명
■지원 자격: 목소리가 분명하고
신체가 튼튼한 자

광무 6년 ○○월 ○○일

① 알렌의 건의로 광혜원이 세워졌다.
② 박문국에서 한성순보가 발행되었다.
③ 무기 제조 공장인 기기창이 설립되었다.
④ 서울과 부산을 연결하는 경부선이 개통되었다.
⑤ 우편 사무를 관장하는 우정총국이 처음 설치되었다.

해설 한성 전기 회사는 1898년에 미국의 기술을 도입하여 서울에 설립된 최초의 전기 회사이다. 서울에 전등과 전차 설치를 희망하던 고종이 알렌의 추천으로 콜브란과 접촉하여 설립하였다.
④ 경부선은 일본에 의해 1905년에 부설되었다.

오답 피하기
① 광혜원은 1885년에 정부의 지원으로 알렌이 세운 우리나라 최초의 서양식 병원이다.
② 박문국에서 한성순보가 발행된 것은 1883년에서 1884년이다.
③ 무기 제조 공장인 기기창이 설립된 것은 1883년이다.
⑤ 우정총국은 1884년에 처음 설치되었다.

06 (가) 섬에 대한 설명으로 옳지 않은 것은?

1946년 1월에 작성된 연합국 최고 사령부 문서에는 제주도, 울릉도, [(가)] 이/가 우리 영토로 표시되어 있습니다. [(가)] 은/는 우리나라 동쪽 끝에 있는 섬입니다.

① 안용복이 일본에 건너가 우리 영토임을 주장하였다.
② 영국군이 러시아를 견제하기 위해 불법 점령하였다.
③ 러·일 전쟁 때 일본이 불법으로 자국 영토로 편입하였다.
④ 대한 제국이 칙령을 통해 울릉 군수가 관할하도록 하였다.
⑤ 1877년 태정관 문서에 일본과는 무관한 지역임이 명시되었다.

해설 자료의 '우리나라 동쪽 끝에 있는 섬' 등을 통해 (가) 섬이 독도임을 알 수 있다. 독도는 울릉도에 부속된 섬으로 삼국 시대부터 우리나라의 고유 영토였다. 조선 숙종 때 일본 어민들이 독도를 자주 침입하자, 안용복은 일본으로 건너가 일본인들의 불법 침입에 대해 항의하고 독도가 조선의 영토임을 주장하였다. 이후 대한 제국은 1900년에 대한 제국 칙령 제41호를 반포하여 독도를 관할 영토로 명시하였다. 그러나 일본은 러·일 전쟁 중에 독도를 무인도로 규정하고, 불법 점령한 후 시마네현에 편입하였다.
② 1885년 영국은 러시아의 남하를 견제하기 위하여 조선의 영토인 거문도를 불법 점령하였다.

오답 피하기
① 조선 숙종 때 안용복은 일본에 건너가 독도가 조선의 영토임을 주장하였다.
③ 일본은 러·일 전쟁 중에 독도를 무인도로 규정하고, 불법 점령하였다.
④ 대한 제국은 칙령 제41호를 반포하여 독도를 관할 영토로 명시하였다.
⑤ 1877년 일본의 최고 행정 기관인 태정관은 공식 문서를 통해 독도가 일본과 무관함을 밝혔다.

07 (가), (나) 사이의 시기에 있었던 사실로 옳은 것은?

> (가) 군사적 안전 보장의 입장에서 볼 때 태평양 지역의 정세 및 이 지역에 대한 미국의 정책은 어떤 것인가. 태평양 지역 방위선은 알류샨 열도에서 일본을 거쳐 오키나와, 필리핀 군도로 이어진다.
>
> (나) 상호적 합의에 의하여 미합중국의 육군, 해군과 공군을 대한민국의 영토 내와 그 부근에 배치하는 권리를 대한민국은 허락해주고 미합중국은 수락한다.

① 좌우 합작 위원회가 출범하였다.

② 여수 순천 10·19 사건이 일어났다.

③ 미국 의회에서 트루먼 독트린이 발표되었다.

④ 베트남 파병에 관한 브라운 각서가 체결되었다.

⑤ 거제도 포로 수용소에 있던 반공 포로가 석방되었다.

해설 (가) '태평양 지역 방위선'을 통해 1950년 1월 미국 국무장관 애치슨이 발표한 애치슨 선언임을 알 수 있다. 여기서 애치슨은 미국의 극동 방위선에서 한국을 제외하였다.

(나) '미합중국의 군대가 대한민국에 배치'를 통해 1953년 10월에 체결된 한·미 상호 방위 조약임을 알 수 있다. 6·25 전쟁 중이었던 1953년, 이승만은 미국에게 한·미 상호 방위 조약의 체결을 요구하였다. 미국이 조약 체결에 별다른 뜻을 보이지 않자, 이승만은 거제도에 수용되어 있던 반공 포로를 석방시키며 압박을 가하였고, 결국 정전 협정 체결 직후인 1953년 10월에 한·미 상호 방위 조약이 체결되었다.

⑤ 정전 협정이 진행 중이던 1953년 6월, 이승만은 거제도에 수용되어 있던 반공 포로를 석방시켰다.

오답 피하기

① 좌우 합작 위원회는 1946년에 출범하였다.

② 여수·순천 10·19 사건은 1948년에 일어났다.

③ 미국 대통령 트루먼은 1947년에 트루먼 독트린을 발표하였다.

④ 베트남전 파병의 대가로 미국이 원조를 약속한 브라운 각서는 1966년에 체결되었다.

08 (가)~(다)를 작성된 순서대로 옳게 나열한 것은?

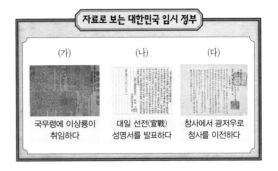

자료로 보는 대한민국 임시 정부

(가)	(나)	(다)
국무령에 이상룡이 취임하다	대일 선전(宣戰) 성명서를 발표하다	창사에서 광저우로 청사를 이전하다

① (가) – (나) – (다)

② (가) – (다) – (나)

③ (나) – (가) – (다)

④ (나) – (다) – (가)

⑤ (다) – (가) – (나)

해설 (가) 1925년에 대한민국 임시정부는 헌법을 개정하여 국무령 중심의 내각 책임제를 채택하고, 이상룡을 초대 국무령으로 선출하였다.

(나) 류저우와 치장을 거쳐 1940년 충칭에 정착한 임시 정부는 한국 광복군을 창설하고, 1941년 대일 선전 성명서를 발표한 후 연합군의 일원으로 태평양 전쟁에 참전하였다.

(다) 1932년에 일제가 상하이를 점령하자 임시정부는 상하이를 떠나 항저우에 정착하였으며, 중·일 전쟁 이후에는 전장, 창사, 광저우(1938. 7.~10.)로 이동하였다.

② 작성된 순서대로 나열하면 (가) – (다) – (나)이다.

01 밑줄 친 고유어의 기본형이 지닌 의미를 바르게 풀이하지 못한 것은?

① 점심때까지만 해도 성기던 빗줄기가 그새 드세어졌다. → 물건의 사이가 뜨다.

② 그녀는 세면도구만 들고 단출하게 떠나기로 했다. → 일이나 차림차림이 간편하다.

③ 다들 돌아가 버린 호젓한 바닷가에 나 혼자만 남겨졌다. → 후미져서 무서움을 느낄 만큼 고요하다.

④ 모성애에 주린 그는 강아지를 끔찍하게 귀여워했다. → 마음이나 눈길이 어떤 대상에 끌려서 한쪽으로 기울어지다.

⑤ 아버지는 몸을 사리지 않고 일을 하다가 병을 얻었다. → 어떤 일에 적극적으로 나서지 않고 살살 피하며 몸을 아끼다.

해설 고유어
④ '주리다'는 원하는 것을 얻지 못하여 몹시 아쉬워한다는 의미이다. '마음이나 눈길이 어떤 대상에 끌려서 한쪽으로 기울어지다.'라는 의미를 가진 말은 '쏠리다'이다.

정답 ④

02 밑줄 친 말에 '처음'이라는 의미가 들어 있지 않은 것은?

① 그는 서두(序頭)가 너무 길다.

② 회의 벽두(劈頭)부터 분위기가 냉랭했다.

③ 훈민정음은 독창(獨創)적이고 과학적이다.

④ 인간의 기원(起源)은 원숭이라는 말이 있다.

⑤ 무엇으로 봐도 우리 편이 단연(斷然) 앞선다.

해설 한자어
⑤ 단연(斷然)은 '확실히 단정할 만하게'라는 의미이다. '단연코, 단연히'와 유사한 의미를 지닌다.

정답 ⑤

03 〈보기〉의 ㉠~㉤ 중 나머지와 의미 사이의 관련이 없는 하나는?

┌─── 보기 ───┐
㉠ 책상 다리에서 못이 빠졌다.
㉡ 옷에 때가 쏙 빠져서 기분이 좋다.
㉢ 창문을 열었더니 방에 냄새가 빠졌다.
㉣ 그는 너무나 깊은 잠에 빠져서 일어날 줄을 모른다.
㉤ 구백 원만 있다면 천 원에서 백 원이 빠지는 셈이구나.
└─────────┘

① ㉠

② ㉡

③ ㉢

④ ㉣

⑤ ㉤

해설 어휘 간의 의미 관계
④ ㉣에서 '빠지다'는 '빠지다02 「4」 잠이나 혼수상태에 들게 되다.'라는 뜻으로, 나머지와 동음이의 관계이다.

정답 ④

04 밑줄 친 말의 표기가 올바르지 않은 것은?

① 그는 약속을 번번이 어긴다.

② 오늘은 된장국이 각별히 맛있다.

③ 그녀는 솔직이 제멋대로 행동한다.

④ 아이들이 생긋이 웃던 때가 그립다.

⑤ 배 침몰 사건의 주범을 너그러이 용서해서는 안 된다.

해설 한글 맞춤법
③ '솔직-'은 '솔직하다'의 어근이므로 '솔직히'가 올바른 표기이다.

정답 ③

05 밑줄 친 부분의 띄어쓰기가 잘못된 것은?

① 사귄 지 1년 만에 그는 떠났다.

② 그를 의심해서는 못쓰는 법이야.

③ 어이없는 상황에 그는 웃을뿐이다.

④ 자식이 안되기를 바라는 부모가 어디 있을까.

⑤ 이번 정부의 지배하에는 앞날이 보이지 않는다.

해설 띄어쓰기

③ '뿐'은 앞말이 용언의 활용형인 경우 의존 명사로 사용된 것이므로 '웃을 뿐이다'로 띄어 써야 한다.

정답 ③

06 〈보기〉의 설명에 따를 때, 밑줄 친 부분에 해당하는 예로 적절한 것은?

— 보기 —

우리말의 합성어는 형성 방식이 국어의 정상적인 단어 배열법에 일치하는 통사적 합성어와 그렇지 않은 비통사적 합성어로 나눌 수 있다.

① 논밭

② 작은집

③ 뻐꾹새

④ 본받다

⑤ 앞서다

해설 합성어와 파생어

③ '뻐꾹새'는 '뻐꾹(부사)+새(체언)'로 일반적인 우리말의 통사 구조와 일치하지 않는 비통사적 합성어이다.

정답 ③

자주 출제되는 고유어		자주 출제되는 외래어 표기법	
덩저리	물건의 부피.	Caesar	시저
돈바르다	성미가 너그럽지 못하고 까다롭다.	coup d'État	쿠데타
옥셈	생각을 잘못하여 자기에게 불리하게 하는 셈.	data	데이터
치사랑	손윗사람에 대한 사랑.	bourgeois	부르주아
파임내다	일치된 의논에 대해 나중에 딴소리를 하여 그르치다.	offside	오프사이드

01 다음 글의 제목으로 가장 적절한 것은?

The future may be uncertain, but some things are undeniable : climate change, shifting demographics, geopolitics. The only guarantee is that there will be changes, both wonderful and terrible. It's worth considering how artists will respond to these changes, as well as what purpose art serves, now and in the future. Reports suggest that by 2040 the impacts of human-caused climate change will be inescapable, making it the big issue at the centre of art and life in 20 years' time. Artists in the future will wrestle with the possibilities of the post-human and post-Anthropocene — artificial intelligence, human colonies in outer space and potential doom. The identity politics seen in art around the #MeToo and Black Lives Matter movements will grow as environmentalism, border politics and migration come even more sharply into focus. Art will become increasingly diverse and might not 'look like art' as we expect. In the future, once we've become weary of our lives being visible online for all to see and our privacy has been all but lost, anonymity may be more desirable than fame. Instead of thousands, or millions, of likes and followers, we will be starved for authenticity and connection. Art could, in turn, become more collective and experiential, rather than individual.

① What will art look like in the future?

② How will global warming affect our lives?

③ How will artificial intelligence influence the environment?

④ What changes will be made because of political movements?

유형 제목

어휘 undeniable 부인할 수 없는, 명백한 / demographics 인구 통계 / Anthropocene 인류세 / doom 멸망, 파멸 / weary of ∼에 지친, 싫증난 / all but 거의, 사실상 / authenticity 신뢰성, 확실성 / collective 집단적인, 집합적인

해설 본문 초반에서 미래의 변화에 대한 글이라는 것을 알 수 있으며 세 번째 문장부터는 특히 예술의 측면에서 미래의 변화에 대해 서술하고 있다. 뒤이어 미래의 예술의 양상을 예측하고 있으므로 글의 제목으로는 ①이 가장 적절하다.

해석 미래는 불확실할지 모르지만, 기후 변화, 변화하는 인구 통계 및 지정학과 같은 어떠한 것들은 부인할 수 없다. 유일하게 보장할 수 있는 것은 변화가 있을 것이라는 점인데, (그 변화들은) 멋지기도 하고 끔찍하기도 할 것이다. 현재와 미래에 예술이 어떠한 목적을 제공할지뿐만 아니라, 예술가들이 어떻게 이러한 변화에 대응할지 고려해 볼 가치가 있다. 보고서들에 따르면 2040년까지 인간이 유발한 기후 변화의 영향은 피할 수 없게 될 것이며, 20년 후 예술과 삶의 중심에서 커다란 문제가 될 것이라고 말한다. 미래의 예술가들은 포스트 인간과 포스트 인류세의 가능성, 즉 인공지능, 우주공간에서의 인간 식민지, 그리고 잠재적인 파멸과 싸울 것이다. 예술에서 보이는 #Me Too(미투 운동)와 Black Lives Matter 운동(흑인 인권 운동)을 둘러싼 정체성 정치학은 환경 운동, 국경 정치, 이주가 훨씬 더 급격하게 뚜렷해지면서 성장할 것이다. 예술은 점점 더 다양해지고 우리가 예상하는 '예술처럼 보이지' 않을지도 모른다. 미래에, 모든 사람이 볼 수 있도록 온라인에서 보여지는 우리의 삶에 우리가 지치게 되고, 우리의 사생활을 거의 잃게 된다면, 익명성은 명성보다 더욱 매력적이게 될지도 모른다. 수천 또는 수백만의 좋아요와 팔로워 대신에, 우리는 신뢰성과 연결성에 굶주릴 것이다. 결국, 예술은 개인적이기보다는 더욱 집단적이고 경험적이 될 수도 있다.

① 미래의 예술은 어떤 모습일까?

② 지구 온난화는 우리의 삶에 어떻게 영향을 미칠까?

③ 인공지능이 환경에 어떻게 영향을 미칠까?

④ 정치 운동으로 인해 어떤 변화가 일어날까?

정답 ①

02 다음 글의 내용과 일치하지 않는 것은?

The Second Amendment of the U.S. Constitution states: "A well-regulated Militia, being necessary to the security of a free State, the right of the people to keep and bear Arms, shall not be infringed." Supreme Court rulings, citing this amendment, have upheld the right of states to regulate firearms. However, in a 2008 decision confirming an individual right to keep and bear arms, the court struck down Washington, D.C. laws that banned handguns and required those in the home to be locked or disassembled. A number of gun advocates consider ownership a birthright and an essential part of the nation's heritage. The United States, with less than 5 percent of the world's population, has about 35~50 percent of the world's civilian-owned guns, according to a 2007 report by the Switzerland-based Small Arms Survey. It ranks number one in firearms per capita. The United States also has the highest homicide-by-firearm rate among the world's most developed nations. But many gun-rights proponents say these statistics do not indicate a cause-and-effect relationship and note that the rates of gun homicide and other gun crimes in the United States have dropped since highs in the early 1990's.

① In 2008, the U.S. Supreme Court overturned Washington, D.C. laws banning handguns.

② Many gun advocates claim that owning guns is a natural-born right.

③ Among the most developed nations, the U.S. has the highest rate of gun homicides.

④ Gun crimes in the U.S. have steadily increased over the last three decades.

(유형) 내용일치/불일치

(어휘) constitution 헌법 / well-regulated 잘 규율된, 잘 정돈된 / militia 민병대, 시민군 / infringe 침해하다, 어기다 / Supreme Court 대법원 / strike down 폐지하다 / disassemble 분해하다 / birthright 생득권 / homicide 살인 / cause-and-effect 인과관계의, 원인과 결과의

(해설) 마지막 문장에서 미국의 총기 살인 및 기타 총기 범죄는 1990년대 초 최고치 이후로 감소해왔다고 언급하고 있으므로, 총기 범죄가 감소하는 추세임을 알 수 있다. 따라서 ④는 글의 내용과 일치하지 않는다.

(해석) 미국 헌법의 헌법 수정 제2조는 "잘 규율된 민병대는 자유로운 주의 안보에 필요하므로, 사람들이 무기를 소지하고 휴대할 권리는 침해될 수 없다."고 명시한다. 이 수정 헌법 조항을 인용한 대법원의 판결은 주의 총기 규제 권한을 옹호해왔다. 그러나, 개인이 무기를 소지하고 휴대할 권리를 확정하는 2008년 판결에서, 법원은 권총을 금지하고 가정의 권총을 잠그거나 분해하도록 한 Washington, D.C.의 법을 무너뜨렸다. 수많은 총기 옹호자들은 (총기) 소유권을 생득권이며 국가 유산의 필수 요소라 여긴다. 스위스에 기반을 둔 Small Arms Survey의 2007년 보고서에 따르면, 세계 인구의 5% 미만인 미국은 세계의 민간인 소지 권총의 약 35~50%를 차지한다. 이는 1인당 총기 보유에서 1위를 차지한다. 미국은 또한 세계의 최선진국들 가운데 가장 높은 총기에 의한 살인율을 보유하고 있다. 그러나 많은 총기 권리 옹호자들은 이러한 통계가 인과관계를 나타내지는 않는다고 말하며 미국의 총기 살인 및 기타 총기 범죄율은 1990년대 초 최고치 이후로 감소해왔다고 언급한다.
① 2008년, 미국 대법원은 권총을 금지하는 Washington, D.C.의 법을 뒤집었다.
② 많은 총기 옹호자들은 총을 소유하는 것이 천부적인 권리라고 주장한다.
③ 최선진국들 사이에서 미국은 가장 높은 총기 살인율을 가지고 있다.
④ 미국에서 총기 범죄는 지난 30년 동안 꾸준히 증가해왔다.

정답 ④

수 / 리 / 논 / 리

01 어느 회사에서는 분기별로 워크숍에서 장기자랑을 진행한다. 개발팀에서는 장기자랑에 나갈 사람을 분기별로 **1명**씩 뽑으려고 하는데, 연속된 분기로는 나갈 수 없다. 개발팀 인원이 총 **8명**이고, **1분기**부터 **4분기**까지 순서대로 장기자랑에 나갈 사람을 뽑을 때, 개발팀 소속인 **A**가 장기자랑을 두 번 나갈 확률을 고르면?

① $\dfrac{5}{196}$　　　　　　② $\dfrac{5}{98}$　　　　　　③ $\dfrac{3}{49}$

④ $\dfrac{1}{56}$　　　　　　⑤ $\dfrac{1}{28}$

해설 장기자랑에 나갈 사람을 1분기부터 4분기까지 분기별로 뽑으므로 뽑는 횟수는 총 4번이다.

이때 개발팀은 8명이고, 연속된 분기로는 장기자랑에 나갈 수 없으므로 한 사람이 두 번 장기자랑을 하는 경우는 (1분기, 3분기), (1분기, 4분기), (2분기, 4분기)뿐이다. 각 경우에 A가 뽑힐 확률을 구하면 다음과 같다.

- 1분기, 3분기에 뽑힐 확률 : $\dfrac{1}{8} \times 1 \times \dfrac{1}{7} \times 1 = \dfrac{1}{56}$

- 1분기, 4분기에 뽑힐 확률 : $\dfrac{1}{8} \times 1 \times \dfrac{6}{7} \times \dfrac{1}{7} = \dfrac{3}{196}$

- 2분기, 4분기에 뽑힐 확률 : $\dfrac{7}{8} \times \dfrac{1}{7} \times 1 \times \dfrac{1}{7} = \dfrac{1}{56}$

위의 식에서 ×1은 연속된 분기에 나갈 수 없어 연속으로 뽑을 수 없는 경우를 뜻하며, 분모가 7인 분수는 직전 분기에 뽑힌 사람을 제외한 7명 중에서 뽑는 것을 뜻한다. 따라서 A가 장기자랑을 두 번 나갈 확률은

$$\dfrac{1}{56} + \dfrac{3}{196} + \dfrac{1}{56} = \dfrac{5}{98} \text{이다.}$$

정답 ②

02 서로 마주 보며 달려오는 기차 A, B가 터널에 동시에 진입하여 4분 후에 만났다. 터널의 길이는 13km이고, 기차 A의 속력은 120km/h이며, 기차 B의 길이가 2km일 때, 기차 B가 터널을 완전히 통과하는 데 걸리는 시간을 고르면?

① 8분   ② 9분   ③ 10분
④ 11분   ⑤ 12분

해설 서로 마주 보며 달려오는 기차 A, B가 터널에 진입한 뒤 4분 만에 만났으므로 기차 A, B가 터널에 진입한 뒤 움직인 거리의 합은 터널의 길이와 같다. 기차 A의 속력은 120km/h이고, 터널의 길이는 13km이며, 4분은

$$\frac{4}{60}=\frac{1}{15}(\text{시간})$$

과 같으므로 기차 B의 속력을 v라고 하면, 거리= 속력×시간임을 이용하여 다음과 같은 식을 세울 수 있다.

(A가 터널에 진입하여 움직인 거리+B가 터널에 진입하여 움직인 거리)=(터널의 길이)

$$\rightarrow 120\times\frac{1}{15}+v\times\frac{1}{15}=13 \rightarrow v=75$$

이에 따라 기차 B의 속력은 75km/h이다. 이때 기차 B의 길이는 2km이므로 기차 B가 터널을 완전히 통과하려면 총 13+ 2 = 15(km)를 이동해야 한다.

따라서 기차 B가 터널을 완전히 통과하는 데 걸리는 시간은

$$\frac{15}{75}\times60=12(\text{분})$$

정답 ⑤

자 / 원 / 관 / 리 / 능 / 력

[01~02] 다음 글을 읽고 질문에 답하시오.

자원은 기업 활동을 위해 사용되는 기업 내의 모든 시간, 예산, 물적, 인적 자원으로 구분할 수 있다. 과거에는 제품 생산에 이용되는 원료로서의 천연자원이 가장 중요한 자원으로 인식되었으나, 최근의 무한 경쟁 시대에는 시간이나 예산이 중요한 자원의 하나로 인식되고 있다. 또한 역량 있는 인적 자원을 보유했는지 여부가 기업의 경쟁력을 가늠하는 지표가 되고 있다. 이처럼 기업 활동에 있어서 자원은, 더 높은 성과를 내고 경쟁 우위의 발판이 될 수 있는 노동력이나 기술을 통틀어 이르는 말로 변화하고 있다. 이러한 자원들이 가진 공통적인 특징으로는 (㉠)을 들 수 있다. 시간, 예산, 물적, 인적 자원은 모두 제한된 경우가 대부분이며, 이를 어떻게 활용하느냐가 기업 성패를 좌우하는 관건이 되기 때문이다. 따라서 직장 생활에서 시간 관리 능력, 예산 관리 능력, 물적 자원 관리 능력, 인적자원 관리 능력 등 자원 관리 능력은 매우 중요한 능력이다. 이러한 자원이 하나라도 확보되지 않는다면 어떤 일도 진행할 수 없을 것이다. 또한 한 가지 유형의 자원이 없음으로 인해 다른 유형의 자원 확보가 어려울 수도 있다. 그러므로 모든 사람에게 자원 관리를 적절하게 할 수 있는 능력이 필수적이라고 할 수 있다.

그러나 우리는 작은 자원에 대해서는 그리 중요하게 여기지 않으려는 경향이 있으며, 우리도 모르게 그러한 자원들이 낭비되고 있음을 쉽게 알아차리지도 못한다. 우리가 활용할 수 있는 자원을 헛되게 하는 자원 낭비 요인의 공통점을 크게 4가지로 정리해 보면, 비계획적 행동, (㉡) 추구, 자원에 대한 인식 부재, 노하우 부족 등으로 요약할 수 있다.

01 주어진 글의 빈칸 ㉠, ㉡에 들어갈 말로 바르게 짝지어진 것을 고르면?

	㉠	㉡		㉠	㉡
①	유한성	편리성	②	무한성	보안성
③	내구성	차별성	④	대중성	타당성
⑤	보존성	가용성			

해설 각 자원들이 가지고 있는 공통점으로는 유한성을 들 수 있다. 개인이나 조직에게 주어진 시간은 제한되기 마련이며, 정해진 시간을 어떻게 활용하느냐가 매우 중요하다. 예산과 물적 자원(석탄, 석유, 시설 등) 역시 제한적일 수밖에 없으며, 개인 또는 조직적으로 제한된 사람들을 활용할 수밖에 없는 인적 자원도 이와 비슷하다. 따라서 자원을 낭비하는 요인들을 제거해야 할 필요성이 생기게 되고, 이러한 자원 낭비 요인 중 하나가 편리성의 추구인 것이다. 종이컵과 같은 잦은 일회용품의 사용, 할일 미루기, 약속 불이행 등의 행위들은 모두 편리성 추구에 의한 자원 낭비 행태를 보여 주는 사례이다. 따라서 ㉠은 유한성, ㉡은 편리성이 들어가야 한다.

정답 ①

02 일반적으로 한정된 자원을 효과적으로 관리하기 위해서는 4단계의 순서를 거치게 된다. 각 단계에 대한 설명 (가)~(라)를 자원 관리 순서에 따라 바르게 나열한 것을 고르면?

> (가) 필요한 양보다 조금 더 많은 양의 자원을 확보한다.
> (나) 계획에 맞게 자원을 활용하며 업무를 수행한다.
> (다) 업무를 추진하는 데 있어서 어떤 자원이 필요하며, 또 얼마만큼 필요한지를 파악한다.
> (라) 업무나 활동의 우선순위를 고려하여 자원을 활용할 계획을 세운다.

① (가) − (다) − (라) − (나)

② (나) − (가) − (라) − (다)

③ (다) − (가) − (나) − (라)

④ (다) − (가) − (라) − (나)

⑤ (다) − (라) − (가) − (나)

[해설] 자원을 적절하게 관리하기 위해서는 일반적으로 다음과 같은 4단계의 자원 관리 과정을 거쳐야 한다.

1) 어떤 자원이 얼마나 필요한지를 확인하기 → (다)

2) 이용 가능한 자원을 수집(확보)하기 → (가)

3) 자원 활용 계획 세우기 → (라)

4) 계획에 따라 수행하기 → (나)

정답 ④

고 / 난 / 도

01 다음 [표]는 2019~2021년 갑국의 장소별 전기차 급속충전기 수에 관한 자료이다. 이에 대한 설명으로 옳은 것을 고르면?

[표] 장소별 전기차 급속충전기 수

(단위: 대)

구분	장소	2019년	2020년	2021년
다중이용시설	쇼핑몰	807	1,701	2,701
	주유소	125	496	( )
	휴게소	( )	( )	2,099
	문화시설	757	1,152	1,646
	체육시설	272	498	604
	숙박시설	79	146	227
	여객시설	64	198	378
	병원	27	98	152
	소계	2,606	5,438	8,858
일반시설	공공시설	1,595	( )	( )
	주차전용시설	565	898	1,275
	자동차정비소	119	303	375
	공동주택	( )	102	221
	기타	476	499	522
	소계	2,784	4,550	6,145
전체		5,390	9,988	15,003

① 급속충전기 수는 휴게소가 문화시설보다 매년 많다.

② 전체 급속충전기 수 대비 다중이용시설 급속충전기 수의 비율은 매년 증가한다.

③ 공공시설 급속충전기 수는 주차전용시설과 쇼핑몰 급속충전기 수의 합보다 매년 많다.

④ 기타를 제외하고, 2019년 대비 2021년 급속충전기 수의 증가율이 가장 큰 장소는 공동주택이다.

⑤ 2020년 대비 2021년 다중이용시설 급속충전기 수의 증가율은 일반시설 급속충전기 수의 증가율의 1.5배 미만이다.

정답 풀이

연도별 전체 급속충전기 수 대비 다중이용시설 급속충전기 수의 비율을 구하면 다음과 같다.

- 2019년: $\dfrac{2,606}{5,390} \times 100 ≒ 48.3(\%)$

- 2020년: $\dfrac{5,438}{9,988} \times 100 ≒ 54.4(\%)$

- 2021년: $\dfrac{8,858}{15,003} \times 100 ≒ 59.0(\%)$

따라서 매년 증가한다.

정답 ②

오답 풀이

① 2019년 휴게소 급속충전기 수는 $2,606-(807+125+757+272+79+64+27)=475$(대)이다. 따라서 문화시설(757대)의 급속충전기 수보다 적다.

③ 2020년과 2021년 공공시설 급속충전기 수를 구하면 다음과 같다.
  - 2020년: $4,550-(898+303+102+499)=2,748$(대)
  - 2021년: $6,145-(1,275+375+221+522)=3,752$(대)

  연도별 주차전용시설과 쇼핑몰 급속충전기 수의 합을 구하면 다음과 같다.
  - 2019년: $565+807=1,372$(대)
  - 2020년: $898+1,701=2,599$(대)
  - 2021년: $1,275+2,701=3,976$(대)

  2021년의 경우, 공공시설 급속충전기 수가 주차전용시설과 쇼핑몰 급속충전기 수의 합보다 적다.

④ 2019년 휴게소, 공동주택과 2021년 주유소의 급속충전기 수를 구하면 다음과 같다.
  - 2019년 휴게소: $2,606-(807+125+757+272+79+64+27)=475$(대)
  - 2019년 공동주택: $2,784-(1,595+565+119+476)=29$(대)
  - 2021년 주유소: $8,858-(2,701+2,099+1,646+604+227+378+152)=1,051$(대)

  기타를 제외한 장소 중 2019년 대비 2021년 급속충전기 수가 상대적으로 급격하게 증가한 주유소, 공동주택의 증가율을 비교해 보면, 주유소는 $\dfrac{1,051-125}{125} \times 100 ≒ 741(\%)$, 공동주택은 $\dfrac{221-29}{29} \times 100 ≒ 662(\%)$이므로 주유소가 더 크다. 따라서 증가율이 가장 큰 장소는 주유소이다.

⑤ 다중이용시설과 일반시설 급속충전기 수의 2020년 대비 2021년 증가율을 구하면 다음과 같다.
  - 다중이용시설: $\dfrac{8,858-5,438}{5,438} \times 100 ≒ 62.9(\%)$
  - 일반시설: $\dfrac{6,145-4,550}{4,550} \times 100 ≒ 35.05(\%)$

  $35.05 \times 1.5=52.575 < 62.9$이므로 1.5배 이상이다.

해결 TIP

이 문제는 2022년 7급 공채 PSAT 기출 변형 문제로 괄호가 주어진 표를 바탕으로 선택지의 정오를 판단하여 정답을 선택하는 NCS 자료해석 빈출유형입니다. 선택지의 정오를 판단하는 문제의 경우에는 계산이 복잡하거나 푸는 데 상대적으로 시간이 오래 걸리는 내용의 선택지는 건너뛰고, 계산 없이 쉽게 해결이 가능한 내용의 선택지 또는 상세한 계산 과정이 필요하지 않고, 비교적 간단한 계산으로 해결할 수 있는 선택지를 먼저 풀도록 합니다. 특히 대소 관계를 물어보는 선택지의 내용 중 계산 과정이 복잡한 경우에는 그 과정마다 모두 계산할 필요 없이 결과에 영향을 주지 않는 수치를 생략하거나 분수 비교법, 수치 비교법을 통해 계산 과정을 최소화하는 방법으로 풀어나가도록 합니다.

이 문제의 경우 선택지 ①~⑤의 내용을 한번 살펴보면, ①~⑤ 모두 계산 과정이 필요한 내용으로 시가이 비교적 오래 걸리는 문제입니다. 따라서 선택지를 순차적으로 확인하면서 해결하되, 필요한 계산만 하거나 분수 비교, 수치 비교를 통해 정오를 판단하도록 합니다. 그리고 표 안의 괄호의 경우에는 주어진 선택지를 먼저 확인하면서 괄호가 필요한 경우에만 계산을 하도록 합니다.

①을 보면, 단순 계산 과정을 통해 해결할 수 있는 내용으로 직접 계산하여 해결할 수 있지만, 문화시설과의 대소 관계를 비교하면 되므로 어림셈으로 근삿값을 구할 수 있습니다.

$2{,}600-(800+125+760+270+80+65+30)=470$으로 2019년 휴게소의 급속충전기 수는 약 470대임을 알 수 있습니다. 2019년 문화시설의 급속충전기 수는 757대로 그 차이가 매우 크며, 휴게소의 급속충전기 수가 더 적다는 것을 알 수 있습니다. 따라서 ①은 틀린 선택지이므로 소거할 수 있습니다. ②를 보면, 2019년의 전체 급속충전기 수 대비 다중이용시설 급속충전기 수의 비율은 $\dfrac{2{,}606}{5{,}390}$으로 해당 분수의 분자는 분모의 절반 미만입니다. 한편 2020년의 비율은 $\dfrac{5{,}438}{9{,}988}$이고, 2021년의 비율은 $\dfrac{8{,}858}{15{,}003}$인데 해당 분수의 분자는 분모의 절반 이상이므로 2019년이 가장 작음을 알 수 있습니다. 2020년의 비율과 2021년의 비율을 비교해 보면, 분모 $9{,}988 \rightarrow 15{,}003$은 약 1.5배 정도 증가한 반면, 분자 $5{,}438 \rightarrow 8{,}858$은 1.5배 이상(5,438의 절반은 약 2,700으로 둘의 합은 약 8,100으로 8,858보다 작음) 증가하였음을 알 수 있습니다. 따라서 $\dfrac{5{,}438}{9{,}988} < \dfrac{8{,}858}{15{,}003}$이므로 2020년의 비율보다 2021년의 비율이 더 크다는 것을 알 수 있습니다. 그러므로 ②는 옳은 선택지이므로 정답을 ②로 선택할 수 있습니다.

참고로 ⑤를 보면, 다중이용시설 급속충전기 수의 증가율은 $\dfrac{3{,}420}{5{,}438}$이고, 일반시설 급속충전기 수의 증가율은 $\dfrac{1{,}595}{4{,}550}$입니다. $\dfrac{1{,}595}{4{,}550}$의 1.5배는 약 $\dfrac{2{,}393}{4{,}550}$으로 기준이 되는 $\dfrac{3{,}420}{5{,}438}$과 $\dfrac{2{,}393}{4{,}550}$의 대소 관계를 비교하도록 합니다. 분자 $2{,}393 \rightarrow 3{,}420$은 20%를 훨씬 상회하는 비율로 증가한 반면, 분모 $4{,}550 \rightarrow 5{,}438$은 20% 수준으로 증가하였으므로 분자의 증가율이 더 크다는 것을 알 수 있습니다. 따라서 $\dfrac{2{,}393}{4{,}550} < \dfrac{3{,}420}{5{,}438}$이므로 다중이용시설 급속충전기 수의 증가율은 일반시설 급속충전기 수의 증가율의 1.5배 이상임을 알 수 있습니다. 그러므로 ⑤는 틀린 선택지가 됩니다.

김성근
에듀윌 취업연구소 연구원

PART
04

상 식 을 넘은 상식

사고의 틀이 넓어지는 깊은 상식

금산분리 원칙을 완화해야 하는가

"빅블러 시대 금융 소비자 편익 높여"–"은행 늘리기보다 금융 부실 대비할 때"

● 이슈의 배경

금산분리 원칙이란

한국은 재벌 사회다. 중소기업이 국내 전체 기업 개수의 99.9%를 차지하지만 30개에 불과한 재벌 집단이 명목 국내총생산(GDP)에서 차지하는 비율은 90%가 넘는다. 한국 재벌은 반도체와 같은 초정밀 산업부터 자동차·철강·선박 등 중후장대(重厚長大) 산업, 떡볶이와 치킨 등 골목상권까지 촉수를 뻗지만 은행업만큼은 법적으로 금지된다.

이처럼 산업자본과 금융자본 간 상호 업종의 소유·지배를 금지하는 것을 금산분리(金産分離)라고 한다. 대표적인 금산분리 제도로서 공정거래법은 상호출자제한기업집단(자산총액 10조원 이상) 소속 금융·보험사가 비금융 계열사에 의결권

을 행사할 수 없도록 한다.

1982년 도입된 금산분리 원칙에 따라 우리나라 산업자본은 은행 주식의 4%(의결권 미행사 시 10%·인터넷은행 특례법상 최대 34%)를 초과해 보유할 수 없고, 은행도 비금융 자본을 15% 이상 가질 수 없다. '삼성 은행'이나 'LG 은행'이 있을 수 없는 이유다.

실물 경제 리스크의 금융 산업 전이를 막기 위한 장치로서 금산분리 원칙은 필요하지만 우리나라에서는 이 원칙이 과도하게 적용된다는 지적이 있다. 산업자본의 은행 주식 4% 초과 보유 금지는 칠레와 남아프리카공화국을 제외하면 세계에서 가장 강력한 수준이다. 금융지주사가 비금융회사 주식을 5% 이상 보유할 수 없도록 하고 은행과 보험사들이 다른 회사 지분에 15% 이상 출자할

수 없도록 한 규제도 외국과 비교하면 엄격하다.

금산 분리 추진 배경

국내 은행이 금산분리 규제를 받지 않은 외국 빅테크 기업과의 경쟁에서 뒤처질 수밖에 없기에 금산분리 원칙을 완화해야 한다는 목소리가 나온다. 전통 산업과 IT 산업, 금융업의 경계가 허물어지는 시대에서 규제에 갇힌 한국 금융 기업은 다각적인 서비스를 할 수 없고 덩치를 키워 규모의 경제를 달성할 수도 없다는 것이다.

정부여당의 '은행 때리기'도 금산분리 논쟁을 증폭시켰다. 최근 시중 5대 은행은 고금리 상황으로 국민들의 대출이자 부담이 가중되고 있는 가운데 예대마진(은행이 예금·대출 금리차로 얻은 이자 이익)으로 막대한 이익을 누리며 이자 장사에만 몰두한다는 비난을 받았다. 글로벌 빅테크 기업이 금융 플랫폼 혁신과 서비스 융합으로 경쟁력을 높일 때 국내 은행은 손쉬운 돈놀이만 했다는 지적이다.

지난 2월 윤석열 대통령은 "은행이 이자 수익으로 고액의 성과급을 지급해 국민으로부터 따가운 질책을 받고 있다"며 "공공재적 성격을 갖는 은행업의 실질적인 경쟁 시스템을 강화해야 한다"고 역설했다. 금산분리 완화가 시중은행의 과점 체제를 허물고 경쟁을 유발하기 위한 핵심 수단으로 제기됐다.

윤 대통령 발언 이후 공정거래위원회는 금산분리 제도 완화 작업에 착수했다. 공정위는 대기업 금융·보험사 의결권 제한, 회사 법인이 대주주인 **기업형벤처캐피탈**(CVC)에 적용하는 규제 등을 완화하기로 했다. 재벌 산업자본이 진출한 증권사·보험사·카드사·핀테크 기업 등에 은행업을 개방해 경쟁시키겠다는 것이다. 이와 함께 영역을 세분화한 소규모 특화은행(챌린저 뱅크)을 만들어 대형은행의 과점을 낮추는 방안도 논의되고 있다.

그러나 금산분리 완화로 은행 산업의 경쟁이 심화하면 대출 증가와 금융 부실로 이어질 수 있다는 점에서 반대론도 만만치 않다. 윤 대통령이 은행의 공공재적 성격을 강조한다면서 규제를 풀고 재벌과 빅테크에 특혜를 줘 시장 경쟁을 유도하려는 것부터 모순이라는 지적도 있다.

기업형벤처캐피탈 (CVC, Corporate Venture Capital)

기업형벤처캐피탈(CVC)은 벤처기업에 주식투자 등의 방식으로 자금을 지원해주는 기업형 투자회사다. 일반 벤처캐피탈(VC)은 정부나 기관 투자자 등이 재무적 이익을 목적으로 설립하는 데 비해 CVC는 대기업이 주체가 돼 전략적 이익까지 추구한다. 구글의 지주회사인 알파벳의 CVC인 구글벤처스, 마이크로소프트(MS)의 MS벤처스, 중국 바이두의 바이두벤처스 등 글로벌 빅테크가 대규모 CVC를 보유하고 있다.

우리나라는 금산분리 원칙에 따라 일반지주회사가 금융사인 CVC를 계열사로 두는 것이 어려운 실정이다. 2020년 공정거래법 개정으로 일반지주회사가 CVC를 보유할 수 있게 되긴 했으나 펀드 조성 시 외부자금은 펀드 조성액의 최대 40%까지 조달할 수 있도록 하고 총 자산의 20%까지만 해외투자가 가능하도록 하는 등 여전히 금산분리 원칙에 따라 강한 규제를 받고 있다.

● 이슈의 논점

금산분리 완화 찬성론 : 빅블러 시대 금융 소비자 편익 높일 것

19C 말 영국은 마차 산업을 보호하고 자동차 산업을 견제하기 위해 '붉은 깃발 법'을 만들었다가 자동차 산업에서 낙오했다. 산업자본과 금융자본의 경계가 융화되는 빅블러(big blur) 시대에 금산분리 원칙 고수는 앞으로 사라질 마차를 보호하겠다는 것과 마찬가지다. 4차 산업 혁명의 융합과 혁신이 지속되면서 무엇이 금융이고 산업인지 경계선이 불분명해졌다.

전 세계에서 핀테크(금융서비스와 IT 기술의 결합) 열풍이 거세지면서 새로운 은행 서비스와 금융기술이 등장했다. 영국에서는 은행업 진출이 어려운 핀테크에 은행 업무 일부의 영업허가를 내주는 스몰 라이선스 제도를 도입했다. 미국에서는 대기업이 은행처럼 벤처기업에 투자금을 지원하는 챌린저 뱅크가 보편화됐다.

기존 은행들은 지급 결제, 대출, 자산관리, 보험 등에 이르는 모든 금융 서비스를 배타적으로 취급했는데 빅테크는 이를 해체·분리해 하나씩 취급하는 언번들링(unbundling) 현상을 촉진하며 고객 편의성을 높였다.

금융과 산업이 융합할수록 금융 소비자의 편익은 확대된다. 가령 비은행권에 지급결제를 허용하면 이용자의 비용 부담을 크게 줄일 수 있다. 예를 들어 증권사 법인 결제의 경우 현행 은행연계망 이용에 따른 지급결제 수수료는 1건당 200~500원인데 증권사가 직접 지급결제망을 사용할 수 있게 되면 1건당 10~14원으로 증권사 이용 기업의 금융비용이 줄어든다.

금융 혁신은 시중은행의 독점 구조를 완화하면서 금융 소비자에게 더 새롭고 다양한 혜택을 제공한다. 금융 혁신이 이뤄지려면 40년 전 도입된 낡은 금산분리 규제를 걷어내고 경쟁력 있는 산업자본과 금융자본이 융합할 수 있는 길을 터줘야 한다. 금산분리는 국내 기업의 신사업 진출과 투자 기회를 차단하고 산업·금융 간 융합을 통한 시너지 창출을 막고 있다.

우리나라에서도 앞서 3곳의 인터넷은행이 등장했으나 거대 은행에 밀려 큰 변화를 이끌지 못했다. 5대 시중은행은 여전히 국내 대출·예금 시장에서 60~70% 점유율을 차지한다. 증권사, 카드사 등 금융 회사가 직접 계좌를 개설할 수 있도록 종합지급결제업을 허용하고 은행과 완전 경쟁 체제를 만들어 시장에 자극을 준다면 소비자 선택권이 강화될 것이다.

거대 은행의 과점을 깨는 것은 국제 금융 경쟁력 확보를 위해서도 필요하다. 우리나라 제조업 수준은 세계 5위권이지만 국제 금융 순위는 30위권에 불과하다. 아시아 금융 허브 비중의 80%가 싱가포르로 몰리고 있고 구글·애플·아마존·바이두·알리바바 등 글로벌 빅테크는 자사 플랫폼에 축적된 방대한 데이터를 기반으로 금융 서비스를 제공하여 시장 지배력을 강화하고 있다. 금산분리 규제를 과감히 없애 산업 구조를 개편하고 금융 기업의 글로벌화·선진화를 유도해야 한다.

금산분리 완화 반대론 : "은행 늘리기보다 금융 부실 대비할 때"

은행의 비금융회사 지배와 비금융회사의 은행 지배를 금지하는 규제는 거의 모든 선진국에서 채택하고 있다. 금융 기관은 고객 예치금을 자산으로 운영하므로 도덕적 해이가 발생할 수 있고 금융 기관이 부실해지면 경제 전반의 위기로 급속히 전이된다.

일반 기업과 달리 은행이 도산하면 그 피해가 걷잡을 수 없이 확산되기에 은행은 기업에 돈을 빌려줄 때 그 기업의 재정이 건전한지, 투자할 가치가 있는 사업인지, 빌려준 돈을 잘 갚을 수 있는지 등을 꼼꼼히 평가·감시한다. 돈을 빌리는 기업과 빌려주는 은행이 한 몸이라면 이러한 평가·감시 기능이 부실화되고 은행 부실과 금융 위기로 이어질 수 있다. 금융 규제 기관은 금융자본의 건전성과 소유 지배를 규제해야 하며 큰 시스템 리스크를 안고 있는 은행에 대해서 더 엄격하게 금산분리를 적용한다.

산업자본의 금융자본 소유는 이보다 완화된 규제를 받기 때문에 오래전부터 대기업이 증권, 보험 등 비은행 금융기관에 진출했다. 최근에는 금융 소비자의 선택권을 높이기 위해 금산분리 원칙을 더 완화해야 한다는 주장이 나온다. 그러나 산업자본이 금융업에 진출하고 경쟁이 심화하면 대출 증가와 금융 사업 부실 등 실물 경제 리스크가 금융사로 전이될 수 있다.

금융 당국은 지난 3월 거대 은행과 경쟁 체제를 구축하려면 소규모 특화은행을 도입해야 한다며 미국 실리콘밸리은행 SVB(Silicon Valley Bank)를 성공 사례로 들었는데 공교롭게도 며칠 후 SVB가 파산했다. 미국 은행 역사상 두 번째로 큰 파산 규모였다. 이후 실버게이트은행, 시그니처은행 등 미국 소규모 은행이 줄줄이 파산 절차를 밟았고 글로벌 전반의 금융 시스템 전반의 위기로 확산할 수 있다는 우려를 낳고 있다.

SVB는 자산 포트폴리오가 미국 국채에 쏠린 가운데 미국 연방준비제도(Fed)의 금융 긴축 기조로 채권 가치가 급격히 떨어지며 파산에 이르렀다. 전 세계 인플레이션과 긴축 기조 상황 속에서 한가롭게 은행을 늘린다며 금산분리 규제 완화를 논할 때가 아니다. 그보다는 당장 금융 부실 확산에 대비할 때다.

새로운 금융 서비스 도입이 늦어질 위험보다 섣부른 규제 완화가 금융의 안정성을 해칠 위험이 훨씬 크다. 전통적인 은행 업무에서 벗어난 금융 서비스의 확장은 은행의 파산 위험성을 증대시킨다. 기업이 늘어난 투자비용을 소비자에게 전가하거나 유사 금융업을 하며 규제를 제대로 받지 않는 '그림자 금융'이 확산할 우려도 있다.

우리나라의 금산분리 원칙이 다른 나라보다 엄격한 까닭은 재벌 중심 경제 체제 때문이다. 총수 일가가 적은 지분으로 순환출자 등의 편법을 통해 기업집단을 지배하는 후진적 지배 구조는 달라진 게 없는 데 재벌의 은행 소유까지 허용한다면 기업 승계나 일감 몰아주기, 계열사 지원 등에 은행이 사금고처럼 사용될 가능성이 크다.

은행 간 경쟁을 유발하고 글로벌 경쟁력을 갖춘 금융 기업을 육성하겠다는 목표도 양립하기 어렵다. 글로벌 경쟁력을 목표로 할 빅테크 대기업이라면 이미 국내 생태계를 평정하고 소비자를 자체 생태계에 가두었을 가능성이 크다. 이러한 빅테크 대기업에 은행업까지 허용한다면 과점 은행을 하나 더 늘려 금융 공공성을 훼손하게 될 따름이다.

연습문제 2023 조선비즈 기출복원

금산분리를 완화해야 하는지에 대해 찬성 또는 반대 의견을 논하시오. (1000자, 50분)

※ 논술 대비는 실전연습이 필수적입니다. 반드시 시간을 정해 놓고 원고지에 직접 써 보세요.

200

400

정년 연장의 필요성과 과제
노인 빈곤·노동력 부족·국민연금 고갈 대비해야

🔵 이슈의 배경

노인 기준과 법적 정년

몇 세부터 노인인가? 대한민국에서 법적으로 노인을 정의하는 특정한 나이 기준이 있는 것은 아니지만 1981년 제정된 노인복지법에서 정한 경로우대 기준이 65세다. 기초연금과 노인장기요양보험 등 노후 복지 제도도 이 기준을 따르면서 노인 기준은 65세로 정해졌다.

하지만 요새 노인이라고 불리길 좋아하는 65세는 많지 않을 것이다. 생활환경 개선과 의료 기술 발전으로 65세를 넘어서도 청년 못지않게 건강하고 젊은 삶을 사는 사람이 많아졌다. 통계청에 따르면 한국인의 남성 기대수명은 1981년 62.4년에서 2021년 80.6년으로, 여성은 70.9년에서 86.6년으로 늘어났다. 기대수명이 평균 16.9년 증가했는데 노인 기준은 43년 전과 그대로인 셈이다.

법적 정년은 노인 기준보다 더 낮은 60세다. '고용상 연령차별금지 및 고령자고용촉진에 관한 법률'에 정년에 관한 일반규정이 있다. 과거에는 노력 규정이었던 정년 60세 규정이 2016년 의무 규정이 되었다. 그러나 이마저 제대로 지켜지지 않는 게 현실이다.

2019년 대법원 전원합의체는 평균 수명의 연장과 급격한 고령화 등을 고려했을 때 육체노동자 평균 가동 연령을 60세에서 65세로 연장해야 한다고 판결했다. 장래 인구 추계를 고려하면 정년 연장은 불가피한 수순이다.

정부, 정년 연장 논의 착수

2025년을 기점으로 한국은 초고령 사회(전체 인구에서 65세 이상 인구 비율이 20% 이상)로 진입할 전망이다. 저출산·고령화로 줄어드는 생산가능인구를 고려해 정년을 연장하고 노인 연령 기준도 재검토해야 한다는 주장이 제기된다.

정부도 정년 연장과 관련한 사회적 논의에 착수하기로 했다. 지난 3월 28일 윤석열 대통령이 주관한 저출산고령사회위원회는 통계청 장래 인구 추계를 인용하며 향후 10년 이내 부산광역시 인구(336만 명)에 육박하는 25~59세 인구 320만 명이 감소하고 65세 이상 인구는 483만 명 증가할 것으로 예상했다. 이에 따라 생산연령인구 100명당 부양할 고령인구(노년부양비)가 2020년 21.8명에서 2070년 100.6명으로 5배 가까이 증가할 것으로 내다봤다.

고용노동부는 계속고용 법제화 논의에 착수했다. 계속고용이란 60세 정년이 지난 근로자가 향후에도 노동을 계속하며 지속가능한 생활을 영위하도록 하는 것으로서 사실상 정년 연장이 추진되는 것이다. 하지만 정년 연장은 임금 체계 개편, 노후 복지 제도 등 함께 고려해야 할 문제가 많아 사회적 합의가 쉽지 않을 전망이다.

🗨 이슈의 논점

정년 연장의 필요성 ① : 노인 빈곤·노동력 부족 대안

우리나라 평균 수명은 점점 연장되고 있지만 노동자들은 정신적 육체적으로 한창 활동할 수 있는 60세에 정년퇴직을 해야 한다. 충분한 노후 대비를 갖추지 못하고 퇴직하는 경우가 대부분이라 정년 퇴직자들은 경제적 고민을 겪게 된다. 우리나라 노인 빈곤율은 2021년 기준 37.6%로 경제협력개발기구(OECD) 평균 13.5%(2019년 기준)의 약 3배다.

여기에 지난해 합계출산율 0.78명으로 OECD 평균(1.59명)의 절반에도 미치지 못한 한국에서는 노인을 부양할 인구가 갈수록 부족해질 것이다. 40여 년 전 정해진 노인 연령 기준으로 각종 복지 제도를 운영하면 세금과 보험료 등을 내야 하는 청년세대의 부담이 커질 수밖에 없다. 정년을 연장해 노동 활동의 기회를 제공하면 노인들의 소득이 늘어 안정적인 노후 준비를 할 수 있고 청년세대의 노인 부양 부담도 덜 수 있다.

일할 의사와 능력이 충분한 숙련 인력을 나이가 많다는 이유만으로 노동시장에서 퇴출시키는 것은 사회적 낭비다. 저출산·고령화로 노동 인구가 감소하고 있다. 로봇 노동자나 이민 활성화 대책을 세우기에 앞서 고령 노동력을 활용할 수 있는 방안을 마련해야 한다.

고령의 고급 인력에게는 젊은 직원들로 하여금 사기를 불어넣고 노하우를 전수하는 등 무형의 효과를 기대할 수 있다. 숙련된 노동력을 계속고용하면 기업의 생산성 향상에도 큰 도움이 될 것이다. 생산성이 높은 기업은 젊은 노동자들도 더 많이 채용할 수 있기에 정년 연장은 노동 수요자와 공급자 모두에게 긍정적인 영향을 미칠 것이다.

우리보다 먼저 노동력 부족과 인구 고령화를 경

험한 주요 선진국은 정년을 연장하는 추세다. 일본은 1998년 60살로 정년을 의무화한 뒤 2006년부터 단계적으로 정년을 연장해 2013년 65세, 2021년에 70세로 연장했다. 미국과 영국에서는 나이가 많다는 이유로 퇴직시키는 것이 차별이라는 이유로 이미 오래전부터 정년을 폐지했다.

정년 연장의 필요성 ② : 국민연금 소득 크레바스

노동자 다수의 노후 생계를 책임지는 것은 정년퇴직 이후 받는 국민연금이다. 정년 연장 문제는 국민연금 수급 개시 연령과도 맞물려 있다. 노동인구가 줄고 국민연금을 받는 고령자가 늘면서 국민연금 재정은 말라붙고 있다.

국민연금을 지금 방식대로 운영하면 2055년엔 기금이 소진된다는 재정계산(재정추계) 결과가 나온다. 더 내고 덜 받는 국민연금 개혁이 불가피하다. 따라서 정년을 연장하면 국민연금 수급 개시 연령을 늦춰 연금 재정 확충에 어느 정도 도움이 될 수 있다.

국민연금 재정 고갈 문제 해결을 위해 수급 개시 연령을 늦추거나 더 늦게 받는 방안도 거론되지만 노인 빈곤 문제가 심화할 수 있다. 1969년생 이후 출생자들은 65세부터 국민연금을 받는다. 그런데 현재 정년은 60세이기 때문에 퇴직 후부터 연금을 타기 시작할 때까지 최소 5년 동안 소득이 줄어드는 공백기, 즉 '소득 크레바스(crevasse)'가 생길 수 있다.

60세 정년도 채우지 못하고 50대 중반을 전후해 퇴직하는 직장인은 더 큰 충격을 받는다. 연금은 가입 기간이 길수록 수령액도 늘어난다. 노후 보장을 위해서는 수급 개시 전에 최대한 늦은 나이까지 보험료를 내야 하는데 정년퇴직으로 소득이 없으면 그럴 수 없다. 국민연금 가입자의 평균 가입기간은 18.7년으로 최대 가입기간인 40년의 절반도 채우지 못한다.

고령층 증가 속도를 고려하면 머지않은 미래에 인구의 약 절반이 빈곤한 은퇴자로 넘쳐날 것이다. 현행 60세인 정년을 65세로 연장하면 60대 초반 근로자들이 노동인구에서 대거 이탈하는 것을 막을 수 있다. 뿐만 아니라 연금 수급자의 퇴직 시점을 조금이라도 늦춰 국민연금 고갈 시점을 지연시키는 효과도 있다.

정년 연장의 문제점과 대안 ① : 임금 체계 개편

정년 연장은 청년층의 반발을 불러올 가능성이 크다. 호봉제로 대표되는 연공서열 중심 임금 체계에서는 연령이 높을수록 상대적으로 많은 연봉을 받는다. 인건비 부담이 커지는 기업 입장에서는 정년 연장 때문에 청년층 신규 채용을 꺼릴 수 있다.

특히 공기업이나 공공단체 등 정부의 감독을 받는 기관은 **노동 유연성**이 떨어지기 때문에 정년이 연장되면 신규 채용을 줄일 수밖에 없다. 그 피해는 고스란히 청년층에게 돌아갈 것이고 청년 실업 문제는 더 심각해질 것이다.

정년 연장이 청년 세대의 일자리를 빼앗지 않도록 하려면 임금 체계 개편 논의가 필수적이다. 은퇴하기 몇 해 전부터 단계적으로 연봉을 낮추고 연공서열을 탈피한 직무급제를 대안으로 도입해야 한다. 직무급제는 직무 가치에 맞게 임금 수준을 정하는 임금체계를 뜻한다. '얼마나 장기 근속 했느냐'가 아니라 '어떤 일을 하는가'가 임금을 결정하는 기준이 되는 것이다.

정년을 연장하는 대신 임금피크제를 통해 고연봉 고령 노동자의 임금을 현실에 맞게 조정할 필요성도 있다.

현재의 연공서열형 임금 체계와 경직된 고용 규제 환경에서 정년 연장은 임금이 정점에 달한 근로자를 몇 년 더 안고 가야 하는 것을 의미하는데 기업으로선 큰 부담이 될 수 있다. 임금 체계가 경직된 공공기관에 우선적으로 임금피크제를 도입한 후 사기업으로 임금체계 개편을 늘려갈 필요가 있다.

일례로 포스코는 이미 2011년부터 정년 연장과 임금피크제를 단계적으로 시행했는데 이후 임금 체계 개편이 성공적으로 정착되면서 신입 사원 채용 규모는 오히려 늘었다.

대기업에 비해 소득수준이 낮은 중소기업에서 임금피크제를 도입해 연봉을 더 낮추기는 어려운 만큼 정부가 임금피크제 의무화에 따른 비용을

지원하는 방안도 고려할 필요가 있다.

정년 연장의 문제점과 대안 ② : 융통성 있는 계속고용 방안 마련

정년 연장이 정년을 보장하는 것은 아니다. 정년이 잘 지켜지는 직장은 공공기관이나 노조가 강한 대기업 등 일부다. 오히려 2013년 정년 60세가 법제화된 이후 노동자들은 직장에서 더 빠르게 이탈했다.

정년퇴직보다는 명예퇴직이나 권고사직, 정리해고 등으로 조기 퇴직하는 사람들이 급증했다. 고연봉 고령 노동자의 고용에 부담 증가를 예상한 기업들이 선제적으로 퇴사를 압박하기 때문이다.

현행 60세 정년도 유명무실한 상황에서 법만 고쳐 65세로 정년을 연장한들 고용 안정성을 높여 노동자의 안정적 노후를 유지하는 데 큰 도움이 될지는 의문이다. 공공기관, 대기업, 중소기업 등에서 시범적으로 정년 연장을 시범적으로 도입해본 뒤 신규 고용과 연령별 퇴사 추이 등을 검토해 점진적으로 고용 연장을 결정할 필요가 있다. 기업이 융통성 있게 정년 연장 또는 고용 연장 형태를 활용한다면 정년 연장의 부작용을 줄일 수 있을 것이다.

노인 빈곤, 노동력 부족, 연금 고갈 문제를 해결하기 위해서는 고령자 계속고용을 늘려야 하며 법적 정년 연장만이 유일한 해결책은 아니다. 일본에서 고령자 취업 기회를 확보하기 위해 위탁 계약 방식을 통한 취업 유지나 사회 공헌 사업을 고용과 연계하는 것처럼 다양한 고용 방법을 모색할 수 있을 것이다.

노동 유연성 (勞動柔軟性)

노동 유연성이란 외부 환경 변화에 따라 인적 자원이 얼마나 신속하고 효율적으로 배분·재배분되는가 하는 정도를 의미한다. '노동시장 유연성' 또는 '고용 유연성' 이라고도 한다.
일반적으로 노동 유연성이 높다는 뜻은 사용자가 노동자를 쉽게 해고할 수 있다는 의미다. 고용 시장이 원활하게 작동하는 선진국에서는 노동 유연성이 높지만 고용이 활발하고 복지제도와 같은 사회적 안전망이 잘 갖춰져 있는 만큼 노동자의 고통이 덜한 편이다.

⧗ 연습문제

65세 정년 연장의 필요성과 그에 따른 문제점을 설명하시오. (1000자, 50분)

※ 논술 대비는 실전연습이 필수적입니다. 반드시 시간을 정해 놓고 원고지에 직접 써 보세요.

200

400

600

800

1000

취준생들이 선호하는 기업은?...
재택근무·점심 제공 선호

취업준비생들은 출근과 재택근무를 병행하고 점심을 제공하는 기업을 선호한다는 조사 결과가 나왔다. 취업 플랫폼 잡코리아는 최근 신입직 구직자 911명을 대상으로 취업하고 싶은 기업 유형을 설문한 결과 이같이 나타났다고 4월 13일 밝혔다.

이상적인 근무 유형으로는 재택과 출근을 병행하는 하이브리드 근무 제도 시행을 꼽은 응답자가 64.7%로 3분의 2가량을 차지했다. 전사 사무실 출근(9.9%)이나 100% 재택근무(5.7%)에 대한 선호도는 모두 10% 미만이었다.

원하는 기업 복지(복수응답)는 중식 제공(62.0%)이 가장 많았고 당일 휴가·반차 사용 허용(52.5%), 자율출퇴근제 시행(48.7%) 등이 뒤를 이었다. 반면 해외 워크숍·세미나 참석 기회 제공(18.4%), 사내 어린이집 운영(15.1%), 반려동물과 함께 출근 허용(4.6%) 등은 상대적으로 순위가 낮았다.

기업 소재지로는 종로3가, 고속터미널 등 지하철 요충지(28.9%) 또는 광화문, 여의도 등 오피스 밀집 지역(26.7%)을 선호하는 응답자가 절반 이상이었다.

이상적인 임직원 규모는 직원 수 100여 명이 37.4%로 가장 많았다. 이어 300여 명(23.4%), 50명 이하(20.9%), 500명 이상(18.3%) 순이었다.

조직 연령 구성은 20~30대 위주 젊은 조직(17.7%)보다는 20대부터 50대 이상까지 전 연령층이 고루 섞인 조직(60.2%)에서 일하고 싶다는 의견이 많았다. 취업준비생이 생각하는 이상적인 임직원 규모는 100여 명(37.4%), 300여 명(23.4%), 50명 이하(20.9%), 500명 이상(18.3%) 순으로 조사됐다.

인문대 졸업생도 1년 교육 받고
반도체 기업 취업한다

인문·사회계열 대학 졸업생들도 1년 이내로 반도체 분야 집중 교육을 받고 관련 기업으로 취업할 수 있는 길이 열린다.

교육부와 한국산업기술진흥원은 4월 14일 '첨단산업 인재 양성 부트캠프' 기본계획을 발표하고 참여 대학을 모집한다고 전날 밝혔다.

이 사업은 다양한 배경의 학생들이 대학과 기업이 공동 운영하는 단기 집중 교육을 받고 첨단 분야 기업에 취업할 수 있도록 기획된 사업이다. 첨단 분야 인재 양성을 위해 올해 반도체 분야에서 시범 운영한 뒤 미래 차, 바이오 등 다른 분야 확대를 검토한다는 것이 교육부 방침이다.

교육부는 올해 일반대 5개교, 전문대 5개교 등 총 10곳을 선정해 향후 5년간 총 150억원을 지원할 계획이다. 참여를 희망하는 대학은 기업과 함께 현장성 높은 단기 집중 교육 프로그램 운영 계획을 수립해야 한다.

단기 집중교육 프로그램 이수자는 기업과 대학 공동명의의 소단위 학위(마이크로 디그리) 이수증을 받는다. 참여기업 채용 약정 등 채용 우대 혜택도 받는다.

교육부는 1개 대학당 매년 100명~300명의 반도체 인재를 배출할 수 있을 것으로 전망한다. 참여 신청은 5월 26일 오후 5시까지 한국산업기술진흥원 과제관리 시스템(K-PASS)에서 받는다.

교육부는 6월 중에 최종 사업 참여 대학을 선정하고 각 대학이 여름 계절학기부터 단기 집중교육 프로그램을 운영할 수 있도록 추진한다는 계획이다.

암흑기 들어선
한국영화

'실미도'에서 '기생충'까지

얼마 전 인기를 모았던 드라마 '재벌집 막내아들'에서 1990년대를 배경으로 순양그룹 회장 진양철이 영화 사업을 하겠다는 삼남에게 "영화, 그게 돈이 됩니까?"라고 묻는 장면이 있다. 결과적으로 한국영화는 돈이 된 것은 물론이고 대중문화 전반의 질적 수준을 높였다.

2003년 '실미도'가 국내 최초로 천만 관객을 돌파한 이후 현재까지 29편의 천만 영화가 탄생했다. 이 가운데 한국영화가 20편으로 외화의 두 배 이상이다. 2010년대 CJ E&M, 쇼박스, 롯데엔터테인먼트 등 대기업이 투자·제작·배급·상영을 수직통합하며 자본이 몰렸다. 멀티플렉스가 보편화되며 관객이 늘었고 투자로 선순환됐다.

한국영화는 상업적 성공에 그치지 않았다. 대중성을 놓치지 않으면서도 사회 현실을 투영하는 섬세한 연출력으로 독특한 영화 미학을 성취했다. 봉준호 감독의 2019년작 '기생충'은 칸과 아카데미의 가장 높은 곳에 서서 한국영화의 아름다운 시절을 만끽했다.

하지만 '기생충'으로 정점을 찍고 나서 약 4년 뒤 한국영화는 급속한 내리막길을 걷고 있다. 코로나19 팬데믹 봉쇄로 영화관이 사실상 개점 휴업하면서 관객 수가 급감했고 영화계는 보릿고개를 견뎌야 했다. 마스크 착용 의무가 해제되고 해외여행자가 폭증하는 등 사실상 팬데믹 이전으로 일상 복귀가 이뤄졌는데도 영화 관객은 좀처럼 늘지 않았다.

팬데믹 암흑기 못 벗어난 한국영화계

3월 16일 영화진흥위원회의 한국영화 산업 발표에 따르면 지난 2월 한국영화 관객 수는 127만 명이었고 점유율은 19.8%를 기록했다. 이는 팬데믹 이전인 2019년의 7.4% 수준에 불과하며, 영화관입장권통합전산망이 가동한 이래 20년 만의 최저치다. 2월 극장을 찾은 전체 관객 수는 642만 명으로 2019년의 28.8%에 불과했다.

전체 영화 관객 수도 줄었지만 한국영화는 더욱 부진했다. 2월에 외국 영화 관객 수는 515만 명으로 전년 동월 대비 171.8%(326만 명) 늘었는데 한국영화 관객 수는 127만 명으로 같은 기간 7.7%(11만 명) 줄었다. 최근 개봉한 한국영화 가운데 손익분기점을 넘은 작품이 전무할 정도다.

안중근 의사를 다룬 동명 인기 뮤지컬 원작인 '영웅'은 지난해 12월 개봉했지만 손익분기점인 350만 명을 넘지 못했다. 제작비 137억원이 들어간 기대작 '유령'은 손익분기점 335만 명에 한참 못 미치는 66만 관객으로 흥행에 참패했다. 황정민·현빈의 '교섭', 진선규 첫 주연작 '카운트', 차태현·유연석 주연의 '멍뭉이', 조진웅·이성민 '대외비' 등의 흥행도 기대에 못 미쳤다.

반면 일본 애니메이션은 만화 원작의 막강한 팬덤과 '덕후 몰이'로 승승장구했다. 지난해 12월 3일 개봉한 '더 퍼스트 슬램덩크(이하 슬램덩크)'는 4월 현재까지 초장기 상영하며 관객 수 400만 명을 돌파해 상반기 최고 흥행작으로 기록됐다. '슬램덩크'의 일본 애니메이션 열풍을 이어받은 신카이 마코토 감독의 '스즈메의 문단속'은 누적 관객수 469만 명으로 '슬램덩크'를 넘어 올해 국내 개봉 영화 흥행 순위 1위를 차지했다.

티켓 가격 상승, OTT 쏠림 등 복합 문제

영화 관람이 부담 없는 데이트 코스였던 건 예전 일이다. 팬데믹 매출 타격을 이유로 멀티플렉스가 티켓 가격을 가파르게 올리며 2019년까지 1만원 남짓하던 티켓 값이 주말 일반관 기준 1만 5000원이 됐다. 아이맥스, 4D 등 특별관은 3만원에 가깝다. 팝콘과 음료 가격도 훌쩍 올랐다. 두 명이 영화 한번 보고 팝콘 먹는 데 5만원 가까이 든다.

영화 한 편 티켓 값 1만5000원은 넷플릭스, 웨이브, 쿠팡플레이 등 OTT(온라인동영상서비스) 한 달 요금과 비슷하다. 같은 가격으로 수백 수천 편의 영화, 드라마를 볼 수 있는 OTT 대신 극장에 가야할 필요성을 느끼지 못하는 관객이 늘고 있다. 큰 스크린으로 볼 가치가 있거나 '덕질'이 목적인 영화만 극장에서 관람하는 행태가 보편화됐다. 특수관 종류별 N차 관람 열풍을 일으켰던 톰 크루즈 주연 '탑건 : 매버릭'이 대표적이다.

할리우드 영화의 자본력이나 일본 만화의 뿌리 깊은 IP(Intellectual Property·지식재산권)가 없는 한국영화는 앞으로도 영화관에서 고전할 가능성이 크다. 한국영화의 특징인 참신한 주제를 다루는 능력과 치밀한 스토리텔링, 탁월한 제작비 절감 능력이 극장용 영화보다 OTT용 드라마나 시리즈물에서 더 빛을 발하면서 영화계 핵심 자원이 극장에서 OTT 업계로 이동하고 있다. 한국영화계가 해외 OTT의 하청 기지가 되는 것 아니냐는 우려도 나온다.

영화는 OTT 시대에서도 여전히 대중문화 수준의 가장 종합적인 척도이다. 과거 홍콩이나 대만, 일본이 그랬듯 종합예술인 영화 산업의 쇠퇴는 해당 국가 대중문화 경쟁력 전반의 쇠락을 예고하는 징조다. 극장을 뛰쳐나간 관객을 다시 불러 모으기 위해 영화관, 제작자, 연출·배우진 등 한국영화계가 고민하고 힘을 모을 때다. 먼저 대책 없이 오른 영화 티켓 가격부터 정상화하는 것이 어떨까.

국격의 발현,
외교

외교外交는 국제사회에서 교섭을 통해 국가와 국가 간에 맺는 일체의 관계를 뜻합니다. 국가가 생긴 이래 외교는 국가이익을 실현하는 수단으로 으뜸가는 국책國策 중 하나였어요. 우리는 지금 불확실성의 시대(the era of uncertainty)를 넘어 미래 예측이 극히 어려운 초불확실성의 시대(the era of hyper−uncertainty)를 살고 있죠. 현재진행중인 러시아−우크라이나 전쟁만 보더라도 소용돌이치는 국제정세를 가늠하기란 극히 어려워요. 생존을 위해 국가의 외교력이 갈수록 중요해지고 있습니다.

▲ 러시아의 포격으로 폐허가 된 아파트 앞에 서 있는 우크라이나 군인

골품제骨品制라고 들어보셨지요?[1] 고대 삼국의 하나인 신라新羅의 독특한 신분제도로, 개인의 골품 즉 혈통의 높고 낮음에 따라 개인의 영달은 물론 사회 전반에 걸쳐 특권과 제약이 규정된 폐쇄적 신분제도였습니다. 오죽하면 신라 말에 6두품 계층은 신라에서 출세는 글렀다 생각하고 당으로 건너가 출세를 도모하였고, 종국엔 고려 건국에 중요한 역할을 담당하죠.

태종무열왕太宗武烈王(신라 제29대 왕, 재위 654~661) 김춘추金春秋는 골품제로 따지면 결코 왕에 오를 수 없는 진골眞骨이었습니다. 그러나 긴박했던 7세기 동북아 정세 속에서 김유신金庾信이라는 걸출한 인물과 손을 잡아 정치적 실권을 장악하였고, 진덕여왕眞德女王(신라 제28대 왕, 재위 647~654) 사후 최초의 진골 출신 왕이 됩니다.

김춘추의 타고난 능력 중 으뜸으로 손꼽히는 것이 바로 외교력입니다. 그는 왕위에 오르기 전 자신의 딸과 사위를 죽인 철천지원수 백제百濟를 제압하기 위해 목숨을 걸고 왜倭와 고구려高句麗, 당唐을 오가며 군사협조를 위해 노력하였고, 결국 당의 협조를 이끌어 냅니다. 그 결과 고대 삼국 중 가장 늦게 성장한 신라는 늘 국력에 있어 우위에 있던 백제와 고구려를 차례로 멸망시키고

---

1 골품제는 왕이 될 수 있는 최고의 신분 성골聖骨을 필두로, 성골과 마찬가지로 왕족이었으나 왕이 될 자격은 없었다고 하는 진골 眞骨. 그 밑에 6두품부터 1두품에 이르는 6개의 두품까지 모두 8개 신분계급으로 나뉘었습니다.

한반도의 첫 통일 국가로 우뚝 서게 되었죠.

▲ 경주 무열왕릉 전경. 무열왕릉은 신라 왕릉 중 무덤 주인을 확실히 알 수 있는 유일한 것입니다.

외교를 통한 구국의 영웅은 고려高麗에도 존재했습니다. '외교 담판'으로 너무나 유명하죠. 바로 고려 성종成宗(고려 제6대 왕, 재위 981~997) 때 인물 서희徐熙입니다. 서희는 젊은 시절 오랜 시간 두절되었던 중국의 송宋에 사신으로 파견되어 외교의 물꼬를 트는 등 일찌감치 탁월한 외교적 역량을 발휘한 인물이었어요. 특히 서희의 거란을 상대로 한 외교 담판은 한국사 관련 시험의 대표 기출키워드일 만큼 고려사의 빅이슈입니다.

왕건王建(고려 제1대 왕 태조, 재위 918~943)은 후삼국 통일 후 송과는 화친하고 발해를 멸망시킨 거란은 배척하는 정책을 폅니다. 거란은 고려의 대외정책에 불안을 느끼고 993년 소손녕蕭遜寧을 앞세워 고려를 침공하였죠.

서희는 거란의 진짜 목적이 고려를 자신들의 편으로 삼아 향후 있을 송과의 전면전에서 배후를 안정시키고자 함에 있다는 걸 꿰뚫어보았습니다. 국제 정세를 정확하게 이해한 그는 고려와 거란이 국교를 맺기 위해서는 그 중간에서 방해가 되는 여진을 물리치고 그 땅을 고려가 차지해야만 가능하다는 조건을 내겁니다. 거란은 고려의 요

청을 받아들이고 고려가 압록강 근처 영토를 개척하는 것도 동의하고 물러나요.

침략군을 돌려보내는 것에 그치지 않고, 영토까지 얻어낸 서희의 외교술은 우리 역사상 가장 성공한 외교라 평가받습니다. 그가 가진 정확한 통찰력, 타고난 언변, 대국의 군대 앞에서 주눅 들지 않고 당당하게 맞선 대담함이 있었기에 가능한 일이었습니다. 역사에 보기 드문 영웅이라 할 만합니다.

지난 3월, 한일 회담 이후 시끌시끌하고 후폭풍도 거셌습니다. 한반도의 지정학적 가치는 두 번 말하면 입 아플 정도입니다. 우리는 그 가치를 십분 살려 대국들 사이에서 최고의 국익을 끌어낼 수 있는 외교를 펼쳐야 합니다. 작지만 강한 나라, 당당하고 굴종 없는 외교를 지향해야 합니다. 지난 역사의 사대외교는 되풀이해선 안 되겠지요.

신민용
에듀윌 한국사연구소 연구원

맏 **맹**　　어미 **모**　　석 **삼**　　옮길 **천**

맹자 어머니가 세 번 이사가다

출전: 『열녀전列女傳』

맹모삼천이란 맹자의 어머니가 '자식의 교육과 성공을 위해 세 번이나 이사를 했다'라는 뜻으로, 교육 환경의 중요성을 의미한다. 맹모삼천지교라고도 하는데, 이 이야기는 전한 때 학자 유향劉向이 지은 열녀전列女傳에 수록이 되어 있다.

맹자가 어렸을 때 맹자의 어머니는 아들이 조용한 곳에서 공부하기를 바라는 마음으로 공동묘지 근처에서 살았다. 어린 맹자는 성장하면서 평소 보았던 대로 상여 옮기는 흉내와 곡하는 시늉 등 장례 치르는 놀이를 했다.

맹자의 어머니는 이를 보고 아들의 교육환경에 적절하지 않다고 걱정하여 시장으로 이사를 했다. 이번에는 맹자가 친구들과 장사꾼들의 흥정하는 모습을 흉내내기 시작했다. 맹자의 어머니는 이 역시 아들의 교육에 올바르지 않은 환경 탓이라고 마지막으로는 공자를 모시는 사당인 문묘 근처로 이사를 갔다.

그러자 마침내 맹자가 관원들의 예절을 따라하고 제례를 지내는 시늉을 하며 놀았으며 글공부에 관심을 가졌다. 맹자의 어머니는 그제야 만족하여 그곳에 계속 정착하였으며 이후 맹자는 어머니의 가르침을 거쳐 뛰어난 학자가 된다.

한자 돋보기

孟는 대야에 담긴 물로 아이를 씻기는 듯한 모습을 그린 글자로, '맏이'의 의미가 있지만, 오늘날 맹자의 약칭으로만 사용한다.

- **孟母斷機**(맹모단기) 학문을 중간에 그만둠을 훈계하는 말
- **虛無孟浪**(허무맹랑) 터무니없이 허황되고 실상이 없음

맏 **맹**
子 총8획

母은 여성의 가슴 부위에 점을 찍어 어머니를 표현한 글자로, '어머니'라는 의미로 사용한다.

- **賢母良妻**(현모양처) 어진 어머니면서 착한 아내
- **父生母育**(부생모육) 부모가 자식을 낳아 기름

어미 **모**
母 총5획

三은 나무막대기 3개를 늘어놓은 모습을 그린 글자로, '3'의 의미로 사용한다.

- **作心三日**(작심삼일) 결심이 얼마가지 않아 흐지부지 됨
- **三日天下**(삼일천하) 극히 짧은 시간 동안 권력을 잡았다가 실권함을 비유

석 **삼**
一 총3획

遷은 새 집을 옮기는 모습을 그린 글자로, '옮기다'의 의미로 사용한다.

- **改過遷善**(개과천선) 지난날의 잘못을 고치어 착하게 됨
- **一月九遷**(일월구천) 군주의 총애를 많이 받음

옮길 **천**
辶 총15획

한자 상식 | 자주 사용하는 맹자와 관련된 성어

성어	뜻
군자삼락(君子三樂)	군자의 세 가지 즐거움. 부모형제가 무고하고, 하늘 아래 부끄러움이 없으며, 제자를 가르침을 이름
오십보백보(五十步百步)	정도의 차이는 있으나 본질적으로 마찬가지라는 뜻
자포자기(自抛自棄)	자신을 스스로 포기하고 돌아보지 아니함
조장(助長)	좋지 못한 행위나 습관을 조급히 키우려다 오히려 망친다는 경계의 뜻을 지닌 말

---- Books ----

세이노의 가르침

세이노 저 | 데이원

이 책은 부모를 일찍 여의고 고생 끝에 천억원대 자산가로 자수성가했다는 저자가 2000년부터 발표한 글을 모은 자기계발서다. 저자의 필명 '세이노(Say No)'는 당신이 믿고 있는 것들에 '아니오(No)'를 외치고 살아가라는 뜻이다. 저자는 20여 년간 여러 칼럼을 통해 인생 선배로서 자신의 경험을 통해 부와 성공에 대한 지혜와 함께 삶에 대한 체험적 지식을 나눠 주었다. 『세이노의 가르침』은 저자의 글을 모은 인터넷 커뮤니티의 이름이기도 하다.

도스토옙스키의 철도, 칼, 그림

석영중 저 | 열린책들

수십년간 도스토옙스키를 연구했고 러시아 문학을 알리는 데 힘쓴 석영중 고려대 교수가 『백치』를 해설한다. 도스토옙스키의 5대 장편소설로 꼽히는 『백치』는 극심한 고통 속에서 탄생했으며 후기 대작 중에서도 가장 난해하다고 평가받는 작품이다. 석 교수는 소설의 중심 이미지로 '철도, 칼, 그림'을 제시한다. 이를 통해 소설의 구조는 물론 당대 러시아의 사회상과 작가의 전기적 궤적을 총체적으로 풀어낸다. 독자는 연구자의 방대한 지식과 끝없는 애정이 맞물려 지나간 흔적을 발견할 수 있다.

고독사는 사회적 타살입니다

권종호 저 | 산지니

2021년 고독사 사망자 수는 3378명, 하루 9명꼴이다. 1인 가구 중심 가족 변화와 주변 사람들과의 단절로 고독한 죽음은 해마다 증가하고 있다. 이 책은 현직 경찰관인 저자가 수습한 고독사 현장의 참혹함과 저자가 고안한 예방법을 담고 있다. 저자는 고독사의 책임이 모두에게 있다고 주장하며 주민센터와 구청, 시청을 다니면서 고독사라는 재앙을 알리고 다녔다. 고독사 홍보대사를 자처한 저자와 함께 고독사의 현실을 마주해 보자.

■ **자수성가(自手成家)** 물려받은 재산이 없이 자기 혼자의 힘으로 집안을 일으키고 재산을 모으거나 큰 성과를 이루어 놓음을 말한다. 포브스의 2020년 자료에 따르면 한국의 자수성가 기업인 비중은 57.1%로 미국(70%), 중국(98%), 영국(87%) 등 주요국보다 현저히 낮았다.

■ **도스토옙스키 5대 장편 소설** ▲죄와 벌 ▲백치 ▲악령 ▲미성년 ▲까라마조프 가의 형제들

■ **고독사(孤獨死)** 가족, 친척 등 주변 사람들과 단절된 채 홀로 사는 사람이 자살·병사 등으로 혼자 임종을 맞고, 시신이 일정한 시간이 흐른 뒤에 발견되는 죽음을 말한다.

Movie	Exhibition	Play

존 윅4

채드 스타헬스키 감독 |
키아누 리브스 출연

키아누 리브스 주연 액션 블록버스터 〈존 윅4〉이 4월 12일 국내 개봉했다. 존 윅 시리즈는 '스타일리쉬 액션'의 대명사로 불리며 대형 프랜차이즈로 확고히 자리 잡았다. 〈존 윅4〉는 2시간 49분의 긴 러닝타임과 관객 제한을 받는 R등급이란 제약 속에서도 미국 연예지 버라이어티에 따르면 3월 24일 미국 개봉 후 사흘 만에 1억달러 흥행을 돌파했다. 〈존 윅4〉는 더욱 확장된 '암살자 세계관'의 출발점으로서 이후 스핀오프 영화와 후속 드라마도 예고돼 있다.

■ **미국의 영화 등급** 미국의 영화등급은 X(등급 외), NC-17(17세 이하 관람불가), R(17세 이하 제한관람가), PG-13(13세 이하 부모 및 보호자 권고), PG(부모 및 보호자 권고), G(전체관람가)로 나뉜다.

에드워드 호퍼 : 길 위에서

서울시립미술관 |
2023.04.20. ∼ 2023.08.20.

서울시립미술관이 해외소장품 걸작전 '에드워드 호퍼 : 길 위에서'를 개최한다. 서울시립미술관과 뉴욕 휘트니미술관이 공동 기획한 이번 전시에서는 호퍼의 전 생애에 걸친 회화, 드로잉, 판화 등 160여 점 및 자료 110여 점을 선보인다. 호퍼는 20C 미국의 일상적인 풍경을 단순하면서도 독특한 방식으로 포착하여 많은 화가는 물론이고 알프레드 히치콕, 마틴 스콜세지 등 영화감독들에게도 영향을 미쳤다. 호퍼의 작품은 국내에서도 CF나 뮤직비디오 등 다양한 분야에서 오마주되고 있다.

■ **알프레드 히치콕**(Alfred Hitchcock, 1899~1980) 영국 출신 미국 영화감독으로 스릴러, 서스펜스, 공포 영화의 걸작을 쏟아낸 대가로 칭송 받았다. 대표작으로 '현기증', '이창', '사이코', '새', '북북서로 진로를 돌려라', '가스등' 등이 있다. 타인의 심리를 조종하는 가스라이팅은 영화 '가스등'에서 유래한 말이다.

파우스트

양정웅 연출 | 유인촌, 박해수 출연 |
2023.03.31. ∼ 2023.04.29.

독일 문학의 거장 볼프강 폰 괴테가 60년을 쏟아 집대성한 고전 희곡『파우스트』가 연극으로 태어났다. 악마 메피스토펠레스는 모든 지식을 얻고도 자기환멸에 빠진 학자 파우스트를 두고 신과 내기를 한다. 파우스트가 세상의 온갖 부와 쾌락을 누릴 수 있도록 하는 대신 타락한다면 그의 영혼을 가져가겠다는 것이다. 극중에서 젊음과 나이 듦을 오가는 파우스트 역은 유인촌과 박은석이 분하고 박해수는 메피스토펠레스를 연기한다. 〈파우스트〉는 마곡지구로 이전한 LG아트센터 서울이 처음으로 선보이는 연극이기도 하다.

■ **레제 드라마**(Lesedrama) 레제 드라마는 처음부터 연극 상연보다는 독자에게 읽히기 위해 쓰인 희곡으로서 '읽는 희곡'이란 뜻이다. 괴테의『파우스트』, 바이런의『만프레드』등이 대표적인 레제 드라마다. 희곡은 문학의 한 갈래이지만 공연예술인 연극의 대본이기도 하다.

eduwill

누적 다운로드 수 36만 돌파
에듀윌 시사상식 앱

101개월 베스트셀러 1위 상식 월간지가 모바일에 쏙!
어디서나 상식을 간편하게 학습하세요!

매월 업데이트 되는
HOT 시사뉴스

20개 분야 1007개
시사용어 사전

합격에 필요한
무료 상식 강의

에듀윌 시사상식 앱 설치
(QR코드를 스캔 후 해당 아이콘 클릭하여 설치
or 구글 플레이스토어나 애플 앱스토어에서 '에듀윌 시사상식'을 검색하여 설치)

베스트셀러 1위 2,130회 달성!
에듀윌 취업 교재 시리즈

대기업 통합

20대기업 인적성
통합 기본서

삼성

GSAT 삼성직무적성검사
통합 기본서

GSAT 삼성직무적성검사
실전모의고사

GSAT 삼성직무적성검사
최최종 봉투모의고사

SK

온라인 SKCT SK그룹
종합역량검사 통합 기본서

오프라인 SKCT SK그룹
종합역량검사 통합 기본서

LG

LG그룹 온라인
인적성검사 통합 기본서

SSAFY

SSAFY 통합 기본서
SW적성진단+에세이+면접 4일끝장

POSCO

PAT 통합 기본서
[생산기술직]

금융권

농협은행 6급
기본서

지역농협 6급
기본서

IBK 기업은행
NCS+전공 봉투모의고사

공기업 NCS 통합

공기업 NCS
통합 기본서

영역별

이나우 기본서
NCS 의사소통

박준범 기본서
NCS 문제해결·자원관리

석치수 기본서
NCS 수리능력

공기업 통합 봉투모의고사

공기업 NCS 통합
봉투모의고사

매일 1회씩 꺼내 푸는
NCS/NCS Ver.2

유형별 봉투모의고사

피듈형 NCS
실전모의고사

행과연형
NCS 봉투모의고사

휴노형·PSAT형
NCS 봉투모의고사

고난도 실전서

자료해석 실전서
수문끝

기출

공기업 NCS
기출 600제

6대 출제사 기출 문제집

한국철도공사

NCS+전공
기본서

NCS+전공
봉투모의고사

ALL NCS
최최종 봉투모의고사

한국전력공사

NCS+전공
기본서

NCS+전공
실전모의고사

8대 에너지공기업
NCS+전공 봉투모의고사

국민건강보험공단

NCS+법률
기본서

NCS+법률
실전모의고사

한국수력원자력

한수원+5대 발전회사
NCS+전공 실전모의고사

ALL NCS
최최종 봉투모의고사

교통공사

서울교통공사
NCS+전공 실전모의고사

부산교통공사+부산시 통합채용
NCS+전공 실전모의고사

인천국제공항공사

NCS
봉투모의고사

한국가스공사

NCS+전공
실전모의고사

한국도로공사

NCS+전공
실전모의고사

한국수자원공사

NCS+전공
실전모의고사

한국토지주택공사

NCS+전공
봉투모의고사

공기업 자소서&면접

공기업 NCS 합격하는
자소서&면접 27대 공기업
기출분석 템플릿

독해력

이해황 독해력
강화의 기술

전공별

공기업 사무직
통합전공 800제

전기끝장 시리즈
❶ 8대 전력·발전 공기업편
❷ 10대 철도·교통·에너지·환경
공기업편

취업상식

월간 취업에 강한
에듀윌 시사상식

공기업기출
일반상식

금융경제 상식

* YES24 국내도서 해당 분야 월별, 주별 베스트 기준

IT자격증 초단기 합격패스!
에듀윌 EXIT 시리즈

컴퓨터활용능력

- **필기 초단기끝장(1/2급)**
  문제은행 최적화, 이론은 가볍게 기출은 무한반복!

- **필기 기본서(1/2급)**
  기초부터 제대로, 한권으로 한번에 합격!

- **실기 기본서(1/2급)**
  출제패턴 집중훈련으로 한번에 확실한 합격!

워드프로세서

- **필기 초단기끝장**
  문제은행 최적화, 이론은 가볍게 기출은 무한반복!

- **실기 초단기끝장**
  출제패턴 반복훈련으로 초단기 합격!

ITQ/GTQ

- **ITQ 엑셀/파워포인트/한글 ver.2016**
  독학러도 초단기 A등급 보장!

- **ITQ OA Master ver.2016**
  한번에 확실하게 OA Master 합격!

- **GTQ 포토샵 1급 ver.CC**
  노베이스 포토샵 합격 A to Z

정보처리기사

- **필기/실기 기본서**
  비전공자 눈높이로 기초부터 합격까지 4주완성!

- **실기 기출동형 총정리 모의고사**
  싱크로율 100% 모의고사로 실력진단+개념총정리!